巻頭言

時の流れと民事執行の変化

日本執行官連盟近畿支部長　吉野弘高

　私は、平成13年に執行官に任官しました。思い起こせば17年前、「執行官制度はもう駄目、あと5年も持たない」などと言われている最中、私は「行くぞ」とばかりに執行官の世界に飛び込みました。当時、執行官室という所は冷たい心をもった強者どもの集まりだと思っていましたが、実際その世界に入ってみると意外にも執行官は家族を大切にする温かい心をもった人が多いことに気づきました。意表を突かれてから、何とか17年の間、幸いにも執行官制度は滅びずに存続しています。

　私が任官した頃の全国の仲間の数は638人（平成13年4月1日現在）、その後650人（平成16年4月1日現在）まで増えましたが、最近では338人（平成29年4月1日現在）まで減少しています。ピーク時の約半数ということになります。

　私が任官したときは40歳台でした。一般職を辞めることになり、「40年間生きているということは20年間生きている人の倍の時間生きているのだから、裁判所に採用されたときの20歳台からすると倍の速度で時が過ぎているのだ、時間を大切にしなければならない」と感じていました。しかし、今年はとうとう還暦という大台に乗ってしまいました。ひと昔前なら、もうこの世には存在できなかった年齢です。日々の時の流れもロケット並みに速くなっています。子供の頃は遊んでも遊んでもなかなか日は暮れませんでしたが、今では少しでも油断していると、あっという間に1日が過ぎてしまいます。時間を大切になどという問題は超越してしまっているのです。

　私が執行官に任官してから、民事執行に関して大きな法律の改正がありました。

　それは、平成16年4月施行の担保・執行法の改正でした。この改正は、主に債権回収の機能の強化を目的としたものでした。担保不動産収益執行、内覧、明渡しの催告などの新たな制度が盛り込まれたため、連盟でもさまざまな勉強会や説明会が催されました。その甲斐あって、改正に伴う新たな手続もスムーズに民事執行実務のレールに乗せることができ、すでに10年以上の年月が経っています。

　そして、今回は新たな民事執行法の改正を迎えることになっています。その改正の柱は、債務者財産の開示制度の実効性の向上、不動産競売における暴力団員の買受け防止の方策、子の引渡しの強制執行に関する規律の明確化の3本となっています。われわれにとって最も関心が深いのは、子の引渡しの強制執行に関するもので、いわゆるハーグ条約実施法にどこまで近づけるのかが課題となっています。執行官としては執行を完了させたいという使命感もありますが、現場において「これで良いのだろうか」と迷うこともあります。特に子の引渡しに関しては、「執行不能としたほうがこの子にとっては幸せなのではないだろうか」という気持の揺らぎが生じそうになることもあります。冒頭で述べたように、執行官は家族を大切にするがゆえに心の葛藤が起きるのです。しかし、法律に従って仕事を行っているという自負の下で各執行官は現場を治めているのです。

　民事執行法改正についても、ロケット並みの目まぐるしい時代変化に乗って直ぐに執行実務に根付いていくことになるでしょう。だからこそ、執行官の職務をしっかりと後押ししてくれるような実務に違わぬ法律改正を望んでやみません。

（よしの　ひろたか）

〔特集〕 ABLと執行実務をめぐる諸問題

特集

ABLと執行実務をめぐる諸問題

特集 1

ABLの金融機関の利用状況

特定非営利活動法人日本動産鑑定理事長　久保田　清

●目次●

1　はじめに　2
2　ABL利用拡大に向けた動き　3
　(1)　金融庁によるABL活用の推奨　3
　(2)　ABLの機能と特質　3
　(3)　ABLのビジネスモデル　4
3　事業性評価とは　5
4　ABLの市場動向　5
　(1)　ABLの実績　5
　(2)　業態別の実績　6
　(3)　担保種類別のABLの実績　6
5　動産評価件数の推移　7
6　動産評価案件の特徴　7
7　知的財産評価からのアプローチ　9
8　ABL業務支援サービス　9
9　動産の処分動向　10
10　ABLの金融機関の利用状況　10

1　はじめに

2005年10月に動産・債権譲渡特例法が施行されてから12年、2017年は2007年10月10日に特定非営利活動法人日本動産鑑定として創立された弊社が10周年を迎えることになり、ABLの発展とともに歩んできた。

弊社は、創業以来動産の評価（ビジネスモデル特許取得済：特許第4219382号平成20年11月21日、特許第4646996号2010年12月17日）を中心にABL（Asset Based Lending）―動産や債権を担保とする融資形態―の普及による企業実態の把握（〔図1〕参照）、中小企業に対する融資の支援、管理業務としてのモニタリングや業務縮小・廃業、万が一の倒産時における処分業務の低コストでの運営、また、金融機関に対する各種研修、動産評価および事業性

評価アドバイザー養成認定講座の開催を通して企業をみる「目利き人」を育てる事業を行ってきた。最近では動産以外の分野においても専門家との提携により、売掛債権や知的財産評価を含めた「事業性評価」に注力することで、「ABLトータルサポートプラン」(注1)として、「事業性評価書」の作成を通して金融機関の取引先企業に対するソリューション提供に役割を果たしてきた。

2 ABL利用拡大に向けた動き

(1) 金融庁によるABL活用の推奨

この間、わが国における金融機関のABL活用については、リレーションシップバンキングの一環としてゆっくりとした歩みで進展していたが、2008年に起きたリーマンショックにより景気が減退したことで、その後政府の中小企業向けの緊急対策（緊急保証や制度融資等）や金融円滑化法の施行により中小企業の資金繰りが一服したこともあり、ABLの進捗は鈍化することとなった。しかし、金融庁は、金融円滑化法の出口をにらみ、2013年2月5日付けで「ABL（動産・売掛金担保融資）の積極的活用について」を公表し、中小企業等が経営改善・事業再生等を図るための資金や、新たなビジネスに挑戦するための資金の確保につながるよう、金融検査マニュアルの運用の明確化を行うとの方針を示した。

また、「金融検査マニュアルに関するよくあるご質問（FAQ）別編《ABL編》」等が追加され、これまで不明確だった動産担保および債権担保を一般担保として取り扱うための要件が明確となった。金融庁としても、地域金融機関が推進する組織的・継続的な金融への取組みの実践として、限界的な資金供給や本業支援等を行っていくためには、「実態把握」が不可欠であり、その手段としてのABL活用を推奨したものである。

(2) ABLの機能と特質

2014年9月、金融庁は安倍政権が「地方創生」政策を打ち出す中、地域経済の中心を担う地域金融機関に対して、14事務年度「金融モニタリング基本方針」にて「事業性評価に基づく融資」を重点施策として掲げたことで、ABLがその手段の一つとして再び着目されることとなった。さらに、2016年9月には、地域金融機関が金融仲介機能を発揮するための55項目に及ぶベンチマークが公表され、それに基づいた「事業性評価」による融資、本業支援、創業

〔図1〕 動産評価の意義

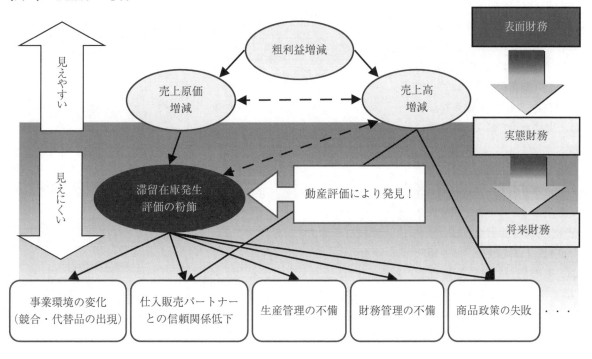

支援、事業承継、事業再生や経営改善提案、ソリューション提案等々顧客本位の営業の促進による収益確保と新たなビジネスモデルへの転換を促している（〔図2〕参照）。その中で、担保・保証に依存しない融資の一環としてABLの機能は評価されており、紆余曲折を経ながらも徐々に着実に浸透してきていることは間違いないといえる。

また、ABLの特性として、担保・保証に依存しない融資ではあるが、担保とする以上動産や売掛債権であっても当然に保全としての効果を有することになる。したがって、業務継続（ゴーイング・コンサーン）ベースにおいてのABLの機能は、一般的に企業（事業）実態の把握、商流やキャッシュ・フローの補足を重視し、表面的な決算書計数の根拠の正確性の分析のみでは現れない実態を追求することとなり、時価（流通価格）を基に掛け目等を掛ける評価をすることで、保全としては二の次の役割となっている。「日本型金融排除」と金融庁が指摘する十分な担保（主に不動産）・保証がなく、信用力の乏しい先（要注意先等）に対しても業務継続を前提とするならば、同様な対応が求められている。

一方、業況不調のメインや準メインの取引先（要管理先や破綻懸念先等）に対して資金繰りを支援する立場となれば、保全を重視した対応をせざるを得ない。その場合には、処分価格（倒産や廃業等により、直ちに換金する必要が生じた場合の評価額）を基に担保価値の範囲内での資金繰り支援が可能となるように保全としての機能が期待できる。これがABLのもつ二面性の性質であり、金融機関はこの特性を使い分けながらABLを活用することとなる（〔図3〕参照）。

(3) ABLのビジネスモデル

昨今、地域金融機関の収益力低下が話題となっているが、優良企業のみに集中する融資による低金利

〔図2〕 ABL（動産担保融資）の正しい理解

	顧客の課題解決を図ることが最終目標、貸出は手段に過ぎない‼	
目的	ファイナンス （中小）企業向け貸出の残高増加	ソリューション （中小）企業のキャッシュフロー改善
視点	□金融機関視点、顧客BSの負債に着目 ・採算重視・案件大型化 ・担保の法的安定性重視 ・形式的な貸出残高の増加が目標	□顧客視点、顧客BSの資産に着目 ・案件の大きさ不問 ・担保の処分可能性重視 ・適正在庫化・売上利益拡大が目標
貸出実行後の影響	・不要借入金が増大（資産水膨れ） ・支払利息が増加 ・金融キャッシュフローが改善 　→自転車操業から抜け出せない	・不要借入金が減少（適正資産維持） ・支払利息は抑制 ・営業キャッシュフローが改善 　→信用格付向上、当事者双方にメリット

〔図3〕 ABLの二面性

対象となる債務者	2種類のABL
正常先	**企業実態把握重視型** 設備稼働状況、在庫、売掛債権等の評価・モニタリングにより、企業の実態や業況変化を早期に把握・対応
要注意先	
破綻懸念先	**担保価値重視型** 担保価値に着目し、処分見込み額の一定範囲内で貸出
実質破綻・破綻先 （DIPファイナンス）	

競争や住宅ローンの肩代わり競争の激化により、本業であるはずの貸出金利収入が大幅に低下し、本来融資のストックにより安定的な収益を得るという金融機関のビジネスモデルが崩壊しつつあるという現象が生じている。融資については、必要な先に必要な資金を供給するという主旨に反して、本末転倒な状況となっていることから、ABLや事業性評価に基づく融資の促進により、「顧客本位」の融資姿勢を取り戻すことで各金融機関が新たな持続的なビジネスモデルを確立していくことが喫緊の課題となっている。

一方、メガバンクのABLに対するスタンスは地域金融機関とは一線を画しており、本部主導型でアセット・ファイナンスやストラクチャード・ファイナンス（仕組み金融）と位置づけられており、主に中堅企業以上を対象に大型案件（主に10億円を超える規模）の組成を中心とした活動をしており、大型の融資枠設定によるフィービジネスとしての色合いが濃い取扱いとなっている。地方の大型案件においては、シンジケートを組成し、地域金融機関の参加を募っているケースもみられる。

3　事業性評価とは

従来型の企業融資の審査は、顧客の定性面の簡易な評価と決算書等の財務分析のみで、不動産担保の有無（ケースにより信用保証協会の保証付保）・評価および経営者保証（連帯保証人）の取得により行われてきた経緯がある。そこで、中小企業に対する安定した資金供給を担うために担保・保証に過度に依存しない融資の枠組みとして「事業性評価」を組み入れ、事業資産である動産（在庫、商品や原材料機械設備等）や売掛債権、さらにはオフバランス資産である知的財産等を総合的に評価することで、決算書等の財務分析のみではわからない企業実態を解き明かすこと（「実態把握」）が可能となる。さらに、その企業の商流やビジネスモデルの確認、キャッシュフローの状況、成長性や将来性に着目することで、担保や保証に依存せずに安定した資金供給（融資）を行っていこうとするものが「事業性評価」であり、ABLはそれを実現するための手段として重要なツールとなっている。その真の目的は、「事業性評価」により、金融機関が金融仲介機能を発揮して、企業の生産性向上に寄与し、地域経済の持続的成長を実現していくことである（〔図4〕参照）。

4　ABLの市場動向

(1)　ABLの実績

2007年より継続実施している経済産業省の委託調査報告（2016年度受託：帝国データバンク）のアンケート調査結果（回答率84.3％）による最新の実態報告（2017年2月：2015年度の実績）によると、ABLを取り扱っているまたは取り扱ったことがある金融機関は、全業態平均で8割程度となっており、いまだ実績のない金融機関が存在することがわかる。2015年のABL実行件数は1万2,302件、実行総額は996,323百万円となっている。リーマンショック後の2009年度以降減少を続けていた実行件

〔図4〕　事業性評価の考え方

ABL（動産・債権評価担保融資）は、事業性評価融資の最も重要な構成要素

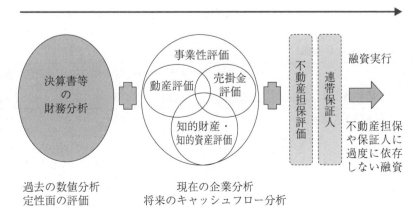

数は、2012年度以降大きく増加し、2015年度は実行件数・実行総額ともに調査開始以来最大となっている。実行総額は前年度と比較し、1,000億円程度増加している。直近のデータは集計中であるが、後に述べる弊社の評価案件取扱い実績の推移状況からみて、さらに大幅増加となっていることが推定できる。2015年度のABL融資残高は、総額2兆4,000億円を超え、前年度比約5,000億円の増加となっている。この推移をみると直近では3兆円を超える規模となっていることは間違いなさそうである（【表1】参照）。

(2) 業態別の実績

業態別の融資残高でみると、地方銀行（8,200億円）が最も多く、ABL全体の33.5％を占め、前年度まで最大であった都市銀行・信託銀行の残高を逆転しており、政策の効果もあって地方でのABL普及が進んでいると推測される。

業態別のABLの実績計数について、信用保証協会のABL保証を受けていない「プロパー案件」と他行との協調融資「シンジケート案件」の実績計数をみると、政府系金融機関の実行件数が最も多く4,031件であり、地方銀行が2,605件とそれに次いでいる。政府系金融機関は地方の拠点において地域金融機関と提携し、地方における名産品や農水産物を担保としてABLを実行するケースが多く見受けられる。プロパー案件では、実行件数1万0,873件、実行額878,276百万円と、件数ではABL全体の88％、実行額でも同じく88％を占めている。前年度は、件数では86％、実行額では85％であったことから、プロパー案件の全体に占める割合が増加した。業態別では、政府系金融機関の実行件数が4,006件と多く、実行額では、地方銀行（291,695百万円）の数値が大きい。シンジケート案件は、実行件数274件、実行額135,621百万円となっている。業態別では、地方銀行が実行件数で63件、実行額30,997百万円であり、前年度より件数・金額とも減少している（【表2】参照）。

融資先企業の業種別のABL融資件数をみると、その他が最も多いがその内容は太陽光発電が不動産業等複数のカテゴリーで実行されていることで、多くなっていると推測される。それを除けば最も多い業種は製造業で、2,866件と全体の24％を占める。これは、機械・設備の個別動産を担保とした融資が多いこととリンクしている。また、今年度は卸売業と運輸業において実行件数が増加している（【表3】参照）。

(3) 担保種類別のABLの実績

担保の種類別のABL実行件数および実行額について、実行件数では、「機械設備のみを担保とした融資」が最も多く、4,473件と全体の36.0％を占めている。続いて、「債権のみを担保とした融資」が3,630件、「機械設備と債権の両方を担保とした融資」が2,769件である。実行額では、「機械設備と債権の両方を担保とした融資」（375,737百万円）が最も多く、また「債権のみを担保とした融資」（246,853百万円）が「機械設備のみを担保とした融資」（220,767百万円）よりも大きくなっている。実行額ベースでは、相対的に金額の大きな太陽光発電に対するABL取扱いが増加しており、その機械設備と売電債権を担保取得するケースが多いことがうかがえる。小分類でみても、太陽光発電関連のABL実績が件数（3,154件）、実行額（407,927百万

【表1】 ABLの実績

	2008年度	2009年度	2010年度	2011年度	2012年度	2013年度	2014年度	2015年度
取扱い件数	5,814	4,381	4,109	3,371	5,724	8,557	11,385	12,302
融資実行額（億円）	2,133	2,739	1,921	1,875	4,986	9,327	8,965	9,963
一件あたりの融資実行額（百万円）	37	43	47	56	87	109	79	81
年度末時点の残高（億円）	4,436	4,764	4,308	3,324	9,643	14,800	19,341	24,476

帝国データバンク：経済産業省平成28年度産業経済委託事業【ABLの課題に関する実態調査】調査報告書より抜粋

1 ABLの金融機関の利用状況

【表2】 業態別ABL実績計数、ABL融資残高（2015年度）

	ABL実行実績全体				うちプロパー案件				うちシンジケート案件				ABL融資残高			
	実施機関数	件数	実行額（百万円）	1件あたりの実行額（百万円）	実施機関数	件数	実行額（百万円）	1件あたりの実行額（百万円）	実施機関数	件数	実行額（百万円）	1件あたりの実行額（百万円）	残高保有機関数	ABL全体（百万円）	うちプロパー（百万円）	うちシンジケート（百万円）
全体	314	12,302	996,323	81	267	10,873	878,276	81	60	274	135,621	495	358	2,447,672	1,873,030	549,969
都市銀行・信託銀行	3	244	134,584	552	3	210	107,299	511	3	59	69,996	1,186	4	643,984	329,016	342,950
地方銀行	48	2,605	328,012	126	47	2,344	291,695	124	17	63	30,997	492	50	820,183	724,908	75,641
第二地方銀行	31	1,015	70,359	69	28	831	64,151	77	8	22	4,091	186	31	182,550	166,669	9,764
信用金庫・信金中央金庫	162	2,467	161,859	66	126	1,765	141,685	80	23	63	8,125	129	186	213,762	179,327	12,769
信用組合	48	701	28,943	41	44	672	27,489	41	5	15	977	65	62	50,822	41,246	2,217
政府系金融機関	4	4,031	194,608	48	4	4,006	184,939	46	1	25	9,700	388	3	458,838	383,778	75,060
農・漁業系統金融機関	14	1,004	60,549	60	12	882	50,336	57	3	27	11,735	435	18	61,179	32,740	28,708
ノンバンク 他	4	235	17,378	74	4	163	10,682	66	0	0	0	0	4	16,354	15,347	2,860

【表3】 業種別のABL実行件数

	2014年 実行件数（件）	2015年 実行件数（件）
建設業	882	882
製造業	2,668	2,866
情報通信業	32	68
運輸業	496	1,251
卸売業	980	1,435
小売業	592	528
サービス業	738	671
農業・林業	486	516
漁業	838	544
その他	3,670	3,404

円）および売電債権の件数（3,722件）、実行額（414,140百万円）と圧倒していることがわかる。太陽光発電関連を除く動産の件数では、機械設備（2,321件）、肉用牛・豚等の家畜（418件）が続き、実行額では、その他製品（36,562百万円）、家畜（30,156百万円）、冷凍水産物（26,170百万円）の順となっている。債権種類別の件数では、電子記録債権（1,520件）、売掛債権（1,004件）、介護/診療報酬債権（487件）で、実行額では、その他の債権（70,954百万円）、売掛債権（59,864百万円）、介護/診療報酬債権（35,385百万円）の順となっている。最も大きな規模の債権である売掛債権の活用が比較的低調な理由としては、「譲渡禁止特約」の存在が否定できないと思われる。債権法の改正に伴うABLへの活用拡大に期待がかかるところである（【表4】、【表5】参照）。

ABL全体としては、2013年度以降顕著な伸びを示しており、拡大傾向にあることは間違いないようである。

5 動産評価件数の推移

弊社は、2007年設立初年度5カ月間で8件の動産の評価実績（相談件数30件）からスタートした。2012年までの6年間は、ABLの実績推移と同様に低調な漸増状態であり、年間二桁台の評価案件数で推移していた。転機は2013年で、2月に金融庁の「ABL（動産・売掛金担保融資）の積極的活用について」が公表され、金融機関のABL推進に拍車がかかったことから、初めて年間三桁（117件）の評価件数となった。以降ABLの市場拡大に伴い毎年増え続け、2014年には173件、2015年には213件、2016年には322件である。弊社の動産評価件数の推移は、まさにABL市場の動向とリンクしていることがわかる。今年度においてもその傾向は変わらず、上期の評価件数は185件を数え、通期で400件台が見込まれる状況にある。2017年9月末現在で動産評価件数の累計は1,300件を超えており、また、相談件数は、2016年には573件、累計で2,427件となり、この上期も281件となっていることから、金融機関のニーズの高まりが感じられる状況となっている（【表6】参照）。

6 動産評価案件の特徴

弊社は100を超える金融機関からの相談や評価依頼を受けているが、最近の特徴としては、3年前からスタートした「東京都動産・債権担保融資制度

【表4】 担保種類別（小分類）のABL実績（2015年度）

動産の種類		件数	実行額 （百万円）	1件あたり の実行額 （百万円）
設備	工作機械、建設機械、車両、その他	2,321	22,041	9
	太陽光発電設備	3,154	407,927	129
機器	厨房、医療、ＯＡ、その他機器	16	2,373	148
原材料	鉄、非鉄、貴金属	41	4,917	120
	天然素材（羊毛、繭、羽毛等）	15	1,835	122
	家畜（肉用牛、豚等）	418	30,156	72
	冷凍水産物（マグロ、エビ等）	183	26,170	143
	その他の原材料	75	9,736	130
仕掛品		270	4,943	18
製品	衣料品	30	6,471	216
	ブランド品（時計、バック、化粧品等）	34	9,436	278
	酒類（清酒、ワイン等）	31	3,236	104
	食品（冷凍食品、加工食品等）	138	5,204	38
	家電、自動車、その他製品	218	36,562	168

債権の種類	件数	実行額 （百万円）	1件あたり の実行額 （百万円）
売掛債権	1,004	59,864	60
売電債権	3,722	414,140	111
介護／診療報酬債権	487	35,385	73
工事請負代金債権	75	4,332	58
電子記録債権	1,520	11,419	8
リース／割賦債権	45	14,156	315
その他の債権	134	70,954	530

【表5】 担保種類別（大分類）のABL実行件数と実行額

	2014年		2015年	
	実行件数 （件）	実行額 （百万円）	実行件数 （件）	実行額 （百万円）
棚卸資産のみを担保とした融資	988	116,498	1,323	125,640
機械設備のみを担保とした融資	3,659	80,933	4,473	220,767
債権のみを担保とした融資	3,209	267,457	3,630	246,853
棚卸資産と機械設備の両方を担保とした融資	72	20,842	20	1,658
棚卸資産と債権の両方を担保とした融資	368	74,015	189	36,493
機械設備と債権の両方を担保とした融資	3,089	334,210	2,769	375,737
棚卸資産と機械設備と債権のすべてを担保とした融資	4	639	7	2,974

（東京都ABL制度）」（注2）の取扱いをあげることができる。これは、東京オリンピック・パラリンピックに向けて、都内の中小企業の支援策として東京都産業労働局が実施する制度融資であり、弊社も唯一の動産（在庫）担保の評価機関として参画している。その特徴として、動産（機械・設備等の個別動産および在庫の集合動産）や売掛債権を担保として有効活用するもので、1企業あたり最大2億5,000万円の借入額、設備には長期資金（7年以内）、在庫・売掛債権には短期資金（1年以内）で対応できるうえ、不動産担保不要、経営者保証ガイドラインに準拠し保証人が不要等の融資条件となっている。加えて、一定の条件で東京都が評価料金を補助し、また、任意ではあるが初めて動産総合保険の付保やその保険料の補助等のしくみを施したABL制度融資としては画期的な商品性を有している。この制度を理解した東京都民銀行、八千代銀行ほか都内に拠点をもつ地方銀行や信用金庫がこのABL制度融資を活用し、直近2年間の評価件数増加に大きく寄与している。制度融資としては稀な成功事例であり、全国的に地方自治体の財政が厳しいことは周知のことではあるが、地域活性化のためには必要な支援策として全国への普及が望まれる。

また、太陽光発電に関しては、現在国内で約1万3000件の取扱いがあるといわれている。弊社は15金融機関約110件の評価を実施してきているが、今般の固定価格買取制度（FIT）の見直しが実施される改正FIT法に対応し、国内大手メーカーや建設会社との提携により、従来46項目であった評価項目を89項目に増やして、動産としての評価に加え、発電リスク評価、災害リスク評価により事前事業可能性評価が可能となるしくみをつくり上げ、「太陽光発

【表6】 評価件数・相談件数の年度別実績

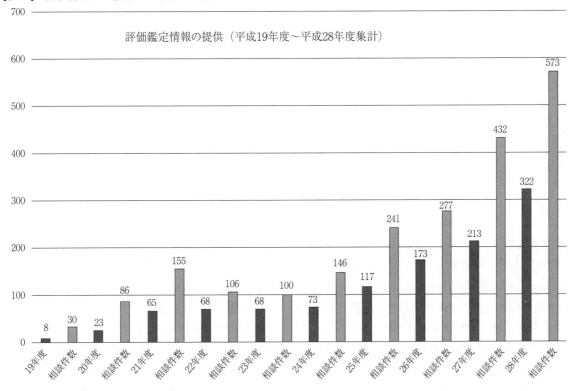

電事業の事業性評価書」を作成している。現在「事業性評価方法の事業性評価システム」として特許出願中（特願2017-079887）の状況にある。昨今の太陽光発電の状況から、金融機関のみならず多方面からの問合せが多数寄せられており、評価件数の増加が見込まれている。

7　知的財産評価からのアプローチ

2015年から特許庁が推進する「中小企業知財金融促進事業（知財ビジネス評価書作成支援事業）」に、弊社は評価機関全13社のうちの1社としてパナソニックIPマネジメント株式会社と提携し、2016年から参加している。2016年度は、107金融機関が採択され、約150件（伴走型支援30件、一般公募120件）の「知財ビジネス評価書」を無料（特許庁負担）で作成する事業となっているが、弊社は一般公募120件の3割、40件の受託実績となっている。さらに、2017年度は、約200件（伴走型支援50件、一般公募150件）の採択が見込まれているが、10月末現在45件の受託が確定しており、順次評価を実施しているところであり、今年度内には100件を見据えた取扱い件数となってきている。

知的財産を活用した事業性評価により、本業支援、事業承継やビジネスマッチングなどあらゆる機能を包含し、特に、弊社の評価案件の中で、知財評価と動産評価との金融機関や地域の枠を超えた究極ともいうべきビジネスマッチングを成立させた事例も存在することから、知的財産評価がABLの推進や事業性評価の有効なツールとなることは疑いない。

8　ABL業務支援サービス

金融機関の「目利き人」を育てる事業として、2012年5月より一般社団法人金融財政事情研究会との共催で開始した「動産評価アドバイザー養成認定講座」は、2017年10月現在23回（札幌・福岡・沖縄の地方開催を含む）を数え、試験の結果認定された「動産評価アドバイザー」が1,004名となった。29先の信用保証協会を含め、228先の金融機関が参加しており、一般法人や弁護士、公認会計士、税理士、

弁理士、司法書士等士業の方を加えると合計299先、1,004名となっている。そのカリキュラム内容は、金融庁、経済産業省や内閣府といった国の金融政策やABLの概論、登記制度、動産（個別動産、集合動産）の評価、管理、処分、売掛債権、電子記録債権の基本から実務、さらには、第14回より知的財産・知的資産の基本カリキュラムとして、「事業性評価と知財ビジネス評価の活用」「知的資産経営の手法と活用」を組み込んだ各実務専門家による総合的な目利き人養成講座となっている（注1）。

2013年2月からは、ABLの普及に向けて、通信教育「ABL・動産評価による企業実態把握力強化講座」を開始し、2017年9月末現在全国の地方銀行職員を中心に5,588名の受講者がいる。2014年5月からは、この通信講座修了者が挑戦する検定制度「法人営業力強化ABL・動産評価コース」を実施した。合格者には「ABL・動産評価アシスタントアドバイザー」を認定し、2017年5月までに4,663名の受験者に対し、合格者は4,169名である（注1）。

さらに、2016年4月から、「動産評価アドバイザー」認定者を対象に、知的財産や知的資産のカリキュラムを強化し、また、動産評価における時価情報の活用をテーマとした「事業性評価アドバイザー養成認定講座」を開始しており、2017年11月現在沖縄地区開催を含め5回の開催で216名が「事業性評価アドバイザー2級」として認定されている。これにも83先の金融機関（信用保証協会8先含む）が参加しており、金融機関の事業性評価に対する関心が日増しに高まってきている。なお、「事業性評価アドバイザー2級」認定者には、5回の実地評価研修を実習することで、「事業性評価アドバイザー1級」を認定し、「自前評価人」として時価情報データの活用や自前での現場写真撮影など評価コストの低減と金融機関自身による評価（自前評価）をめざしている（注1）。

ABLの普及という観点からは、金融機関を中心に勉強会や研修会を開催しており、直近では全国で約400回を数えるに至っている（注1）。また、金融機関の社内体制整備の支援として「ABL基本取扱要領（案）」を作成し、20先の金融機関で利用してもらっている。このように金融機関のABLに対する取組姿勢も強化されていることがうかがえる。

9　動産の処分動向

弊社業務の中で、動産の処分も大きな柱であるが、幸いにも弊社の動産評価案件の倒産事例は数例にとどまっている。もちろんケースバイケースで、全額回収できることもあれば回収できないこともある。ただし、動産については任意処分で決着がつくケースが多い。要因としては、不動産の競売手続のように比較的簡素化された手続が確立されておらず、法的処分となると、手続が煩雑であり、時間も費用もかかることになることがあげられる。特に動産の場合においては、時間が経てば価値の劣化するものも多く、最大回収を図るためには処理スピードが要求されるからである。弊社も金融機関からの処分の相談に対しては、複数の買い手を選択し、入札会の仲介をすることで、手続の透明性と経済合理性を確保することに努めている。なお、半年程度の時間をかけられる案件については、「ビジネスマッチング」や「閉店セール」の活用により、少しでも高く処分ができるような提案を行っている。最近は、廃業に伴う動産の処分案件が目につくようになっており、官公庁や金融機関からの問合せが増加している。

10　ABLの金融機関の利用状況

ABLは、金融庁が推進する「事業性評価に基づく融資」における重要なツールとなっており、その効用が広く認められてきたことから、地域金融機関の利用はますます拡大していくものと思われる。しかし、現状の金融機関のABL利用状況は、概ね8割程度と推測され、実際には「評価」をすることなく、単に動産や売掛債権を担保としただけの表面的にABLの実績づくりをしている金融機関も多く見受けられる。それは、ABLを単なる中小企業向けの融資の増加手段として位置づけており、取引先企業に対する「ソリューション」であるという認識がいまだ浸透していないことも一因である。また、そのことから「顧客本位」の営業姿勢という面におい

て、本格的に事業性評価を推進している一部の先進的な金融機関といまだABL取扱い実績のない金融機関や表面的な実績づくりに終始している金融機関との格差がますます大きくなっている状況にある。

（くぼた　きよし）

(注1)　ABLトータルサポートプランの詳細については特定非営利活動法人日本動産鑑定ホームページ〈https://www.ndk-abl.org/index.html〉上の、「ABLトータルプラン」からダウンロードできる〈https://www.ndk-abl.org/support/total_support_plan.pdf〉。

(注2)　東京都動産・債権担保（ABL）制度の詳細は東京都産業労働局ホームページ〈http://www.sangyo-rodo.metro.tokyo.jp/chushou/kinyu/yuushi/abl/〉上の「東京都の補助」パンフレット（PDF）参照。

〔特集〕 ABLと執行実務をめぐる諸問題

特集 ②　座談会

ABLの現状と回収局面における諸問題
――融資実行段階から回収段階までの一連の考察――

東京地方裁判所民事第21部部総括判事	相澤　眞木〔司会〕
弁護士・中央大学法科大学院教授	小林　明彦
東京地方裁判所民事第9部判事	谷地　伸之
足利銀行融資第一部上席審議役	谷島　保
八千代銀行融資統括部審査企画課審査役	正子　智久
大阪地方裁判所執行官	中山　隆司（日本執行官連盟副会長）
鹿児島地方裁判所執行官	松原　満平

〔開催日：平成29年12月2日〕

●目　次●

1　はじめに　13
　(1)　会長挨拶――日本執行官連盟の紹介　13
　(2)　最近の執行実務をめぐる事件動向　13
　(3)　座談会参加者の自己紹介　14
2　ABLの正しい理解　16
　(1)　意義と必要性　16
　(2)　集合動産譲渡担保の法的構成　17
　(3)　動産譲渡登記制度　18
　(4)　私的実行・強制執行手続　18
3　金融機関におけるABLの取組み状況　19
　(1)　近年のABL実行状況　19
　(2)　融資対象先の選定　20
　(3)　担保評価――適格担保等　23
　(4)　モニタリングの方法と効果　26
　(5)　動産譲渡登記の運用状況　27
　(6)　担保権実行の状況　28

4　事例紹介　29
　(1)　事例紹介と問題提起（金融機関）　29
　(2)　事例紹介と問題提起（執行官）　30
　(3)　まとめ　33
5　回収局面における実務上の問題点　34
　(1)　担保権実行のタイミング　34
　(2)　私的実行時の問題点　34
　(3)　目的物の特定（実行通知・固定化等）の問題点　35
　(4)　他の法的手続との競合時の問題点　37
　(5)　仮処分執行時の問題点　38
6　今後のABLおよび強制執行手続の申立件数の動向　41
　(1)　今後のABLの動向　41
　(2)　回収方針先の増加見込み　41
7　おわりに　42

1 はじめに

(1) 会長挨拶——日本執行官連盟の紹介

※会長欠席のため代読

『日本執行官連盟会長をしております西川博眞でございます。どうぞよろしくお願いいたします。本日の座談会に先立ち、連盟を代表いたしまして、一言ご挨拶申し上げます。

本日は皆様方、大変お忙しい時期にもかかわらず、当連盟の座談会のためにご出席くださり、誠にありがとうございます。

毎回のことではございますが、まず、この座談会を企画しております日本執行官連盟につき、この場をお借りして簡単にご紹介させていただきます。

日本執行官連盟は、前身である日本執行吏連盟が昭和38年に創設されてから50年以上の歳月を経た、執行官によって構成される実務研究を行う団体です。さらに今年は、昭和41年12月31日に執行官法が施行され、職名も執行吏から執行官となって、執行官制度が発足してから50周年を迎えることとなりました。このような歴史ある日本執行官連盟の軌跡から、出来事を一つご紹介します。

平成13年に執行官の執務に関する研究団体としての機能を強化するため、機構改革を実施し、組織運営部会、現況調査部会、執行部会、手数料部会、OA部会、編集部会を設置しました。これにより、適正迅速な執行官事務を全国均質に実現するための

さまざまな研究、情報共有・発信をより活発化させ、実績を積み重ねてくることができました。

今回の座談会が掲載される「新民事執行実務」も、編集部会が企画編集をしております。本誌は当然執行官の実務書としても利用されていますが、他方、なかなか執行官や執行官の仕事を知っていただく機会のない、裁判所外部の皆様への情報発信ツールとしても役立っているものと思います。

ところで、今回の座談会は、「ABLの現状と回収局面における諸問題」と題して、集合動産の担保やその強制執行手続について、現状や事例等をご紹介いただくとともに、種々多様な問題点等についてご検討をいただくこととなりました。

ABL関連の強制執行手続につきましては、全国的にみても非常に事件数が少なく、私ども執行官にとりましても若干なじみの薄いものとなっています。そこで、ABL関連の強制執行手続について、その実情を知るとともに、強制執行手続についてどのような点に注意を払えばよいかを押さえておくことは、事件を処理するにあたり非常に意義があることと思います。よろしくご検討のほどお願いいたします。

(2) 最近の執行実務をめぐる事件動向

最近の執行官事務をめぐる事件動向について、簡単に説明させていただきます。お手元に配付しました「明渡執行・保全処分執行事件等の申立状況及び処理状況」に関する統計表に基づいてご説明しま

〔特集〕ABLと執行実務をめぐる諸問題

相澤　眞木氏

す。
　まず「執(イ)総数」ですが、これは次欄の動産執行と動産競売の合計の事件数で、その数字からもほとんどが動産執行事件の件数です。執(イ)総数は、平成26年の2万3,841件に比較して、平成27年、28年は2万5,000件台で、若干増加がみられました。
　次に「執(ロ)総数」ですが、これは不動産等明(引)渡執行と執行法上の保全処分の事件数となります。これについても、そのほとんどは不動産等明(引)渡執行事件が占めている状況で、経済の活況から考えると、減少割合は非常に少なく見受けられ、ほとんど横ばい状態に近いといえます。
　「執(ハ)総数」は、仮差押執行と仮処分執行の保全の事件数です。「執(ハ)総数」については、平成25年から平成27年までの3年間は2,500件前後で、ほぼ横ばいでしたが、平成28年は2,621件と、事件数が増加しております。
　次に、不動産等売却総数ですが、これは競売手続において執行官が取り扱う期間入札等で売却実施になった事件数で、現況調査総数とは、同じく競売手続における対象不動産に係る現況調査命令の発令件数になります。
　不動産等売却総数も現況調査総数も、経済の好況等を背景に、件数的には落ち着いた状況が続いています。しかし、現況調査命令発令の関係では、前年同期比が大きくプラスとなっている庁も見受けられることから、何らかの前触れとなっていないか推移を注視しておく必要があります。
　今述べましたようなことから、執行事件を全体的に見て、転換期の可能性を敏感に捉え、対応を図っておくことが大切なことと思っております。
　以上が最近の執行官事務をめぐる事件動向の状況です。
　それでは、前置きはこの程度としまして、座談会のご協議をよろしくお願いいたします』。

中山　私は日本執行官連盟副会長をさせていただいております中山と申します。本日会長不在ではありますが、不手際等がございましたら、私が副会長として対応させていただきますので、どうぞ安心して座談会にお臨みいただければと思います。よろしくお願いいたします。

相澤　それでは、座談会を始めさせていただきます。本日はお忙しい中お集まりいただきまして、どうもありがとうございます。これから、「ABL（流動資産一体型担保融資）の現状と回収局面における諸問題」というテーマで、意見交換をさせていただきたいと思います。
　ABLの利用状況や私的実行の現状について理解するとともに、実際に仮処分執行の実施にあたってはどのような問題点があるのか、その点執行官としてはどのように対応すべきかなど、さまざまな問題点について、利用者の立場である金融機関の皆様、そしてABLに関する研究をされている大学の先生からのご意見も伺いながら、議論を進めていければと思っております。
　それでは、まず、意見交換に先立ちまして自己紹介をお願いしたいと思います。

(3) 座談会参加者の自己紹介

小林　弁護士32年生の小林明彦と申します。私は弁護士登録以来、主として金融機関をクライアントとする企業法務を手がけてまいりました。特にバブル経済崩壊によって噴出した担保や執行に関する多くの論点に、現場の真っただ中にいて直面したものですから、実にたくさんのことを勉強させていただく機会に恵まれまして、その中では執行裁判所や執行官の皆さんにお世話になることも多数ありました。
　そのおかげもありまして、2004年の法科大学院制度スタート時から、民事執行、民事保全や担保法に関する講座の担当として教壇に立っています。私がもともと関与してきた担保執行というのは、主として不動産担保、特に抵当権に関する問題が中心だったのですが、十数年前からは事業の収益性に着目した資金供給手法として、集合債権や集合動産を目的としたABLも注目されるようになりまして、この

関係の業務にも関心を持ってまいりました。平成16年の動産譲渡登記制度創設に先立って設けられた法制審議会では、部会幹事を務めさせていただいたのも貴重な経験でした。

　最近は、このABLという手法の位置づけが一部ではやや変質というか、古典的な担保とは異質の存在であることが改めて認識されてきているように思うのですが、理論的にも、実務的にもさまざまな検討課題があるように思っておりますので、本日はそのあたりも含めてぜひ勉強させていただきたいと思っております。

　どうぞよろしくお願いいたします。

谷地　裁判官の谷地伸之と申します。東京地方裁判所民事第9部で民事保全事件を担当しております。

　本日のテーマである集合動産譲渡担保を用いた融資との関係では、債権者が動産の占有を取得する場面において、仮処分の申立てがあれば、その限度で関与することになるのですけれども、そのような申立ては多くないのが現状です。本日はABLの実情等についてのお話を伺えるということで、いろいろと勉強させていただこうかと思っております。本日はどうぞよろしくお願いいたします。

中山　大阪地方裁判所執行官の中山と申します。よろしくお願いいたします。

　私は平成16年に執行官に任官し、現在14年目になりました。任官以前は大阪国税局の徴収部門で、滞納処分や、国の指定代理人として訴訟の担当事務をさせていただいておりました。過去にABLの事案を応援したことがあるということで、参加させていただくことになりました。よろしくお願いいたします。

正子　私は八千代銀行の正子と申します。私は平成11年4月に八千代銀行に入行いたしまして、笹塚支店に配属となり銀行業務の基礎を学びました。その後、融資係に配属になり、中小企業や個人事業者の案件相談等、いろいろな相談業務を経験いたしました。その後、府中支店、百草園支店で引き続き融資業務を経験した後、現在の融資統括部に配属になりました。

　そこで、営業店から申請される案件や企業審査を中心に経験し、現在は審査企画課で個別の案件だけではなく、不動産担保や動産担保等、担保に関する主な規程類や実務的なシステム関係の管理業務を担当しております。本日はどうぞよろしくお願いいたします。

小林　明彦氏

松原　鹿児島地方裁判所執行官の松原と申します。私は平成11年に執行官に任官しまして、今年で19年目になります。鹿児島地方裁判所は処理事件数からみれば、全国50地裁中ほぼ真ん中になると思われます。鹿児島地裁の本庁所在地である鹿児島市の人口が約60万人なのですが、地方都市ということもあって、今までABL関係の事件についてはあまりありませんでした。最近、ABL担保権に基づいて、養鰻場で養殖されている鰻を対象とした仮処分執行の申立てがありまして、それを担当しました。地方都市の裁判所に勤務していますと、経験年数のわりに処理したことがない事案も多数あります。

　そういうこともあって、本日の座談会では、皆様の貴重なお話を拝聴させていただければ幸いだと思っております。よろしくお願いいたします。

谷島　足利銀行の谷島と申します。足利銀行では現在、融資第一部に所属しておりまして、主にABLの推進・回収について企画立案をしております。昭和63年に入行いたしまして、一貫して融資関連業務に従事しております。直近では戸祭支店長を経験しており、融資第一部には今年7月から異動になっています。現在は本部にいることはなく、各支店を回り、実際にお客さまの問題点等について各支店で話合いをして、いろいろな方向性が出せないだろうかということで主に動いております。

　今、ABLという新しい流れが出ておりますので、回収の諸問題について十分理解を深めることができればと思っております。どうぞよろしくお願いいたします。

〔特集〕 ABLと執行実務をめぐる諸問題

谷地　伸之氏

相澤　本日、司会進行を務めさせていただきます東京地裁民事21部の部総括をしております相澤と申します。

民事執行センターでは保全執行については扱っておらず、その関係の執行は霞が関庁舎にある民事21部（場所は民事9部内）で扱っております。そういうこともありまして、ABLに関連する保全執行というのはこれまで経験したことがございません。今回この座談会を機にいろいろなお話を伺いながら、勉強させていただければと思っております。本日はどうぞよろしくお願いいたします。

それでは、ABLについての正しい理解ということで、まずABLの意義と必要性というあたりを小林先生からご説明いただきたいと思います。

2　ABLの正しい理解

(1)　意義と必要性

小林　ABLが担保取引の一つであることは間違いありませんけれども、他の担保権が権利実行局面における効力を中核として把握される制度であるのに対し、ABLにおける権利実行というのは、少々異質な場所に位置するのではないかと考えております。

まず、ABLにおいては、債権者、金融機関が何を期待しているのかということを整理しておきたいと思います。不動産担保や預金担保であれば、言うまでもなく債務者が債務不履行に陥った際に担保権実行をして回収を図ることが予定されており、正常償還継続中は担保について特段の関心がもたれることはありません。年に1回程度不動産登記や現況を確認すれば十分と考えるのが通常です。

ところが、ABLでは、正常償還時にこそ、その役割が期待されていると考えられています。売掛債権にしろ、在庫商品にしろ、債務者の事業活動そのものでありますので、金融機関はこの商流をモニタリングすることにより、債務者の信用状況を生で確認し、場合によっては経営改善策の立案を促したり、与信額を調整したりして、債務者の事業活動を支えていくことになります。人に例えていうなら、不動産担保や預金担保が入院してからの手術・加療であるとすれば、ABLは平常時の健康診断と予防的投薬に相当するものといえるかもしれません。

相澤　小林先生はABL協会の特別会員でいらっしゃるということで、何か最近の活動状況等のトピックがあれば教えていただきたいと思います。

小林　ABL協会は平成19年6月に設立された任意団体でありまして、金融機関や評価会社などABL取引に関係する36の団体を正会員、弁護士や研究者など19の個人を特別会員として組織されており、私も特別会員の1人です。会員向け勉強会を年に4、5回、そのほかに研究会とかシンポジウムなども活発に開催しておりまして、情報交換や研究活動を行っているという状況です。ABLそのものに限らず、電子記録債権との関係であったり、あるいは民法改正との関係であったり、幅広い勉強の機会を設けているようでありまして、私自身は最近ではその活動をほとんどお手伝いできていない状況ですけれども、会を動かしておられる方々は非常に頑張っておられるということをご紹介しておきたいと思います。

相澤　ありがとうございます。中小企業庁の経営者保証ガイドラインの関係で、融資にあたり、個人保証に依存しない方向性が打ち出されておりますけれども、これとABLとの関係はどのように考えたらよろしいでしょうか。

谷島　先ほど小林先生からもお話がありましたけれども、ABLは取引先の商流をモニタリングすることで、取引先の状況をリアルタイムに把握することができます。よって、信用状況を常に把握しておくことが可能となります。そのため、従来のように取引先の実態把握が不十分なために起こる不動産担保とか、代表者個人保証に過度に依存する融資取組みは今後減少すると思っています。あくまでも取引先の実態を把握して、事業継続が可能という取引先で

あれば、担保にかかわらず積極的にご支援していくというのが今後の銀行のスタンスになろうかと思います。

あと、特に事例として多いのが、創業社長が次の息子さんにもう代を渡したいという場合に、「自分は裸一貫でやったのですべてなくなっても構わない。ただ、息子たちについてはある程度財産を残しておきたい」というような意向が多いものですから、事業の内容をよく確認して、成長性が見込める先であれば、特に代表者の方の不動産とか、個人保証というものには頼らない融資が今後増えていくのではないかと思っております。

相澤 不動産担保とABLとの関係ですけれども、利用の案件の推移はどのようになりそうでしょうか。

正子 谷島さんからお話があったとおり、不動産があるから融資をするといった目線はありません。基本的には事業性をみたうえで、つまり、その会社の事業内容や財務内容を勘案し融資するということです。金融業界全体としてそういった流れかと思いますので、不動産の価値だけで融資をして、会社の経営状況が悪化して不動産を競売で処分するという事例は、もしかしたら全体としては減るのかもしれません。ただ、不動産を購入する案件では、当然ながら不動産を担保にすることが自然なことと思いますので、不動産担保融資が急になくなる、担保としての不動産が全くなくなるということはないのではないかと思っております。特に都市部では、頻繁に取引されているものと思います。したがって、全体としての不動産を利用した融資は引き続き残っていくと思っております。

(2) 集合動産譲渡担保の法的構成

相澤 それでは、ABLについての議論の前提といたしまして、集合動産譲渡担保について、一般的な法律上の性質を押さえておくことが必要かと思いますので、谷地裁判官から簡単にご説明をお願いいたします。

谷地 譲渡担保は担保のために所有権移転の形式を用いるものですけれども、この所有権移転に関する法的構成について、判例（最判昭和57・9・28集民137号255頁）は、「所有権移転の効力は債権担保の目的を達するのに必要な範囲においてのみ認められる」と説明しています。

谷島　保氏

このような譲渡担保における目的物を集合物である動産とするものが、集合動産譲渡担保ということになります。集合動産譲渡担保に関しては、譲渡担保の目的物自体を理論的にどのように説明するのかという点で、分析論と集合物論との対立があることは知られているところです。判例（最判平成18・7・20民集60巻6号2499頁）は、「構成部分の変動する集合動産についても……目的物の範囲が特定される場合には、一個の集合物として譲渡担保の目的となりうる」として、一般に集合物論を採用しているものと理解されています。

他方で、設定者による各個の動産の売却が有効であることについて、判例は、設定者に「動産を処分する権限が付与されており」と説明していることから、集合物の構成要素である各個の動産も譲渡担保の目的物であるとの考え方と親和的であるともいわれています。

谷島 集合物論に立脚すれば、集合物上に譲渡担保権が成立し、対抗要件については、この集合物全体に一括して具備すれば足りると理解してよろしいでしょうか。

なお、集合動産を担保取得する場合、担保物件が当行に集中することとなるため、融資額と担保物件の評価に照らして合理的な設定範囲とすることに留意し、債権保全に必要な限度を超えて、過剰な担保取得とならぬよう、また、優越的地位の濫用と誤認されないよう注意しております。また、他の金融機関がメイン行であるにもかかわらず、当行が集合動産を担保取得した場合、当行に担保が集中し、結果としてメイン行からの支援が受けられなくなるケースも想定されるため、メイン行の動向や当行として

正子　智久氏

います。ただ、そこに論理必然の関係があるわけではなく、集合物論に立脚したとしても担保の目的物は抽象的な集合物であって、個々の動産ではないという考え方もあるように思われます。

(3) 動産譲渡登記制度

相澤　平成17年10月から動産譲渡登記制度の運用が開始されています。その制度の内容について、谷地裁判官からお願いいたします。

谷地　動産譲渡登記は、法人がする動産の譲渡について、民法の特例として、民法の定める対抗要件具備の方法のほかに、登記により対抗要件を具備することを可能とする制度です。

　民法上の占有改定による引渡しは、外形的には存在が不明確で、同じ動産について別々の金融機関が譲渡担保の設定を受けるということが生じ得るなど、譲渡担保設定者の資金調達のために動産を活用することを困難にしている要因の一つであるという指摘がされていました。動産譲渡登記はこのような指摘のほか、新規事業者や中小企業を中心とする事業者の資金調達の円滑化を支援する観点も踏まえて、平成16年に設けられた制度になります。

　この動産譲渡登記の対象については、条文上は「動産」と規定されているだけ（動産及び債権の譲渡の対抗要件に関する民法の特例等に関する法律3条1項）ですので、個別動産に限られず、先ほどお話ししたような集合動産も含まれます。集合動産譲渡担保に関して言いますと、この登記によって、譲渡の公示と対抗要件の具備とができるということになろうかと思います。

谷島　動産譲渡登記制度の制定により、動産譲渡登記ファイルへの記録を行うことで、動産の譲渡について民法178条の引渡しがあったものとみなされ、第三者対抗要件が具備されたことにより、大きく流れが変わったと感じております。なお、当行では在庫、原材料、仕掛品等の流動資産は動産の所在によって特定する方法、旋盤、プレス機、ボール盤等の固定資産は動産の特質によって特定する方法を採用しております。

(4) 私的実行・強制執行手続

相澤　私的実行の関係ですけれども、ABLの私的実行について、法的側面からご説明をお願いいたします。

谷地　集合物譲渡担保権の実行手続は、抵当権の実行手続のような法律上の明文の規定がございませんので、私的実行により行われているとされています。

　私的な担保実行にあたっては、譲渡担保権者が設定者等から目的物の引渡しを受ける必要があることも多いかと思われます。債務者からの任意の引渡しがされない場合には、裁判手続を利用することが考えられますけれども、まず考えられるのは、担保のために譲渡を受けた所有権に基づく動産引渡請求訴訟を提起し、勝訴判決を得たうえで動産の引渡しの強制執行を行うという方法です。もっともこの方法による場合には、訴訟の提起から強制執行手続の完了に至るまでに相当期間が必要になりますので、その間に目的物が処分されたり、隠匿されたりすることもあり得るところです。

　そこで、こういった事態を防止するために民事保全手続を利用する方法も考えられるところです。民事保全手続では、被保全権利を同様に所有権に基づく引渡請求権等としたうえで、「占有移転禁止の仮処分」や、「引渡断行の仮処分」を利用することが考えられます。

　まず、「占有移転禁止の仮処分」ですけれども、これは集合動産譲渡担保権の目的物を執行官等に保管させる手続であり、目的物の占有者を債務者として、その債務者の占有の変更を暫定的に禁止しておくというものです。他方で、「引渡断行の仮処分」ですけれども、これは債務者から目的物を仮に取り

上げる手続で、仮処分命令の発令後、本案訴訟の勝訴判決を待たずに仮処分に基づく保全執行として、執行官が債務者から目的物を取り上げて債権者に引き渡すことができるというものです。これらは原則として債務者を呼び出して審尋期日を経る必要のある手続ですが、事情によっては審尋期日を経ないこともあります（民事保全法23条4項ただし書）。

谷島 仮処分執行申立て時についての質問ですけれども、目的物が複数の場所に存在する場合、一括して一つの裁判所に申立てをすることができるのでしょうか。

谷地 仮処分の手続ですけれども、大きく二つの手続に分かれています。一つは、裁判官が申立てを審査して命令を発するという手続と、もう一つは、それに引き続いて執行官に申立てを行って、仮処分命令に基づいて執行官が強制的に執行するという保全執行の手続です。

　裁判官がする手続について申し上げますと、本案の管轄裁判所、または仮に差し押さえるべき物もしくは係争物の所在地を管轄する地方裁判所が管轄することとされています。たとえば目的物が東京23区内と横浜市とに存在する事案では、目的物の所在地を管轄する地方裁判所を選択した場合には、その目的物の所在地を管轄する地方裁判所である東京地裁と横浜地裁との双方に申立てをする必要があります。そのような事案でありましても、たとえば契約書などで、本案の管轄について特定の裁判所とする旨の合意がある場合などには、本案の管轄裁判所を選択すれば一つの裁判所に申立てをすることができると考えられます。他方で、執行官がする手続についてですけれども、これは所在地ごとに申し立てるのではないでしょうか。

中山 物件の所在地の執行官に申し立てることになると思います。

松原 後で事例を紹介させていただく鰻の会社なのですが、これは福岡地裁で仮処分決定が出ました。仮処分決定の目的物のうち、養殖のスッポン等は福岡に、鰻は鹿児島にありました。そういうことで仮処分は福岡地裁に、仮処分執行は福岡地裁の執行官と鹿児島地裁の執行官に、それぞれ申立てがなされ

ています。

小林 単一の仮処分命令で、複数の執行官に対して申立てをしなければいけない場合、保全の場合は2週間以内の執行が義務づけられていますから、はたして2週間以内に本当に執

中山　隆司氏

行日を確保してもらえるのかどうか、執行部とあらかじめ打ち合わせをして、そのうえで仮処分自体の申立て日を逆算して決めるというような苦労も時々するときがありまして、あの2週間という規定は何とかならないかなと思っているところです。

中山 それは執行官からも、債権者の代理人には執行日に合わせるような形で仮処分命令を取ってほしいとお願いすることもあります。どうしても縛りがあるものですので。

松原 たとえば鰻の執行の場合は、福岡地裁での保全の申立てだったのですが、かなり早い時期から債権者代理人が鹿児島においでになって、今こういう申立てをしているのですがというお話は前もってありました。仮処分の執行を担当する執行官の立場でいえば、早く情報を提供いただくとやりやすいというのは感じております。

相澤 そのあたりは、事前準備につながっていく点ですね。

谷島 大変参考になりました。ありがとうございました。

3　金融機関におけるABLの取組み状況

(1) 近年のABL実行状況

相澤 金融機関におけるABLの取組み状況についてお聞きしたいと思います。ABLについての取組みが報道等でも紹介されることがありますけれども、ABLに力を入れている金融機関もあるようです。現在の取組み状況などご紹介いただければと思います。

〔特集〕 ABLと執行実務をめぐる諸問題

松原　満平氏

正子　八千代銀行では、東京都との提携商品「東京都ABL制度」を取り扱うことで、ABLの本格的展開を開始しているという状況です。平成27年度下期は3億5,000万円ほど、28年度上期は10億円弱、28年度下期17億円ほど、29年度上期で35億円ほどということで、取扱金額としては徐々に増加しているところです。ABLは、銀行としてもまだなじみの薄いものであり、徐々に各営業店にも浸透してきているものと思っております。

現在は先ほどご紹介した「東京都ABL制度」が利用できる東京都内の中小企業を中心に取り扱っておりますが、八千代銀行は東京都内と神奈川県内を中心に店舗が展開されておりますので、今後は神奈川県内の中小企業にも取扱いを広げていきたいと考えています。

ABLの取扱いには、企業の事業性把握が欠かせないものでありますので、この取組みによってお客さまに対する理解と、融資という側面だけではないさまざまなご提案が可能になるものと考えております。

また、企業の事業性を把握するには、動産や売掛債権だけではなくて、決算書に表れてこない企業の資産である特許や商標などの知的資産の把握も必要になってくると思っております。事業性評価とは、お客さまの事業の内容や成長可能性などを適切に評価することといわれており、その会社の財務分析だけではなく、現在の価値を示す商品や在庫の価値に加えて、将来のキャッシュフロー（注1）のもとになる知的資産を把握したABLの取扱いが必要になると考えております。

谷島　私ども足利銀行では、平成25年4月からお客さまの課題解決に向けた手段の一つとしてABLに取り組んでいます。したがいまして、動産担保、担保ありきというところではなくて、お客さまの商流のモニタリングを重要視しまして、ABLの取組みを始めました。29年3月までの実績で申しますと、実行件数は465件、そのうち太陽光発電設備が200件ございますので、それ以外のものは260件程度が動産とか、債権の担保となっております。平成26年3月期で43件、実行額は88億であったABLは今のところ順調に数字が伸びておりまして、30年3月期は件数で500件、実行金額で500億円を自主目標ということで定めております。

ABLは、金融庁が提唱しています不動産や個人保証に過度に依存しない、「経営者保証に関するガイドライン」の推進には、まさに絶好のものであると思っておりますので、今後もABLを積極的に使っていきたいと考えております。

中山　今、谷島さんのお話の中で、太陽光発電設備に対するABLの件数が200件程度あるということですけれども、この太陽光発電設備に対するABLに特に注力されているということでしょうか。

谷島　いえ、そういうことではなくて、太陽光発電設備自体が10億単位という、まずもって1ロット大きな案件ということが一つございますのと、あとは土地の部分が借地というケースが非常に多くございまして、そんな形で発電設備、動産についてまず担保をとれないであろうかと。あとは売電債権がありますので、売電債権についても譲渡担保の形でとれないだろうかというスタートがありましたので、それと太陽光発電事業ですから、当初計画どおり発電ができているかをきちんとモニタリングすることは非常に重要でございますので、そういった太陽光発電自体の特質もあり、ABLとマッチしたのだと思います。あと、私ども足利銀行は関東地方で商売させていただいていますので、関東平野は日照時間が長いというのもありますし、ゴルフ場で事業が立ち行かなくなった後、太陽光発電事業に切りかえるといったケースも多くございますので、そういった意味で、自然とABLと太陽光発電事業がうまくマッチしたのではないかとは思っております。

中山　よくわかりました。ありがとうございます。

(2) 融資対象先の選定

相澤　谷島さんからも事業の実態把握を重視されて

いるというお話がございました。金融機関においては、ABLの機能としては主に事業の実態把握に重きをおいておられるということになるのでしょうか。その点が融資先の選定にも影響してくるのか、お話を伺えればと思います。

正子 確かにABLは担保という側面からというより、企業の実態把握をするために取り扱うという側面が強いと思っております。金融機関では事業性評価というキーワードで、企業の実態を把握していきましょうという流れが全体としてあるかと思いますが、先ほどからもお話が出ておりましたけれども、個人保証や不動産担保に依存しない融資の具体的な手法の一つとしてABLの活用があるのではないかと思っております。

ABLには動産や売掛債権のモニタリングを通じて企業の実態把握をするという側面と、担保としての側面があると思いますけれども、主に当行では、前者の企業の実態把握をするという観点からABLを推進しております。当行には外部の動産評価会社が認定する資格取得者が複数名おり、その資格者が直接営業店担当者と一緒にお客さまのところに訪問することによって、ABLは具体的にどういうものなのかの理解を深めている状況です。

谷島 正子さんからもお話があったように、ABLの一番のメリットは企業の実態把握につながるということだと思っております。それでABLのお取引先さまに対しましては、銀行から、在庫状況の確認とか、試算表で、業績の確認を定期的にお願いしていまして、それが社長にとってもほどよい緊張感があって、銀行に良い報告をしたいですとか、そういったお気持ちをもっておられる企業が結構いらっしゃって、お互いにいい刺激になっているようなので、それは一つ良い点かと思っています。

ABLに取り組む先の選定にあたりましては、まずは私どものメイン先とか準メイン先で、業績があまり芳しくない先について、そこの在庫や売掛金に焦点をあてて、何かご支援できないかというのが一つ。あとは設立間もない企業というのは、当然資産もございませんし、個人の保証能力も非常に乏しい状況ですので、そういった先に在庫や売掛金を多数

含んでいると、どうしても資金負担が発生していきますので、そういったところに光をあてています。既存取引先の再生と、あとは設立間もない取引先への成長戦略という両方の面でABLを活用しているのが現状でございます。

松原 先ほど正子さんから「東京都ABL制度」融資を取り扱っているとのお話がありましたが、どのような制度設計になっているのかご参考までにご紹介いただければと思います。東京都以外の地方自治体でもABL関連の融資制度はあるのでしょうか。

正子 「東京都ABL制度」の概要でございますが、制度を利用するお客さま、中小企業が動産や売掛債権の評価をするための費用やモニタリング費用等の全額または一部の補助が受けられるという制度になります。動産譲渡登記費用は補助の対象になりませんが、それ以外の費用面の補助を行うことによって、ABLを広めたいという銀行と、資金調達手段の多様化を希望する中小企業の双方にメリットがある制度なのではないかと考えております。

谷島 足利銀行のメインのエリアではそういった東京都のABL制度のような概要の制度融資がございませんので、譲渡登記制度を活用して、通常のプロパー融資で対応しています。したがいまして、設定金額が小さな企業にとってはABLの手数料はばかになりませんので、東京都のABL制度のように費用の一部とか全部を負担していただける補助制度があれば、さらに中小企業にも使いやすくなるのではないかと感じています。

ここに金額の表示はしていないのですが、ABLで動産評価をしていただくと、最低でも大体40万～50万円という金額がかかりますので、たとえば極度額2,000万円のお客さまが40万、50万円というの

はかなりの負担になると思うのです。そういうこともありますので、ある程度の極度額を設定するお客さまでないと、私どもも勧めづらいというのはあります。

松原 2,000万円の2％は大きいですよね。そういう金融機関の金利に相当するぐらいです。

正子 それ以外に金利は当然かかります。

谷島 お客さまの負担感はあるかと思います。

中山 東京都が自治体として、そのような独自の制度を創設したというのは、特別な理由とかあるのでしょうか。

正子 この制度について東京都の職員の方ともいろいろお話ししたことはあるのですが、東京都内では起業される方の件数が多く、起業したばかりの企業では、不動産を所有していることは少ないと思います。ただ、資産として在庫とか商品をお持ちですので、それを使って企業を育てていくという目線で取り扱っていると伺っております。

松原 ベンチャー企業なんかにはそれでよろしいですね。

小林 東京都の制度融資以外で、信用保証協会が金融機関とタイアップした売掛債権担保融資保証制度、その後動産も含めまして、流動資産一体型担保融資保証制度というものが中小企業庁の肝いりでつくられたかと思いますが、それについての利用度合は今どんな感じであるか、もし、おわかりであればご紹介頂ければと思うのですが。

正子 保証協会の保証がつくことで、銀行側としては債権保全となり、お客さまが保証料を払ったうえに不動産担保まで出したら二重担保的な意味合いが出てしまいます。あと現実的には評価の額というのでしょうか、かなり大きな掛目をかけてしまうのが実態でして、中小企業の希望融資額に満たないことが多いと聞いています。

谷島 そうですね。それはあるかと思います。そのような理由で、私ども足利銀行ではプロパー融資のABLの方が圧倒的に多いです。でも、東京都のこの制度融資は非常によいと思います。

小林 わかりました。ありがとうございます。

中山 ところで、実際の融資に関して伺いたいのですが、ABLの場合は仕入代金から販売代金の回収までという資金繰りを手当てするための通常の運転資金というようなものが融資の対象、位置づけになるかと思われるのですが、融資の形態としては、当座貸越というものなのか、手形貸付とか、証書貸付のような形態をとられるのでしょうか。あと、運転資金が急に不足することにより資金需要が増加した場合に、そのような貸付を融資できるような与信枠といいますか、クレジットラインが設定されているのかどうかというようなことについてもお伺いしたいのですが、いかがでしょうか。

谷島 足利銀行の場合は、在庫等の流動資産を担保取得する場合に、外部の評価会社にまず評価をお願いして、外部の評価会社の評価額を参考に、たとえば極度額を5,000万円とか1億円という形で設定させていただいて、その中で当座貸越の形でいつでも出し入れをしていただくとか、あとは手形貸付という形で、お客さまによって常時使える状況にしておきたいという方もいらっしゃいますし、期限を設けて一旦返済してからまた借りたいという方もいらっしゃいますので、そこはケース・バイ・ケースで当座貸越にしたり、手形貸付にして、極度額の中はいつでも使っていただけますというような状態にしております。

ABLは事業評価をきちんとして、今後も持続性があるという先にしかやりませんので、急にお金が必要になった場合には、なぜ必要になったか、返済はこういう形で大丈夫ですということが明確であれば、その極度を超えた部分であっても対応するということでやらせていただいています。機械等の大きな設備の場合は証書貸付ということで、機械の法定耐用年数を基準に、5年、7年、10年で対応すると

いう形でやらせていただいております。

正子 谷島さんからお話があったとおり、八千代銀行もお客さまのご希望の形態に合わせるというのが基本です。したがって、当座貸越形態に限らず、証書貸付、手形貸付の形態もありますし、先ほど出ていましたが、クレジットラインという与信枠を設定して対応しているお客さまもおります。経常的に必要となる運転資金を決算書とか資金繰り表等の資料を拝見することで、いくらぐらい必要なのかを事業計画も含めて判断した中で、クレジットラインを設定したり、融資をしていくということになっているかと思います。

(3) 担保評価——適格担保等

相澤 担保評価費用のお話が出ましたけれども、担保評価についてのご説明をお願いできればと思います。

正子 担保評価に関しては、銀行の中で個別の動産を評価することはなかなか難しいので、外部の評価会社に依頼するようにしております。動産は動産をよくご存じの会社に、売掛金は売掛金の適正な評価ができる会社にお願いしている状況です。動産は多種多様なものがあるかと思いますので、不動産担保のように一定の決まった評価手法が確立されていないように思っております。取組み自体の歴史も浅く、処分事例の蓄積も現状では少ないと思いますので、担保評価という面では、金融検査マニュアルの一般担保要件、動産の標準的な掛目を基準として、担保の判断と評価を行っているような状況です。

谷島 先ほどお話しさせていただいたとおり、私ども足利銀行も担保評価は外部の評価会社に委託している状況でありまして、自行内で評価の妥当性を検証できるシステムというのはまだ構築されていない状況です。

したがいまして、先ほどお話しさせていただいたように、極度実行額が小規模な案件ですと、お客さまの費用負担は高いという感じもしますので、この辺は銀行自体で評価ができるようなシステムを構築できれば、より手軽にお客さまにご利用いただけるとは思うのですけれども、先ほど正子さんからお話があったとおり、動産担保は多種多様なものがあります。それを銀行が適正に評価できるシステムを早く組めるかというと、なかなか時間がかかるかと思っておりまして、当面は外部の業者に費用を払って評価していただくという形で対応せざるを得ないかと考えています。

小林 担保評価の話とはずれるのですけれども、融資時の取り組み方という観点で金融機関の方に質問したいのですが、たとえばシンジケートローン（注2）などにおける共同担保権者の仕組みをつくりたいという要請であったり、あるいは一旦設定した担保に、後で第2順位として乗っていきたいという要請があったりというような実情がご経験としておありかどうか、教えていただければと思います。

谷島 先ほど太陽光発電設備のお話がありましたけれども、太陽光発電設備にかかわらずですが、私どもがアレンジャー（とりまとめ役）としてシンジケートローンを組成した場合は、結構ABLを使って対応するケースがあるのですが、他行がアレンジャーでABLを使っているかというと、弊行が使うケースよりもそんなに多くないのではないかと考えています。今後、ABLの普及がますます進めば、多分、シンジケートローンによるABLは増加していくのではないかと思っています。あと、債権譲渡登記制度の要件から、後順位担保権設定の要請や後発的参加担保権者の要請は少ないと考えております。

中山 結局は銀行のABLの取扱いによって、そういうシンジケートローンが組めるか、組めないかという問題になってくるのですね。

谷島 そうですね。

小林 債務者の融資規模にもよるのですけれども、一例をあげますと、先ほど、メインバンクに対して

遠慮するというか、とり過ぎないようにするというようなお話がありました。私が顧問業務をしております政府系金融機関なんかですと、最初はその政府系金融機関だけがABLでとります。しかし、地元の金融機関も乗せてくれという要請であったり、あるいは民業優先という社会的な要請であったりというようなことで、最初は政府系だけだったけれども、地元の金融機関とタイアップしようということで、後から地元の金融機関も入れてあげようみたいなことをやりたいときがあるのです。しかしながら、先ほどご指摘があったとおり、現状の動産譲渡登記制度ではそれができないというときに、さてどうしようというような問題、あるいは最初からシンジケートローンで取り組んだ問題であっても、担保は共有になっていると思うのですが、その共有の持分はどのように動いていくのかなんてことを考え出すと、結構おもしろい法律の論点はたくさんあると思います。

　たとえば共有根抵当の場合、民法398条の14という規定がありますが、これは債権額に応じて按分されることが明文で書かれています。しかし、不動産の共有だったらどうかといいますと、共有持分が変わるというのは持分一部移転という移転登記をしないといけない。自動的に持分が中で動いていくという考え方はとられていない。では、集合動産はどうなのか。シンジケートローンの場合は被担保債権がほぼプロラタ（注3）で動いていきますから、あまり持分のことは気にしなくていいのでしょうけれども、ABLの場合ですと必ずしも融資比率が一定とは限らないケースが出てきますので、そうしますと共有持分の変動というのは一体、根抵当型で考えるのか、不動産型で考えるのかなんてことを考え始めますと、面白い問題がたくさんあるのではと考えております。

松原　また二つほど質問させていただきたいのですけれども、一つはシンジケートローンなのですが、地銀がシンジケートローンを組む場合は地銀同士ですか、それとも信用金庫とか信用組合とかと組むのですか。

正子　アレンジャーが地銀であれば、おそらく地銀がほとんどだったと思います。

谷島　足利銀行がアレンジャーをやった場合、メガバンクが乗ってくれるかというと、おそらくそれは無理です。

　メガバンクは自分が頭で、私どもにレンダー（注4）をやってくれというのはあります。たとえば足利銀行がアレンジャーでやる場合は、地元の第二地銀、地元の信用金庫があったりします。私どもは今、めぶきフィナンシャルグループということで、常陽銀行と経営統合させていただいておりますので、まず常陽銀行をパートナーに選んでというケースが多いです。

松原　わかりました。二つ目の質問ですが、実際にABLを実行する際には担保権実行も見据えて、担保物件の販売先とか、その方法を事前に念頭に入れていらっしゃるのでしょうか。そのあたりを詳しくご説明いただければと思います。

谷島　私ども足利銀行の規定ですと、正式にABLを一般担保にする場合というのは、評価は外部の評価会社にお願いしてしっかりとモニタリングして、最終的に売却先まできっちり決めてやったケースが正式なABL、一般担保という形になるのですが、評価とモニタリングはしっかりやるけれども、最後の売却の部分は正式に決めないでやるというケースもあるものですから、そのときは一般担保ではなくて、その他担保ということで、評価としてはみないで取り扱うケースも多くございます。実際に処分をどうするかとなると外部の評価会社になるかと思うのですが、こういった会社に買い取りもお願いするという形になるのが実際の流れになっております。評価していただいた会社に買い取っていただくというのが基本になっていますので、基本的には一般担

保扱いでやるものは件数としては少ないのかと。そう考える場合には、お客さまの業績がある程度悪くなった段階で、最終的な処分はどうしようかと、途中で考えるというケースが多くございます。

相澤 そうすると、ABLを利用する場合に、一般担保として扱おうとされているわけではないということでしょうか。

谷島 はい。正式な担保でやる場合には一般担保でやりますけれども、そうでないケースも多くございますので、その場合はその他担保となります。ですから、金融庁が想定する一般担保として見なさいという場合は、売却先まできちっと選定してやらなければいけませんので、そこまで行っていないとすれば、私どもは厳しく見て、そこは一般担保ではなくて、その他担保ですという考え方はあります。

相澤 金融検査マニュアルで定める要件を満たすようなものというものは件数は多くないのでしょうか。

谷島 多くないです。

相澤 それは先ほどの、事業の実態を把握していきましょうという側面を重視することとは矛盾しないと理解してよろしいでしょうか。

谷島 そのように私どもでは考えています。お客さまによってはきちんと処分まで検討して、一般担保で正式にやらせていただくケースも当然あります。それ以外のケースがかなり多いというご認識でいただければと思います。

相澤 ありがとうございました。

谷島 動産の評価に関連して、ABLとは直接関係いたしませんけれども、執行官が取り扱う類似した執行手続である動産執行等の場合に、差押え物の評価の方法についてどのように行っているのか、参考までに教えていただけますか。

中山 動産執行の目的物で分けているということになると思うのですけれども、市場性のある、あるいは相場が明らかなもの。たとえば金とか、金地金等の貴金属とその加工品等については、特に問題になることはありません。これに対して、一般的な動産類、テレビとかいうようなものについては、店頭で並んでいる商品ですけれども、結局、売却しても、アフターサービス等がありませんので、定価や仕入価格からその分を減価して評価せざるを得ない。一般的には、定価に比べると低額な評価額になってしまうということになります。

また、特殊な動産の場合ですけれども、たとえば絵画とか骨董品は、執行官自身が専門的な知見を有しておらず、どう処理して、どう評価していいのかわからないので、結果的には専門的な知見を有する方や同業他社の意見を聞くしかなく、それをもとに評価させていただいているということになります。ただ、実際上、それを所有されているのは所有者であり、債務者になりますので、債務者が幾らで買ったのかというようなことから、それの評価、そういう意見を聞かせていただくなり、債権者の意見も聞くなりして、妥当と思われる金額で評価しているというのが現状です。最終的には通常の競り売りで売却を実施しております。

大阪地裁でも通常競り売りをしているのですが、競り売りをしなかったという物件もあります。どうしたら一番高く売れるかということを考えて、これは著名な絵画だったのですけれども、それを普通の裁判所の競売にかけて、買受人がどれだけの値段を出すのだというのがわからないので、海外のオークションにかけて売らせていただいたという例もあります。実際、6億円とか8,000万円ぐらいで売れたのではないかと思います。評価を専門家に任せて、とにかく一番高い値段をつけて売ってくださいというようなことで、そのような形で処理した物件もあります。

松原 牛を、家畜商が多く集まる家畜市場に委託して競り売りで売却する方法もありますので、ある意味似たようなことかなと感じました。

相澤　ありがとうございました。確認ですけれども、八千代銀行さんは、どちらかといえばABLの活用にあたっては一般担保として扱っているほうが多いのでしょうか。

正子　はい、多いと思います。

相澤　そこは足利銀行さんとは少し違うかもしれないですね。

正子　そうかもしれないです。

(4) モニタリングの方法と効果

相澤　次に、モニタリングの関係でお話を伺いたいと思います。

　金融検査マニュアルによれば、動産担保を一般担保として扱える要件としては、継続的なモニタリングがされていることがあげられているわけですが、実際にさまざまな動産があると思います。モニタリングがどのように実施されているのか、あるいはどういう問題点があるのかといったあたりの実情を伺えればと思います。

正子　基本的には融資先から定期的に在庫明細をお出しいただいて、今の帳簿面を確認するのと、実際に倉庫に行ってモニタリングするのと、両方の面から行っております。基本的には、営業店が各お客さまの倉庫に行ってモニタリングを実施しますが、定期的にその資料を本部でも確認することで、モニタリング精度の向上を図る必要があると考えております。

　具体的に取引先の事業規模とか、借入金規模によってモニタリングの頻度や深度も違うとは思いますが、実施する企業ごとに個別のモニタリング計画を設定したうえで、訪問を行います。前回モニタリングと比較して、今回との相違点をしっかり見るようにします。そこで大幅に増減があった場合は、その内容を確認しております。初回評価時は倉庫内の写真を撮りますので、モニタリング時に極力同じアングルから写真を撮ることによって、客観的に物が増えているとか、減っているとかを在庫表と合わせながら見るようにしております。

谷島　まず大前提として、ABLを取り扱う場合には、入金指定口座は足利銀行にしてくださいとお願いしております。よその銀行から移せないと言われた場合には、私どもは基本的にABLの取扱いはしておりません。それが前提で、私どもはお客さまの信用状況にかかわらず、入金状況は毎月確認しております。その中で在庫表とか試算表は3カ月に1回以上いただいています。あと実地調査ですが、これは実際に倉庫に行ったりする在庫の確認ですけれども、実地調査は正常先ですと年1回以上、要注意先ですと6カ月に1回以上、要管理先以下は3カ月に1回以上ということで、支店の行員が倉庫に足を運んで、実際の状況を確認しているという、要は手管理での作業になっております。

　本部のほうは、与信極度の更新とか手形書替のときに行う与信判断時に支店のモニタリング状況の表を出していただいて、そこを確認しているということでモニタリング精度の向上を図っておりますけれども、手管理の部分が多いので、今後はそれぞれ本部とか支店の事務負担の軽減を考えると、IT系やフィンテックかということで、自動的にその辺のチェックをするシステムの構築が必要かと考えております。

小林　ところで、今お話がありました業績、入金実績とか、在庫の状況等々を数値的に確認されるということですけれども、それによって金利の上げ下げをコントロールしていくような、融資条件に絡めるという取組みはあるのでしょうか。

正子　私どもでは途中で金利を上げたり下げたりというのは基本的には行っておりません。ただ、在庫をモニタリングする中で、たとえば急激に在庫が半分になってしまったとかいうことがあれば、何かしらの変化が起こっているはずですので、要因を調査したうえで、そこであまり芳しくない状況になっているようであれば、融資金額の見直しをするというのは考えられなくはないことだとは思っております。

谷島　私どもも在庫の増減に基づいて、速やかに金利を動かすかというとそれはないと思います。

小林　私が知っている例でいきますと、資産価値維持条項というものをあらかじめ入れまして、たとえば前6カ月の入金実績が幾らを下回った場合には金利を0.1％上げるというような条件にするという例

があります。そうした条項をつけている場合には、必ずしも担保取得はしないで、モニタリングのほうに大きな軸足を置いていると言えるかと思います。あるいは担保取得はしたとしても、最後の担保権実行時の商流の確保とかはあまり気にせず、すなわち個別の権利実行までは予定しないケースも増えてきているように思っていまして、ただ、そういうことができるというのはある程度の規模を持った債務者だからこそできるのではないかと思うわけです。それよりも弱い債務者についてはなかなかそうもいかない、確実に担保をとらなければいけないのかなというような、債務者の経済力によっての差別化もあるのかなと思ったりしているのですが、そのあたりについてはどんな状況でしょうか。

谷島 実際に私ども足利銀行では、格付が低くても、今後のビジネスモデル等に期待して、長期的に今後も成長が見込めるといった場合には、ABLでモニタリングだけさせていただいて、担保権実行までは想定しないケースで取り扱っている先も結構ございますし、今後はそんな見方がだんだん増えてくるかなという感じはします。ですから、信用状況がよろしくないという先にはなかなかやりづらいですけれども、成長が見込める先であれば、現状厳しくてもやっているケースはございます。

正子 八千代銀行もABLという枠組みという意味であれば、基本的に担保設定は要件としております。ただ、今お話にあったような、業績が若干厳しくなったお客さまには、その企業の事業改善の提案や、取引先の紹介などの支援も考えられると思いますので、そういった意味での支援は当然行っております。

(5) 動産譲渡登記の運用状況

相澤 金融機関の方から、動産譲渡登記制度の利用状況についてお話しいただければと思います。

正子 ABLとして動産を担保取得する場合は、当然ながら動産譲渡登記制度を利用させていただいております。第三者対抗要件を具備するということがありますので、すでにその担保自体がほかの金融機関、債権者の担保になっていないかを確認するという意味では、概要記録事項証明書等を取得し担保の先取得がないかは確認しています。

谷島 私どもでは、要はお客さまの経営が立ち行かなくなって、これは危ないという局面で動産譲渡登記を利用して、債権回収を図るといった使い方は一切しておりませんで、あくまでもモニタリングの一手段として動産譲渡登記を利用しているという現状でございます。

動産譲渡登記の場合ですと、同一動産について二重に動産譲渡登記がされた場合の譲受人の優先の優劣は、登記の先後によって決まりますので、まずはお客さまにそういった動産譲渡登記がないかどうかの確認と、それから実際には東京法務局中野出張所の動産登録課で概要記録事項証明書を取得し、そういった動産譲渡登記の有無をしっかり確認したうえで対応しているところでございます。

小林 登記制度との関係で現場のニーズをお聞きしたいのですけれども、債権譲渡登記にしても、動産譲渡登記にしても、物的編成主義をとることができませんので、したがって一権利変動一登記となりますから、必然的に変更登記という上書き登記はできないという仕組みになっています。しかし、本当にそれで大丈夫なのかという質問をよくクライアントから受けることがありまして、たとえば保管場所の所在地を登記してあったところ、そこに住居表示が実施されて表示が変わったのだけれども変えなくていいかとか、合筆されて筆番が変わったのだけれども、変えなくて大丈夫なのかとか、あるいは倉庫の運営会社が変わって、備考欄に記載された倉庫の名前が変わったのだけれども、変更登記できないのだったら、もう一回登記をつけ直さなければだめなのではないかといったような、かなり気にした相談を受けることがあります。

これは制度上そこまで気にしなくていいですよと一応お答えはしていますけれども、現場においてその類いの登記制度に絡む悩みといいましょうか、迷いといいましょうか、もしそういったご経験がおありであればご紹介いただければと思います。

谷島 実際、変更登記ができないというのは十分注意するようにと言われておりまして、支店で司法書士に登記をお願いする場合に、まず十分確認して間

違っていないか、そこは銀行でよく確認してくださいと。それと、司法書士との受け渡しにおいても、そこは逐一確認して、設定のときに誤りがないかどうかというのは十分確認するようにというのはやっております。

　弊行はABLの件数が多いものですから、今後は合筆とか会社の合併や分割という問題は当然発生すると思います。万一、変更登記が発生した場合は速やかに対応できるよう、今のうちから明確な規定を作っておく必要があると考えております。

正子　不動産登記だと登記事項証明書の表示どおり記載すれば基本的に問題ないのでしょうけれども、動産の場合は、対象物や場所を明確にしておかなければ有効とはなりませんので、基本的には登記をする前に司法書士に必ず確認してもらうようにしております。私どもは足利銀行さんに比べてまだ少ない取扱いだと思いますので、基本的に本部で指定した司法書士事務所に全部確認してもらうようにしております。司法書士はこれでいいかどうかを法務局とも打ち合わせしたうえでやっていただいていると聞いておりますので、そういったところで登記の漏れ等、不手際がないように注意しております。

　あと、これは要望になるのかもしれませんが、先ほどお話がありましたけれども、新しい場所等を追加するとか、変更登記ができたらいいというのが希望としてはすごくあります。

小林　後発的に登記の記載事項が変わったときに、つけ直しをしなくていいかというご相談に対して、必要ありませんと答えることが普通ですけれども、本当に保守的に行こうと思うと、つけ直し、再登記、登記のやり直しをしたくなる場面がどうしても出てきます。ただ、そのときに怖いのは否認リスクでありまして、そのときの債務者の状況によっては、否認のリスクもありますよというようなことになる。結局、できるだけ当初の登記を維持したいというような事案がわりあい多いように思います。

松原　話は変わりますけれども、ABLでは必ず動産譲渡登記がなされるという前提でよろしいのでしょうか。

谷島　私ども足利銀行はABLにすべて動産譲渡登記がされているかというと、そうではございません。たとえば指名債権の場合ですと、確定日付による通知、もしくは承諾という第三者対抗要件を具備したものを広く、広義のABLと捉えていまして、そこは取引先の実態に応じて柔軟に対応していまして、必ずしも動産譲渡登記がされているかというとそうではないケースもございます。

　動産によってもすべて登記までしないケースもございます。お客さまによってはそうしないケースもございますので。

中山　それは実質上ABL、集合動産を担保に融資しているけれども、登記はしていないという意味ですか。

谷島　そうです。ですから、実際にABLかというと、そうではないと思うのです。

中山　外形上はそういう形態だけれども、実情は対抗要件を備えていないということですか。

谷島　そうです。

松原　結局、モニタリングをするために、そういう形をとっているということですか。

谷島　はい、モニタリングをしっかりするために、そういう形をとっているということです。

小林　譲渡担保という法形式をとらずにモニタリングだけをするという場面と、それから譲渡担保という法形式をとり、かつ占有改定での対抗要件を具備するけれども、動産譲渡登記は利用しないというものと、それから動産譲渡登記をし、かつ占有改定もする、という3種類があります。占有改定は契約書に規定すればいいことなので、登記だけということはまずないでしょう。

(6) 担保権実行の状況

相澤　それでは、担保権実行について、金融機関の方から実情をご紹介いただきたいと思います。

正子　最初にご紹介したように、八千代銀行はまだABLの取扱い自体が少なく、実際に担保権を実行して処分に至った事例が具体的にはないというのが実情です。ただ、処分するときの問題点、論点というか、気をつけなければいけないところとしては、たとえば倉庫の所在地が遠方にあってすぐに押さえに行けないとか、あとは実際倉庫の中に自分の物で

ない物があったというか、寄託されて預かって置いていた物があったりとか、実は不良在庫、売れない物が多量にあったりといった問題が担保権実行のときに顕在化してくるのかと思っておりますので、そういったものに今後気をつけていきたいと思っております。

谷島 ABL 単体での貸出先はありませんので、既存の貸出の返済状況（延滞状況）を十分に勘案したうえで、回収方針に転換するかどうかの見極めを行っています。

なお、過去に私的実行を行った事例が 1 件ありますので、事例紹介のところでお話させて頂きます。ABL 取扱件数の増加に伴い、今後担保権実行の事例は増えることが予想されますが、現在のところ早急に対応が必要な取引先はございません。

小林 債務者がデフォルト（**注5**）して現場を確認したところ、在庫商品がほとんど空になっていたという事象が、実は私自身のクライアントのところであります。もう一つ実例として指摘しておきたいのが、先ほども出てきました倉庫、冷凍倉庫でして、冷凍のマグロがいっぱい入っていました。しかし、倉庫代が払えなくなったものですから、倉庫業者が電気を止め、冷凍機能が止まりました。その止まっていた期間というのが 1 日もたっていない、十数時間だったので、冷凍マグロが変質するおそれはないはずですけれども、しかし何があるかわからない。その間に品質が落ちた物が銀行の絡んだ担保処分で食中毒でも起こしたら大変だということで、そのマグロはすべて捨てる、担保物はすべて諦めるという実例がありまして、この実行の場面における苦労はいろいろあるのだということを感じております。

谷島 実際にデフォルトして現場を確認したら空だったというケースはないですけれども、取扱い件数の増加とともに、そういうケースは想定していかなければならないとは思っています。ただ、ABL の本質自体が事業活動を定期的にモニタリングするというところに主眼を置いていますので、お客さまがデフォルトする前にまずは銀行で試算表等を見させていただいて、過重在庫の処分や業務の縮小とか、撤退して違う方向に行ったらいいのではないですかとか、あとはいろいろな経営指導とか、信用することによってデフォルトする前にある程度お客さまといろいろな方向性を出せるのではないかと思っておりますので、そういった意味では、デフォルトしてもロスは最小に抑えられるのかなとは思っています。それが今までの不動産担保と違うところで、実際にお客さまが夜逃げをしたりするといったケースは、ABL のケースとしては少ないのではないかと思っております。

当然動産は不可抗力の要因で滅失毀損する可能性があるものですから、私どもが必要とした場合には、お客さまの負担で損害保険の契約を締結することになっておりますし、この場合は私どもの判断によって質権を設定するケースもありますし、そこは留保するケースもあり、ケース・バイ・ケースで対応させていただいています

正子 ABL も基本的にはお客さまとの信頼関係の上に成り立っている商品であると思っておりますが、企業の業績が低迷して資金繰りに窮するような事態になれば、換金しやすい商品だったり、売れ筋商品を値引きしてでもまず現金化したいという行動が十分考えられるかと思いますので、デフォルトの発生時には在庫がほとんどないとか、不良在庫だったりとか、時間がかからないと処分できないような物しかなくなっているということは、リスクとしては十分想定されます。

あと、火災や風水害等のリスクに関しては、ABL として取り扱う場合は損害保険の加入は必ず確認するようにしておりますが、私どもの段階では質権設定という手続は行っておりません。

相澤 ありがとうございます。金融機関におけるABL の活用状況について詳しくお話を伺いました。続いて事例の紹介をお願いしたいと思います。

4　事例紹介

(1)　事例紹介と問題提起（金融機関）

(イ)　事例：貸倉庫に保管された大量の家電商品

谷島 当行の事例ですが、破産管財人が選任された事例で、管財人と協力して動産の保管場所の変更および評価会社への動産買取りを依頼することで早期

に資金化した事例がございました。

対象動産は中国で製造された卓上扇風機、足下に置く温風器とか、要は量販店に行くと1,000円前後、800円とかそういった値段で売られている商品です。

在庫商品は数万点ありまして、実際には貸倉庫に保管されていたのですけれども、賃料未納が発生する可能性がありましたので、速やかに保管場所を確保して担保動産を移動させる必要がございまして、管財人に状況を説明したところ、債務者の本社事務所にかなりのスペースがあるので、そこに運んでいいですよということでご了解をいただきました。輸送にかかるコストを最小限に抑えるため、私どもの行員10名を商品の搬出・搬入部隊として投入しまして、トラック5台をフル稼働させ、朝の9時半から夜の8時までかかって全商品の搬出・搬入が完了しました。

担保動産の評価額が1,200万円のところ1,000万円で処分することができ、評価額と処分価格に大きな乖離は生じませんでした。今回は、管財人の全面的な協力が得られたことと、あとは従来からの信頼関係によって、債務者が勝手に商品を事前処分しなかったというところがありましたので、評価額に近い回収ができた良い例だったと思っております。

(ロ) 事例：レンタルバイク

正子 当行の事例を紹介します。対象先企業は高級バイクの正規ディーラーで、前年の販売実績に基づいて次年の仕入台数が決定するため、市況によっては在庫を抱える事業構造でした。また、固定資産（店舗・倉庫）購入を当初は信用金庫にて調達、その後メガバンクにて借り換えしたものの短期返済としていたため、不況時にキャッシュフロー不足となり全行リスケを行っており、新規調達が困難な状況でした。当対象先は上記のとおり市況によってはバイクの在庫を抱える事業構造であったことから、観光者向けを中心にバイクのレンタル事業を開始。レンタルを行いながら、中古車としての販売を行い、生涯収益（レンタル＋販売）を増大させるビジネスモデルを確立させました。当行はその事業性を評価し、また足元では一定のキャッシュフローはあるものの過去の条件変更から新規資金調達が困難となっていた状況に対し、耐用年数等を踏まえながら設備資金の期限見直しを含めた他行肩代わりとABL活用による運転資金の供与による資金繰り・資金調達面での改善を行いました。

(2) 事例紹介と問題提起（執行官）

(イ) 事例：大型パソコンショップ内の動産

中山 私がご紹介させていく事例は、私自身は援助という形で参加した事例です。

仮処分決定に記載された目的物は大型パソコンショップおよび倉庫内に存在するパソコン関連商品すべてでした。執行対象店舗は全国にわたり十数カ所という大規模な仮処分執行事件でした。事前の債権者との相談では、全国一斉に執行してほしいというものでしたが、各執行官室の期日打ち合わせ、業者の手配、債権者代理人の分担等煩雑を極めることを理由に、結果的には、それぞれの執行官室で態勢を整え、同日執行でなくてもよいということになりました。本事例では、実行通知を執行官が直接債務者に交付したと思います。そのため、実行通知交付時点で固定化したものと考えられます。

固定化の問題については、仮処分執行段階では、仮処分決定に記載された全部の商品に担保権が及んでいるものとして執行しました。ただし、仮処分決定の目的物の記載でいう「商品」について、販売を目的としたものに限定されると明確に判断できませんでしたので、修理のために店内で保管されている第三者個人所有と認められる動産については、債権者の同意を得て目的外動産として処理しました。その認定については、フロア責任者からの陳述や修理依頼書等で確認しました。そのように対応した理由は、対抗手段はあるものの、一個人にそのような負荷をかけるのは酷でもありますし、故障している商品（修理済みであるかの判別も難しい）のため換価できない可能性がある等の判断によるものです。商品があまりにも種類が多く、商品が大量に存在していました。専門的な商品であるため、商品名で実際の商品を特定することが困難でした。また、商品の大部分が精密部品ですので、取扱いに注意を払う必要があり、梱包にも時間がかかりました。一部の執行官は徹夜での作業を余儀なくされました。執行場

所が繁華街に位置し、来客が絶えないため執行の着手が営業時間終了後であったのが原因です。

　(ロ)　事例：養鰻場内の大量の鰻

松原　少し長くなりますが、私が経験した事例をご紹介させていただきます。養鰻場で飼育されている鰻（成長した鰻）と未成熟の鰻の占有移転禁止（執行官保管型）仮処分執行事件でした。目的物は成長した鰻の重量約22トン・未成熟の鰻の重量（見込み重量）約7トンの合計約30万匹でした。債権者代理人弁護士からは、7月の段階で出荷できる鰻が多数いることから、鰻の相場が一年で一番高くなる土用の丑の日以前に緊急換価して欲しい旨の要望がありました。

　緊急換価を仮処分執行後直ちにするとなると、鰻の量も多く予想売却代金は2,000万円を超えることが予想され、高額のため買受人が簡単には参集しないと思われることや、事前に買受人を探すとなると密行性との問題があったため、仮処分執行後に数日間おいて売却することを前提に協議が始まりました。

　事前相談の打合せ事項としては、執行期日の調整、処理態勢、予納金の見込み額、緊急換価をするまでの保管人の問題等でした。執行期日については、執行場所は鰻の養殖場であり現場責任者を含めた従業員が常時いることなどから、債権者側弁護士と執行官の都合を考慮するだけの調整で終わりました。

　鰻の保管については、債務者会社の協力を得て、現地で数日間飼育するという前提でしたので、処理態勢については、担当執行官と援助執行官1名および補助者として評価人1名で処理することとしました。

　債務者会社の協力を得るしかない理由は、新たに約30トンの鰻を入れる養殖池が存在し、かつ、鰻の世話をする従業員等の余力のある養殖場は他にないことや、18万匹（30トン）という大量の鰻の場合、売却後に即時に搬出するのは困難であり、売却後も搬出するまでの鰻の管理や池からの搬出について債務者会社に協力してもらう必要があり、債務者会社の協力なしでは困難であるということもありました。

　仮処分の執行には、債務者会社の現場責任者および経営幹部の説得が必要ということで、時間については5時間近く取ることにしました。

　執行費用の見込額については、保管に伴う労務費と餌代で数百万円必要になるだろうとの結論に達しました。鰻の養殖場については、毎日のように鰻の出し入れがあるわけではないので、目的物の固定化について問題はなく、物件の特定についても特段、問題になることはないと債権者側との事前協議の中で認識しました。と言いますのも、鰻の稚魚を飼育して成鰻するまでには6カ月程度かかるため、一旦稚魚を仕入れて養鰻場に放つと6カ月間は鰻の出入りはないとのことでした。債務者は土用の丑の日に出荷できるように計算して稚魚の仕入をしていること、仮処分執行日も土用の丑の日に近接して設定したことにより、鰻の出入りはなく、固定化する必要がなかったということです。なお、実行通知は債権者代理人とともに同行して渡しました。

　仮処分執行日は、担当執行官、援助執行官、評価人、債権者代理人弁護士、債権者職員2名が執行場所に臨場しました。目的物の特定等については、何ら問題がなかったものの、債務者会社の現場責任者との保管についての話し合いがなかなか進展しませんでした。執行官および債権者職員は、目的物の保管について現場責任者と話し合いをしながら、債権者代理人弁護士は債務者代理人弁護士と電話でやりとりをしましたが5時間近くたっても、目的物の保管についての承諾は得られませんでしたので、執行を続行することとしました。

　翌日に再度執行場所に臨場したところ、それまでに債権者代理人弁護士が債務者代理人弁護士および債務者会社経営幹部と電話で交渉した結果、債務者会社が協力することになり、債務者会社養殖場の現場責任者を目的物の保管人に選任しました。

　その後に評価書が作成され、競り売り期日を指定したうえ競り売りを実施することになりましたが、債権者側から「買受希望者を見つけたが、業者は成長した鰻の重量については見込み重量ではなく計量して競り売りして欲しいと言っているので、そのよ

うにして欲しい」との要望が出ました。保管人に聞いたところ、鰻の見込み重量は、鰻の当初の重量を基にして、与えた餌の70%とか60%位体重が増量することを見込んだ計算で算出されているとのことで、見込量との差は当然にあるということでした。

そこで、保証金を定めて、1kgあたりの値段で競り売りを実施し、計量後に鰻を池出しするごとに執行官名義の口座に振り込んでもらうことにしました。保証金については、多額の現金をやりとりすることは好ましくないと考えて持参人払式の一般線引小切手にすることにしました。

競り売りの方法としては、最初に見込み額で競り売りをし、その後に計量した結果、売却代金を精算する方法や債権者会社を説得して見込み量で競り売りする方法を取るという選択肢もあったかもしれません。

県の水産振興課に出向いて話を聞いたところ、養殖鰻については、減少が続く鰻の稚魚の資源保護とう観点から、行政の関与が強く、養殖鰻を出荷した場合に農林水産大臣に対し、「うなぎ養殖業の実績報告書」を出す必要があることがわかりました。そこで、水産庁栽培養殖課および県水産振興課にご教示いただいて関係書類を作成し県水産振興課を経由して農林水産大臣宛に前述の書類を提出しました。

目的物が特殊な場合、目的物の売買における商慣行や目的物自体の知識および行政庁へ届け出る書類の有無や規制等がないか事前に調査する必要があるかも知れません。ただし、債務者の協力が得られなかった場合や、債権者に知識がない場合に、当事者以外から情報を収集する必要に迫られますが、密行性の問題もあり慎重にする必要があると思われます。なお、養殖鰻を含めた養殖関係の商品については、業界紙で商品市況が掲載されているという話を執行後に知りました。

(ハ) 事例：大量の金属スクラップ

中山 他の地裁の例で恐縮ですが、次の事例は大量のスクラップを対象とする、占有移転禁止の仮処分（執行官保管型）で、物件を債務者において使用しないことを条件として、債務者に保管させることができるというものでした。仮処分決定の物件目録上は「鉄鋼製品及び非鉄金属製品等一切」で、備考（有益事項）として「動産の内訳：ステンレス製スクラップ、特殊鋼スクラップ、銅スクラップ、貴金属スクラップ、アルミスクラップ等」となっていました。約3,000㎡のフェンスに囲まれた土地上に対象動産が7カ所に山積みされており、資料によれば総重量が400tを超えるものでした。紛失等を予防するために封鎖する必要がありますが、その作業内容自体で工夫が必要となりました。最終的にはメッシュシートで対象動産から約1.5mの高さまで囲うこととし、シートは番線でつなぎ、土嚢で補強しました。公示書は公示板をシートに取り付けて、その上に貼付しました。

債権者との事前面接では、補助者の選任を行い、ヘルメット・作業員腕章・メッシュシート・番線・土嚢・公示板等の準備の指示をする他、執行のシミュレーションを行いました。

(ニ) 事例：養豚場内の豚

松原 次の事例も他の地裁の例なのですが、問題点がわかりやすい事例ですので、ご紹介させていただきます。

養豚場での豚1,500頭の引渡断行の仮処分という事例です。担当した執行官はいろいろな問題をクリアしていきました。まず、目的物（豚）の特定の問題です。仮処分命令に記載された目的物の所在地は地番表示で記載されており、土地も広大でしたので、土地の範囲を確定する作業が必要でした。

目的物は、「○○郡○○町○○番、同番○○、同番○○で飼育されている一切の豚」との表示でしたが、公図によりチェックしましたところ、地番の表示は、その養豚場の一部のみを示すものであり、土地も広大で山の中に存在しており、外部から確認もできない場所でしたので、公図のみでは具体的な場所の特定はできませんでした。

そこで、地番図付きの航空写真を何とか取得してチェックしたところ、かろうじて豚舎はすべて上記土地上に存在することはわかりましたが、債務者は豚を放牧して飼育しているとの情報もあり、実際の執行の場面において、目的物の所在地とされる土地以外の土地に豚が存在する可能性もあり、執行でき

ない可能性もありました。なお、債権者代理人弁護士の見解では、「～地番○○で飼育している」と書いているのであれば、畜舎さえその範囲内にあれば、放牧して他の地番の土地に存在していたとしても問題ないと考えているとのことでした。なお、現実の執行時には、豚は放牧されておらず、すべて豚舎に存在したため、上記の問題を検討する必要はありませんでした。

次に、執行補助者確保の問題があげられます。豚の運送等については専門業者でなければ難しいため、もし、仮に補助者として協力してもらえるのかどうか打診する際でも、同業者も少ない狭い世界ですので、情報が洩れる等の執行の密行性が保たれないというリスクがあります。

最後に、これだけの頭数の豚を搬出するわけですから、執行期間が複数日にまたがります。当然、執行終了時までに畜舎に残された豚については、債務者に管理してもらわなければなりませんが、債務者は非協力的になっており、その間の管理も執行官の方でやらなければならないということになります。また、執行が終了していない残りの豚の占有は依然として債務者下にありますので、畜舎に施錠することもできず、債務者により豚を搬出されるリスクがありました。冬の執行であったため、豚が病気になったり死んでしまったりするリスクもあります。また、余談になりますが、執行当日に産まれたりした場合、胎児は誰の占有になるのかという問題もはらんでいるかもしれません。

　　㈥　事例：液体原料

松原　次の事例は、対象動産が液体である原材料の場合です。執行場所が5ヵ所に分かれ、そのうち2ヵ所は、譲渡担保権設定者が第三者に保管委託している状況でした。健康食品の原材料で、譲渡担保権設定者が倉庫業者に保管委託しており、仮処分決定では目的物は「保管場所○○倉庫内○○（原材料）」で、占有移転禁止の仮処分（執行官保管型）の執行でした。

なお、物量は予測では30ｔを超えるものでした。実際に原材料がどのような状況で存在しているのか不明であったために、事前に保管方法を決定することができませんでした。そのため、梱包されているものは特定可能であったので、特定できるものだけを対象にし、目的物の性質から現場保管とせざるを得ませんでした。一部、第三者に売却済みの原材料が混在していたため、特定に困難を伴いました。

　　㈦　事例：大型生産設備

中山　ABLの事例ではありませんが、ABLの仮処分執行でも同様な問題が起こり得えますので、ご紹介させていただきます。

この事例では、目的物が大型生産設備一式という大掛かりなものでした。そのため、搬出方法が難しいことと、それに伴い、執行期間が長期化した際の執行現場の保全が問題になりました。

当初、債権者側は4日間の執行期間を希望していましたが、相談の結果、休日3日間を執行日とし、翌日を予備日に充てることとしました。特に2階部分については、大型クレーンで機械を吊り上げることになるのですが、2階の開口部から搬出できず、やむを得ず2階床面と同じ高さの搬入ステージを組み上げる必要があり、その設置だけで半日を費やすというスケジュールでした。執行期間は3日間という続行期日ですが、1日ごとに搬入ステージを解体していては時間が足りないため、そのままにしておき、夜間から朝まで警備員をおくことで対応しました。

大型クレーンの操作および重量物の搬出のための専門業者は、法的な問題もあり、相当時間の休憩をはさんだりしなくてはならず、迅速というよりも安全を第一に考えたスケジュールであるため、なかなか作業は捗りませんでした。搬出路を確保するため、各階で対象動産以外の機械類を移動させなければならず、また、敷地内の放置車両も移動させる必要がありました。大型機械に附属物が存在しましたが、取引慣行上、セットで取引されるものであったため、附属物の位置関係・機能上の性質から従物と認定し、大型機械とともに債権者に仮に引き渡しました。

　(3)　まとめ

相澤　ありがとうございました。動産といっても家畜等の生物から原材料、大型機械一式等その種類は

さまざまですので、執行現場で執行官の方が非常にご苦労されていることがうかがわれました。執行官の方々による事例のご紹介からは、次のような点が指摘できるように思います。

① 事前準備の問題
② 執行補助者確保の問題
③ 執行期間の長期化の問題
④ 執行場所が多数ある場合の問題
⑤ 動産の特殊性とそれに伴う緊急換価の有用性の問題
⑥ 公示や調書作成の際の目録の問題など、多々検討を要する問題

があるように思います。

これらの点については、下記5(5)仮処分執行時の問題点のところで議論していただきたいと思います。

5 回収局面における実務上の問題点

(1) 担保権実行のタイミング

相澤 それでは、回収局面における実務上の問題点についてお話を伺いたいと思います。まず、担保権実行のタイミングについてですけれども、先ほど来、担保権の実行はまだ多くないということですが、いかがでしょうか。

正子 事例としてまだありませんので、どのタイミングで実行するのかということは大変難しいお話とは思いますが、基本的に担保権実行、回収方針に転換するということになりますと、ABLの担保物はその企業の在庫や商品などになりますから、ABL取扱い企業の企業活動を停止させるということと基本的に同義だと考えております。

私どもでABLを取り扱っているお客さまはメインや準メインのお客さまが基本ですので、回収方針に転換する以前に、モニタリングの中でそういった企業の変調を把握することが必要です。金融支援だけではなく、本業支援も取り組みながら、極力担保権を実行しない企業再生の方向に持っていけるのではないかと考えていくことが重要なのではないかと思っております。

最終的にそういった支援も効果がなく、処分が必要になってしまった場合は、迅速に対応しなければいけないと思いますが、どこでそれを判断するかは大変難しいと思っております。

谷島 経済産業省が発行しているテキストを見ますと、ABL先進国の米国では、ABLの当初の担い手はノンバンク系が大半であったことから、現在でもノンバンク系が約半分を占めているそうです。物に特化した融資主体としてすぐに頭に浮かぶのは、所有権留保型の形態をとるリース会社や自動車販売会社等ですので、その延長線上で発展してきたのではないかと思われます。銀行の場合、後追いでABLのノウハウがあるノンバンク系の吸収合併を行い、参加してきたようです。

このような推移の原因は、銀行の場合、ABL以外にも貸し出しはあるわけで、他の融資との混在があり、単発で動産処分に動くことが難しいということもあるかもしれません。最近の動向として、銀行が取り扱う買収時の融資等では、融資額のロットが非常に大きなシンジケートローンが形成されることがあるようです。ノンバンク系が小規模なABLを、銀行が大規模なABLをというようにすみ分けがなされていると考えられます。

先ほどご説明のあったモニタリングにより貸出先の状況が急激に悪化していることがわかったとしても、ABLの担保権実行を行った時点で貸出先の倒産への引き金を引くことになりますので、既存の他の貸出への影響を考えなければならず、その判断は難しいのではないかと想像できます。

(2) 私的実行時の問題点

相澤 私的実行の場合には、処分清算方式、すなわち、第三者に目的物を処分して換価したうえでその代金を被担保債権の支払に充当し、残余があれば、設定者に支払うという方式と、帰属清算方式、すなわち、債権者が目的物の適正な評価を行い、差額があれば設定者に返還(精算)するとともにその所有権を取得するという方式があります。私的実行を実施したことのある金融機関の方から事例についてご紹介をお願いします。

谷島 先に事例でご紹介したとおり、私的実行は1件だけ実例がございます。今後、他にも私的実行に

至る貸出案件が発生することが予想されますが、当行の基本的なスタンスは、目的物の占有を確保した後、目的動産を第三者に売却してその売買代金を被担保債権に弁済充当する「処分清算方式」を基本としております。

正子 当行ではABLの私的実行の事例はございませんが、基本的には足利銀行さんと同様に形式としては「処分清算方式」を取るものと思います。

小林 私的実行の中に入るかどうかわからないですけれども、債務者と交渉して、債務者に処分させる。処分させて、その処分代金から必要費用を控除し、それを債務者と債権者とでシェアするという形の合意によって担保処分をするというケースは、私の周りでは比較的多く見られます。それが法的倒産手続に入る前の債務者とやることもあれば、法的倒産手続に入った後、別除権の受け戻しの形で合意するという形もよくあるかと思います。ただ、いずれにせよ債務者が絡んでいるところでありまして、担保権者の側で完全に占有を確保し、担保権者の責任で完全に単独で処分するというようなケースはなかなかないのではないか、めずらしいのではないかと思われます。

そういう中で、担保処分において債務者だけではなく、従来債務者が持っていた商流の中で捌かせるということが合理的だと考えられるかと思うのですけれども、その場合に商流をより一層合理的に使うために、同業者とか業界団体と手を携えて処分を進めるというような事例もあります。たとえば豚であればハム加工会社とあらかじめバックアップ契約を結んでおいて、そのバックアップ事業者に全面的に依存して担保処分を任せるといったような方法もあります。融資のときにあらかじめこの契約を結んでおく。これが実際に本当に発動されたというケースはまだめずらしいかと思うのですけれども、そんな処分時、実行時のことを考えながら仕組みを組成しているというような例もあるかと思います。

(3) 目的物の特定（実行通知・固定化等）の問題点

相澤 続いて目的物の特定についての問題に入りたいと思います。まず法的な問題点について、谷地裁判官からお願いします。

谷地 まず集合動産の特定方法については、判例上、「その種類、所在場所及び量的範囲を指定するなど」の方法によることとされています。先ほどご紹介いただいた事例の中では、豚の所在場所が地番で特定されていたものの、養豚場の一部に過ぎなかったとの問題が指摘されていたところです。

次に、集合動産譲渡担保では、集合物を構成する各個の動産に変動があることが予定されていることも多いと思われます。先ほどの事例では、養鰻場内の鰻は変動が予定されていないということであったのに対し、大型パソコンショップ内の商品は変動が予定されているといえると思います。変動が予定されている場合には、集合物の構成が変動し得る状態のままでは、対象が不明確となり、引渡しやひいては担保権実行を行うことができないため、目的物の変動を止める必要があるといわれています。変動を止めますと、多数の特定動産に対して譲渡担保権が設定されたのと同様の状態となりますが、これが「固定化」と呼ばれているものです。固定化がどの時点で生ずるのかについては、学説上も争いがあるところかと思います。仮処分との関係では、固定化を生じていない場合に、被保全権利を「条件付又は期限付」のものと構成するかどうか（民事保全法23条3項において準用する同法20条2項）という問題がある一方で、固定化を生じている場合には、保全執行段階で、固定化後に搬入された動産と固定化までに存在していた動産とをどのように区別するのかという問題があります。

小林 この「特定」の点について、何点か問題提起をさせていただきます。

第1に、数量についてです。最判昭和54・2・15民集33巻1号51頁は、「（倉庫に寄託中の）食用乾燥ネギフレークのうち28トン」という特定方法について、全体で44トンの寄託があるうちどの28トンなのかが定まらないとして、未だ目的物の特定はないとしているので、量的な一部の指定では特定に欠けるとする理解が一般的かと思います。ただ、「某石油タンク内にある石油のうち1トン」のような液体のケースを想定すれば、別に問題ないのではないかと

いう気もしています。執行の際も1トンに達したらそこで終わり、という方法ですが。

第2に、所有者の記載についてです。最判昭和57・10・14判時1060号78頁は、「本件建物内に納置する商品（酒類・食品類等）、運搬具、什器、備品、家財一切のうちA所有の物」とした事案について、「家財一切」や「A所有の物」は識別が困難であるとして、特定性を否定しているのですが、ただ、「A所有の物」というのも他人所有物については譲渡担保契約という処分行為の効力が及ばないという当然の法理を表現しただけだとすれば、特段有害的記載事項とも思えない気がします。契約実務では、他者の所有権留保物件が含まれる可能性があるゆえにそれを除外する趣旨で、「Bの所有権留保物件を除く」などといった記載をしてしまうケースもあるようですが、これは、Bの所有物件まで執行対象としたらBから第三者異議の訴えが出されるだけだと考えれば、特に問題のある記載ではないように思います。

第3に、特定のための記載方法のあり方は、契約書、裁判所、執行という三段階で異なる基準となってもよいのではないか、という点があります。まず、契約書では、当事者間で認識できる記載方法なら第三者から見て多少曖昧な書き方でも、特に契約を無効とする必要はない、次に裁判所の発令段階では、執行現場で判別できる可能性があるなら、判別可否につき多少の不安があっても申立てを不適法却下するまでの必要はない、最後に執行現場においては、債務名義の記載に沿って執行官が現場で行動することができるかどうかが問題になりますので、執行官が迷うようなら執行不能になる、という段階的構造があるように思っています。

実はさらにいえば、対象物件が第三者に寄託されている場合なら民事執行法170条で債務者の受寄者に対する寄託物返還請求権を差し押さえて取立権行使の方法で引渡しを求めることができると思うのですが、この場合なら受寄者が判断できるか否かが基準になる、ということもあるかと思います。

いずれも、以前から考えている問題意識として、ご紹介させていただきました。

次に固定化についてです。固定化という概念が必要なのか、あるいは必要だとしてもどの段階で何を要件として生じるのかについては、まだ定説がない状態ですので、これによって実務界がやや混乱しているという面はあるように思います。まず、譲渡担保設定契約中に、実行通知が必要なのかどうか、仮に実行通知があったとして、その通知の時に固定化が生じるのかといった実行通知の要否、それから固定化の時期などが定まっている場合と、そうでない場合とがありますので、本来であればそこで場合分けをする必要があります。

それが必ずしも明らかでないときに、執行現場においてはどのように対応すべきなのかもよくわからないという実情があるかと思います。一番実務的に便利な解釈だと思われるのが、執行現場に赴いて、執行に着手した時に固定化が生じるだけだと。その実行通知等々は気にする必要はないというのが一番ありがたいかと思うのですが、契約書に別なことが書いてあったらどうするのだろうという悩ましい場合はありそうです。私は契約書をつくるときに、その辺をあまり縛らないように、なるべく柔軟性を持った解釈ができるような条項をつくるようにはしております。

相澤 そうすると、たとえば契約書で実行通知の時に固定化すると明確にしないほうがいいということでしょうか。

小林 明確に書くなら、執行に着手した時と書くべきだろうと思うのですが、既存のものはわりあい実行通知というものを書きたくなる人たちがいて、そうすると、その時が固定化なのではないかという解釈がどうしても邪魔してしまうことがあるので、そういう表現は避けているという形です。

相澤 実行通知で固定化するとした場合には、どのような問題が生じるのでしょうか。

小林 実行通知を執行現場で渡すということしかないだろうと思うのですが、大体事前に内容証明郵便を送ってしまっていたりするケースがありますし、仮に現場に行ったとしても手渡す相手がいない場合はどうなるのだろうというような疑問が生じたり、何かと余分な論点をつくり出してしまうように思い

ます。内容証明郵便が着いてから執行に赴くまでの間に1週間あいたら、その1週間の間に搬入された新しい商品を峻別しなければいけないことになりますので、それは全く不合理だろうと思うのです。

中山　要するに執行官の判断というか、その執行に着手した段階でということです。その場にある物ということ。もうそれしか判断できない、現状ではそこにあるかないかだけでしか判断しないということです。

相澤　そういう意味で先ほどおっしゃった契約書に定めるのであれば、執行官が着手した時に固定化するという約定にするのが一番疑義はないということですか。

中山　問題というか、執行官としてもそういう通知をあまりしていないですけれども。執行官とすれば、もうその場に行ったときにそこにある物を固定化、その段階で固定化したのだという考えで、着手という話になると思います。それを分けるというのはもう不可能ですし、当然その労力もありますので。

相澤　どちらかというと実行通知時に固定化するという内容の契約書になっているという趣旨でしょうか。

正子　譲渡契約書類を制定する際には既存の契約書類を参考にしましたが、本格的にABLを取り扱うにあたって同分野で著名な司法書士に相談し、登記事務の適格性、簡便性、顧客理解の容易性等の観点から契約書を作成いたしました。なお、実際の案件取組み時の登記書類作成では司法書士と事前打ち合わせのうえ、作成することとしております。契約書上、実行通知時に固定化するという内容で、それを内容証明郵便で送付しています。

谷島　当行では、「動産譲渡担保権設定契約書」は経済産業省の雛形を参考に作成いたしました。その際、当行の実情に合わせて若干内容を修正したうえで、顧問弁護士にリーガルチェックを受けて作成しました。現在のところ問題となる事象は発生しておりません。なお、担保権を実行する場合は、債務者に対する実行通知（確定的な所有権を取得する旨の意思表示）と併せて占有確保を行う規定となっております。ですので、当行でも実行通知を内容証明郵便で送付しています。

小林　譲渡担保契約書をつくるときに、通常の営業の範囲では処分授権が行われる形になっていますから、その処分授権をとめる。つまり新規の搬出をしてはならないという指示ができるタイミングはあると思います。それは内容証明郵便で行ってもいいと思うのですが、それが即固定化というものとは違う。つまりその後に新しく入ってきた物も譲渡担保の対象にはなる。しかし、保管場所からの流出をとめるというのが先行して行われる。すなわち流出をとめる意思表示と、新しく入ってきた物を担保対象から外すという時期とは、時間的にずれるという形は当然あっていいはずだと思うのですが、従来の固定化という議論が、それが両方とも同じ時期でなければいけないかのごとき解釈になっているところに問題点があるような気がしています。その辺を書き分けていくような契約書が、これから浸透していくといいのではないかなと思ったりしています。

(4) 他の法的手続との競合時の問題点

相澤　それでは、他の法的手続との競合の問題ということで、特に競合の可能性が高い民事再生手続との競合について、小林先生お願いいたします。

小林　民事再生手続が非常に使いやすくなって、件数も増えているかと思うのですけれども、この手続の中で別除権協定を結んで担保権を機能させるという例が多いのではないかと思います。現在はこの別除権協定のあり方をめぐる議論がようやく緒についたばかりの段階ですが、処分価額を折半するくらいが落としどころではないかと私自身は考えています。もう少し実務の蓄積を重ねることによって、やがて世のスタンダードがみえてくれば、ABLも足腰の強い担保手段として広く支持されていくことと思います。

現在の民事再生手続や会社更生手続では、債務者と金融機関とが敵対関係に立つケースが残念ながら少なくありませんが、ABL本来の姿としては、両者の協力関係が前提とされてよいはずであると考えています。

正子　ABL取組み先に限らず、案件の取組み時、

通常のビジネスが成り立っているときは、債務者側と金融機関側の関係は良好であることが多いと思いますが、業況悪化時は、当初のお約束が履行いただけないということが多々あるのかなと思っております。そういった中で最終的に民事再生や会社更生の手続に入っていくような流れがあったとしたならば、金融機関側としてはどうしても計画の実現可能性に対する疑問をもってしまいます。ですから、提示された計画をそのまま受け入れられないことも多く、結果として先ほどお話があったような敵対関係が生じてしまうというケースも考えられるのではないかなと思います。

相澤 それでは、民事再生以外の手続、動産執行との関係はいかがでしょうか。

谷地 動産に対する強制執行については「債務者の占有する動産」であればすることができます。そのため、他人の所有物である旨の主張があり、その証拠資料の提示があったとしても、執行官は差押えをすることになり、譲渡担保権者は第三者異議の訴えを提起して争うことになると思います。ほかに、動産売買先取特権の実行についても問題となりますが、判例（最判昭和62・11・10民集41巻8号1559頁）は、その目的物が集合物に加入した事案で、譲渡担保権者は当該動産の引渡しを受けたといえ、民法333条の第三取得者にあたるとして、先取特権の行使ができなくなるとしています。

ところで、前段の部分に関連してなのですが、先ほどパソコンショップの事例では債権者の同意を得て目的外動産として処理したとのお話しがありましたが、動産執行などで、たとえばリース物件などの他人物であることがわかるような事案において、第三者異議の訴えを提起させるとかいうのが迂遠なように思われる場合もあると思うのです。実務上そういったケースについての工夫などがあれば教えていただけますか。

中山 私の経験で言いますとリース物件は、当然よくあることですけれども、そのような第三者のというような物であったとしても、法律上それは債務者が占有しているわけですから全然問題はないわけですが、形態としてそれを業としているようなリース会社がつくられた、真実と認められるようなリース契約なり、それなりの表示がされているというようなものについては、実際手をつけていないというか、第三者に第三者異議を申し立てなさいというような形での手続をとっていない場合もあり得ると思います。実際上はそういうことだと思います。ただ、執行官によっては、それは法律的には関係のない問題なので、関係ございませんということで、すべて第三者異議で片づけている方もおられるとは思います。

松原 地元にある地銀子会社のリース物件によく遭遇するのですけれども、リース会社にリース物件であることの確認ができれば差し押さえることはしていません。

ただし、個人のリース物件と遭遇した場合は、いったん差し押さえて、あとは第三者異議で争ってくださいということでお話ししているのが実情です。

(5) 仮処分執行時の問題点
(イ) 事前準備の問題

相澤 それでは、仮処分執行時の問題点ということで、先ほど少し整理させていただいた点について、執行官の方からお話しいただければと思いますが、まず事前準備の問題はいかがでしょうか。

中山 仮処分の執行は債権者が仮処分決定の送達を受けた日から2週間以内、かつ原則として、仮処分申立て時から1週間以内に執行官が着手しなければなりません。ABL関連の仮処分については、今まで何件かさせていただいた事例紹介のとおり、商品特性の把握に始まり、執行補助者の確保、執行官の援助等の問題、事前に準備する事項が多数あります。そのため執行を迅速に適正に遂行するためには、債権者と執行官との事前相談は不可欠なものであると考えています。

そこで、債権者に対しては、執行を検討しているのであれば、あらかじめ余裕を持って執行官にまず連絡をいただいて、相談していただきたいと思っています。債権者からの事前相談があれば、執行申立て前のどの段階でも適切な対応が可能になってくると思います。たとえば担保決定が出るという段階で

あれば、保全決定命令はほぼ間違いないだろうと推測することができますので、より具体的な内容で相談に応じることができますし、保全申立て前の段階であれば、一般的・概略的な説明になるとは思いますけれども、執行官とすればそういう情報をもとにどのように執行の予定を組んでいくのか、執行していくのかということを考えますので、ぜひともそのような形で債権者の方におかれましては、各地裁の執行官室で、気軽に必ず事前相談をしていただいて、検討いただければありがたいと思います。初めにお話がありましたように、そこから2週間さかのぼるような形で執行官からお願いするというような、準備が整った段階で仮処分決定をもらうような形でお願いさせていただきたいと思います。

　㈹　執行補助者の問題

相澤　ありがとうございます。執行補助者の問題はいかがでございますか。

松原　執行補助者の確保の問題ですが、これは非常に頭の痛い問題になります。動産によってはその搬出に専門性の高い技術が必要な物がありますし、また場所とかいう問題もあります。補助者が債務者の同業者や商取引がある関連先である場合、密行性が保てないという問題があるのは先ほど述べたとおりです。事前に協力してくれる執行補助者を確保しておくかということですが、動産の特性から多種多様な動産を扱うわけですから、すべての動産を対象に準備しておくということは現実的には難しいところがあります。債権者サイドでABL実行時の回収を見据えてどのような先に販売するとか、搬出方法はどうするか等を念頭に置いていただくことをお願いしたいと考えております。また、執行官サイドとしても、どのような業者に頼めばいいかを地道に情報収集していくことに尽きるとは思っております。

　㈢　執行期間長期化の問題

相澤　ありがとうございます。執行期間の長期化の問題はいかがでしょうか。

中山　債権者と債務者で相対立する当事者間の中で仮処分執行が行われますので、債務者の協力が得られないという前提で執行が進んでいくことにもなります。そうすると、当然執行期間が長期化していくことになりますし、長期化すればそれだけリスクが増大していくことになります。できるだけ短期間で執行を完了することが望ましいのは言うまでもありませんが、しかしながら、実際に動産が多量に存在しており、搬出に時間等を要するような場合は当然あります。それに対しては無用なリスクを避けるために、執行官としては努力していきたいというような、具体的に説明はできませんけれども、そのような形で臨んでいるところです。

　㈣　執行場所が多数ある場合の問題

相澤　執行場所が多数ある場合の問題はいかがでしょうか。

松原　同一地裁庁内、もしくは、他庁をまたいで執行場所が多数にわたる場合や、大規模な執行も考慮に入れておかなければなりません。地裁の中には、小規模庁・1人庁という態勢のところもあります。これにつきましては、本誌15号で関裁判官が論文で詳しくご説明されています。

　まず、同一地裁庁内で執行官の都合がつかない場合には、同一地裁管内の他庁の執行官が援助することになります。それでも執行官が足りないという場合には、執行官の管轄について例外規定もありますので、それを拠り所として、高等裁判所は、その管轄区域内の地裁所属執行官に対しても職務補助命令を発令できると考えられますので、職務補助命令を利用して、同一高裁管内ですが地裁をまたいで執行官が他庁の執行事件を行えるようになっています。そのような手当てがありますので、大規模執行にも十分対応できる態勢は整えられているものと考えています。

　たしか福岡高裁では、それぞれの隣接庁にどこが応援に行くかということがもうすでに決められていまして、たとえば鹿児島地域にはどことどこが、熊本地域と宮崎地裁が応援に入ったりする。そういう意味で応援態勢も決められていますので、ある程度大規模なABLの仮処分がきても大丈夫かなとは考えています。

相澤　執行場所が多数ある場合というのは、最初の事例のご紹介で、パソコンショップの関係がそうだったのですか。

中山 そうですね、ありました。全国展開している店舗でしたので、たくさんあって、全部同一にということだったのです。庁内だけでもそれをするのに人員を確保するのがなかなか難しいような状態でしたので、実際上はできなくて、庁ごとにということで、大阪の場合は梅田と難波の繁華街の中に店舗があったものですので、そういうところで執行官が梅田に4人、難波に3人、その当時10人しかいなかったと思うのですが、ほとんどの執行官が参加して、そのような執行をしたというようなことです。そういう面で、調整がきく日で2週間前というような形で、さかのぼって何とかしてもらえないでしょうかというお願いを、執行官から債権者のほうにさせていただくこともあると思います。

相澤 そうすると、事前準備が大変重要だということですね。

中山 そういうことだと思うのです。ですから、執行官からすればいかに早くそういう情報を入手できるかによってそこから準備できますので、どんなことでも、とにかくその予定ですということだけでも結構なので、そういう準備を先にいただければ一番ありがたいと思います。

(ホ) 動産の特殊性とそれに伴う緊急換価の有用性の問題

相澤 動産の特殊性と緊急換価の有用性については、いかがでしょうか。

中山 動産の種類は限りなく多く、その商品特性も多種多様です。仮処分の執行にあたっては、その動産の特殊性に応じた適切な事前準備を怠りなく行い、執行時にも周囲の状況を十分把握して、適正・迅速な執行を心がけています。

　事例を通じての感想ですが、動産の種類にもよりますが、緊急換価の手続は有効であると考えています。占有移転禁止仮処分(債権者保管型・執行官保管型)が執行された場合、本執行まで動産の保管をしておいた場合に、「著しく価額の減少が生ずるおそれがあるとき」、または「保管のために不相応な費用を要するとき」には動産売却の要領で売却できます。最新型のデジタル機器では新型モデルが出ると途端に旧型モデルは値崩れを起こすことが知られていますし、特にアパレル関係では、対応する季節や流行に大きく左右されることが多いですから、売り遅れれば、評価額が極端に下がるリスクを伴います。また、集合動産の場合、大量であることが多く、これを倉庫で保管する費用は保管する期間が長期化するにつれて増大する懸念もあります。そこで、緊急換価手続の利用が威力を発揮することになります。債権者の意向も確認しながら、手続を進めていくことになります。

　そういう緊急換価もありますので、ご利用を検討いただければというか、そのような形で指摘があれば、商品の特性としてあれば、当然執行官のほうで検討することになると思います。

(ヘ) 公示や調書作成の際の目録の問題

相澤 公示の問題、あるいは調書作成の際の目録の問題についてですけれども、いかがですか。

松原 大変、細かい実務的な問題で申し訳ありませんが、執行官の立場からすると、仮処分執行で公示する場合や調書を作成する場合に物件目録の記載が必要となります。

　保全処分実施後、執行官は調書を作成しなければなりませんが、多種多様で大量の目的物についてどのように記載するのかという問題です。デジカメやビデオ等を利用することも考えられます。調書にSDカードやフラッシュメモリーを添付する取り扱いが必要になるかもしれません。目的物の記載のために時間と労力をかけたがために、執行期間が長期化するようでは実務上の支障になります。調書に商品名を書くのか、製造番号なのか、これも広い意味での特定の問題になります。

谷島 執行官の方のお話を聞いて、金融機関がいかに事前準備をしっかりして、実情を正確にお伝えできるかと、そこの金融機関の事前準備が鍵になるのかなと思いましたので、今後そこは手間でも、こういうケースになった場合はしっかりと事前準備をして、正確な情報をお伝えできるようにとは考えたいと思います。

中山 ありがとうございます。

6 今後のABLおよび強制執行手続の申立件数の動向

(1) 今後のABLの動向

相澤 今後、ABL、あるいは保全執行手続について、さらに活用が進んでいくのかどうかというあたりはいかがでしょうか。

谷島 私どもの営業エリアでは、動産とか債権まで担保に入れて資金調達を行うという手段はまだまだなじみが薄いという感じをもっていまして、「動産とか債権まで担保に入れなければ金を借りられないのか」ということをおっしゃる取引先も多いのですけれども、そういった意味では金融機関の地道な啓蒙活動が必要になってきますし、時間をかけて説明していけば、動産・債権の担保による貸出は着実に増えていくのだろうと思っています。

あとは産業界をあげてABLを積極的に活用するキャンペーン等を行ってもらえば、さらにその流れも加速していくのではないかと考えています。

正子 そういったABL制度に対する不信感というものがまだあるのか、抵抗を示す先はあるのかというのが、入口のところでまず一つの問題点かと思っております。あとは出口の部分というか、回収局面のところでしょうけれども、まだまだ不動産とは違って換価市場が未成熟というか、換価のノウハウ自体が未成熟というところがあると思っております。金融機関にとっても担保処分のノウハウが蓄積されていないので、破綻事象が発生した場合は銀行単独では対応ができないという問題もあるのではないかと思っております。

ただ、こういった問題は取扱件数が増加していくことで、処分事例の蓄積、ノウハウの蓄積によって解消されていくと考えております。取扱いを広げていくところに関しては、前半でお話がありました「東京都ABL制度」のような制度融資が広がっていくことが必要ではないでしょうか。今は東京都にしかないと認識していますが、ほかの市町村でもそういった制度があると、広がっていくのかなと考えております。あとは出口の部分では動産の処分専門会社が増えていけば、処分時の問題点も徐々に減少

していくのではないかと思っております。

松原 聞くところによりますと、ABL先進国の米国では、ABLの担保処分時には専門のマーケットのようなものがあり、当初は定価の90％で売り始め、その後段階的に引き下げてすべての商品を売り切り、ある程度の回収を実現するという手法を用いていると聞いたことがあります。ABLの関係では、結局、外部評価とか実地調査とか、それから売却処分というような専門の会社が充実しているということみたいです。ABLの対象になっている動産というのは、店舗等に置かれている未使用の商品が対象のようです。

日本においては長らく新品の需要が高く、自動車・住宅等高額な物を除けば、一般的な動産の中古品を扱う市場が小さかったように思います。最近では、中古品専門の大規模店やインターネット上での個人間の中古売買、問題にもなっているみたいですけれども、サイトの登場をみますと、若い人を中心に中古品に対する許容度が増しているのかもしれません。その意味では、ABLに特化した中古品を扱う市場を創設できる環境が整っているのではないかと思います。

相澤 そうしますと、順調に活用が伸びていくためには、今後のいろいろな取組みなり、もう少しABLについての理解が一般的に広まっていくことが必要ということでしょうか。

(2) 回収方針先の増加見込み

相澤 回収方針を検討すべき企業が増えていくのかどうかというあたりはいかがでしょうか。

谷島 取扱件数の増加とともに、不幸にも回収局面にしなければならないというのは当然増えてくると思うのです。ABLが進まない理由の一つは、不動産みたいに評価が一定ではない、物もさまざまですし、売る時期によって、夏は値段が高いけれども冬は全く評価価値がないというような商品もありますので、そういった意味では、銀行としては担保に取ったけれども、果たして価値がどのぐらいになるかという評価が難しい部分もあるので、銀行としても普及が進まないというところもあると思います。私どもはそういった一つひとつの事案を丁寧に積み

〔特集〕ABLと執行実務をめぐる諸問題

上げていって、処分のノウハウを積み上げるというのが、まず銀行としてABLの普及に貢献できるところかなと思っていますので、今は取扱件数の増加とともに回収も増えてくるでしょうから、そういった意味では、回収のノウハウの積み上げも少しずつ丁寧にやっていきたいと考えております。

正子　谷島さんがおっしゃられたとおり、全体の母数が増えれば回収件数が増えるというのはABLに限らずあるのかなと思っておりますので、全体的な件数ベースでいうと増えていくのかなというのは全く異論ございません。ただ、現在の経済状況を踏まえると、急に破綻先が増加して、回収先が急激に増えていくとは想定しづらいと思います。

相澤　八千代銀行さんは、どちらかというとABLを利用する貸出先としては正常、あるいは要注意先ぐらいのところを想定して、一般担保として扱ってという形で……。

正子　おっしゃるとおりです。区分的には正常先の下位および要注意先がメインターゲットになってくるかと思いますので、担保だけではなくて、対象先の事業性をしっかりと評価したうえで、融資を実行しております。

相澤　逆に要管理状態にあるような場合ですと、よほど事業性、将来性が見込めるなどでないとなかなか難しいということでしょうか。

正子　そうですね。要管理先とか、その下の破綻懸念先というところに行ってしまうと、基本的に事業性が減退したからそういう状況になっていると思いますので、その会社が取り扱っている物やサービスがそのままで売れるかどうかは疑念があるのかなと思います。ですから、逆にそこは処分を踏まえた目線で、本当に担保価値を示すというのは十分考えられます。

相澤　担保的な側面をもう少し重視した形のABLであって。

正子　保全でみているというのは、事例としてあるのかと思います。

相澤　そうなると、回収方針も横目で見ながらという扱いになってくるのですか。

正子　そうですね。

相澤　ABLについての融資目的自体がその事業の実態把握に重点が置かれていて、担保価値を考えるという面はあまり重視されていないということでしょうか。

谷島　そうですね、現状では事業の実態把握に重点をおいております。

正子　先ほどおっしゃられたように不動産であれば、価値はそう動かないものだと思うのですけれども、ABL担保はかなり変動が大きいので、担保目線で融資ができるかというと、また違う問題なのかと思います。

谷島　そうですね。ですから、私どもも一般担保にしないところはそこの理由がありまして、不動産は一般担保です。それもあって、それよりも低いその他でみているところが実際にはありますので、そういった意味では、在庫を処分して幾ら回収できるからという考え方は少ないです。

7　おわりに

相澤　今日の座談会も大体終了に近づいてまいりましたけれども、最後に皆様から何かコメントをいただければと思います。

小林　執行との関係では、動産の占有確保手段（動産引渡断行の仮処分執行手続）について種々工夫していただいているところですが、これをさらに工夫するとともに、具体的手順を周知させていくことも必要と思います。断行の仮処分というと、どうしても腰が引けてしまいますので、ぜひこれまで以上の広報が重要だということを申し上げたいと思っています。

　今日お話を伺っていまして、事前準備とか、事前相談が非常に重要であるという指摘がありました。私は30年以上前に弁護士になったときに、執行官の方々って本当に怖くて、なかなか敷居が高かったという想いがあります。ところが、今は執行官の方々もソフトですし、手続も柔軟になって、非常に身近な距離を感じられるようになっているかと思います。このABLとの関係では、執行まで行くことは必ずしも多くないということではありますけれども、最終的なよりどころであることに間違いありま

せんので、このABL関係の執行手続がより一層充実していくことをお願いしたいと思っています。

谷地 ただいまお話のありました保全手続による占有確保の具体的手順等については、裁判所のホームページ（東京地方裁判所民事第9部の紹介ページ内）で「集合動産譲渡担保権の目的物の占有移転禁止・引渡断行の仮処分Q&A」というものを掲載していますので、ご参考にしていただければと思います。ABLに関しては保全執行だけではなく、仮処分の発令の申立自体が多いとはいえないのが現状ですが、本日は、今後の執務の参考にもなる実情の一端をお聞きすることができ、大変有益でした。

中山 これまでの銀行の方からのお話によれば、ABL残高は順調に増加しているが、モニタリング機能を重視していることおよびモニタリング機能が適正に働いていること等を原因として、担保権実行に至る事例は少ないとのことでした。

しかしながら、今後景気が低迷してきた場合、それに伴い、業況不振先も増加してくる可能性があります。これまでABLという言葉が浸透していない時代にも、執行官は動産引渡執行・動産引渡断行の仮処分執行を通じて、さまざまな動産を対象とした執行を適正・迅速に処理してきた実績がございます。また、多数の事例から得られたノウハウも各執行官室で蓄積してきてもいます。今後、ABL関連の仮処分執行申立件数が、仮に増加したとしても、執行官は十分対応できていくものと考えています。今後とも、過去の事例等の情報共有を行い、各執行官にフィードバックさせていただいてどのような種類の動産でも対応できるよう、日々精進を重ねていく所存です。

正子 動産を担保としてABLを利用する企業のビジネスモデルが「事業性有り」と現時点では認められていたとしても、時代の変化に伴いそのビジネスモデルが持続できるかはわかりません。地域の玩具店が大型量販店により廃業に追いやられ、今度は大手ネット通販業者に取って代わられるように、技術革新と消費者の購買行動に対応できない企業は生き残っていけないと考えています。

金融機関は、外側から企業を客観的にみることが可能であり、そのノウハウは企業審査の積み重ねによって蓄積されていると思います。ABLの取組みにより、企業の外側だけではなく、内側から見ることで企業が抱える問題点を早期に発見し、対応策を考えることで担保処分に至らないうちに企業再生を図ることが、金融機関として重要なことと考えています。これまでの銀行の融資は、当然その会社の事業を見てはいるのですが、どうしても決算書に依存するというか、財務内容のみを重視して、融資の判断を行う傾向が問題点としてはあったと思いますので、ABLが普及していくことによって、企業の実態をつかんだ融資が拡がっていくと思います。また、銀行はその企業だけではなく、いろいろな企業を見ておりますので、業界全体の流れや、企業が抱える問題点を解消する方法というのも見つけられるかもしれませんので、そういった意味での活用を考えていきたいと思っております。

松原 集合動産譲渡担保が予定する仮処分執行は執行官としての実力が試されるところでもあります。スムーズな執行を実施するために、執行計画の立案、想定される問題点の洗い出し、シミュレーションを繰り返し行うこと、執行現場でも債務者との交渉、他の執行官との協働、執行補助者への指揮等、執行官の力量をいかんなく発揮できる場面です。その意味では大変興味深く、やりがいのある執行の一つといえるかもしれません。

金融機関の方にお願いしたいのは、私たちは債務者のところに臨場して話をするのですが、債務者側がどのような人たちなのか、どのような性格なのか、たとえば急に怒り出したりとかいろいろあると思うのですが、事前に情報をいただきたいのです。ABLの場合はある程度正常に取引していた事業者なのですが、悪化した時点になると、たとえば、反社会勢力の人間が絡んできたりします。事前にそのような情報をいただくと仮処分執行もスムーズにいくのではないかという気がしております。

谷島 今、私ども足利銀行もそうですけれども、金融機関ではABLはモニタリングを重視しているという側面がまだ強いという気がしていまして、譲渡担保、担保としていただく以上は処分のところも確

立することが非常に重要だろうと思うのです。ですから、特に私どもの銀行もその辺の処分方法のノウハウをいろいろ積み上げていって、どんな動産の処分にも対応できるというようになっていかないと、入口のABLの普及もなかなか進まないと思いますので、今後はそういった処分方法の確立にしっかりと力を入れていくことがABLの普及につながるだろうと思っています。

　今回の座談会を通して、処分の重要性を非常に教えていただきましたし、大変さも十分わかりましたので、本当にありがとうございました。

中山　それでは、最後に会長にかわりまして、ご挨拶を一言させていただきたいと思います。

　この座談会に参加いただきました皆様におかれましては、師走の忙しい時期にお集まりいただきまして、誠にありがとうございました。また、限られた時間内での座談会でしたので、もっと論議を交わしたかったという思いを残してしまわれた方もあったかもしれません。誠に申しわけありませんでした。

　それでも、今回のABL関連の実情や諸問題につきまして、貴重なご意見や実情を十分にご説明いただき、また相互作用によって大変有益な成果ができ上がったものと思います。今回の座談会につきましても、「新民事執行実務16号」に掲載させていただき、現場にフィードバックしていきたいと思います。

　本日は、皆様に長時間にわたりご協力いただきまして、本当にありがとうございました。

相澤　個人的にはABLにかかわる保全も経験していませんでしたので、今回、座談会に出席させていただき、大変勉強になりました。

　本日はさまざまなお話を伺って、モニタリングが非常に重要で、また重視されているということ、モニタリングを通じて債務者の方との信頼関係を構築されているからこそ、悪い情報もきちんと入ってくる、情報が正確に入ってくることで、業績が悪化していることも早目に感じ取り、タイムリーに対応されていることがわかりました。たとえばコスト削減のアドバイスをしたり、販売先を紹介したりとか、いろいろビジネスマッチングなども考えられて、そこでうまく対応できている状態なのだろうと思いました。

　それでも最終的には担保権の私的実行という場面も想定しなければいけないと思いますが、その場合に、裁判所の執行官による保全執行は非常に重要だろうと思いました。今後とも、適正迅速な執行のため、保全執行時における問題点等についてもさらなる研究を進めていければと思っております。

　本日は長時間にわたり意見交換をしていただき、誠にありがとうございました。

- （注1）　キャッシュフローとは、ある会計期間にどれだけの資金が流入してどれだけの資金が流出していったのかという資金の流れのことを指す。「流入」をキャッシュインフロー、「流出」がキャッシュアウトフローという。
- （注2）　シンジケートローンとは、複数の金融機関が協調してシンジケート団を組成し、一つの融資契約書に基づき同一条件で融資を行うこと。
- （注3）　プロラタとは、すべての債権者がそれぞれの債権額に比例して債権額を按分に負担すること。
- （注4）　融資を行う金融機関。
- （注5）　「債務不履行」のこと。金利や元本などの支払義務を果たせなくなることをいう。

[統計資料] 明渡執行・保全処分執行事件等の申立状況及び処理状況

全地裁総数

		執(イ)総数	動産執行	動産競売	執(ロ)総数	不動産等引渡	保全処分
平成24年	新受	35,292	35,202	90	27,706	25,354	36
	既済	35,590	35,492	98	27,796	25,440	38
	未済	2,328	2,320	8	3,381	2,925	24
平成25年	新受	25,375	25,301	74	26,764	24,554	36
	既済	25,977	25,906	71	27,020	24,786	44
	未済	1,726	1,715	11	3,125	2,693	16
平成26年	新受	23,841	23,675	166	25,105	22,878	37
	既済	23,684	23,620	64	25,012	22,783	43
	未済	1,883	1,770	113	3,218	2,788	10
平成27年	新受	25,256	25,196	60	24,158	22,020	29
	既済	25,283	25,120	163	24,239	22,157	10
	未済	1,856	1,846	10	3,137	2,651	29
平成28年	新受	25,356	25,247	109	23,966	21,866	22
	既済	25,401	25,293	108	24,267	22,023	40
	未済	1,811	1,800	11	2,836	2,494	11

		執(ハ)総数	仮差押	仮処分	不動産等売却総数	現況調査総数
平成24年	新受	2,968	130	2,800	51,930	38,685
	既済	3,185	154	2,997	52,693	39,347
	未済	2,324	106	2,212	5,421	3,062
平成25年	新受	2,582	125	2,423	42,451	33,514
	既済	2,881	132	2,711	43,294	33,881
	未済	2,025	99	1,924	4,578	2,695
平成26年	新受	2,555	133	2,408	34,794	27,675
	既済	2,657	128	2,513	35,584	28,203
	未済	1,923	104	1,819	3,788	2,167
平成27年	新受	2,459	132	2,304	30,543	25,269
	既済	2,590	136	2,431	30,926	25,364
	未済	1,792	100	1,692	3,405	2,072
平成28年	新受	2,621	112	2,484	27,361	23,124
	既済	2,735	132	2,580	27,863	23,328
	未済	1,678	80	1,596	2,903	1,868

論説・解説

民事執行における「占有」
——その意義と認定——

横浜地方裁判所川崎支部判事　古閑　裕二

●目次●

1　民事執行における「占有」　46
　(1)　民法学の迷宮　46
　(2)　民事執行における占有が問題となる局面　46
　(3)　占有は評価か　47
2　占有と執行官実務　47
　(1)　現況調査　47
　(2)　不動産引渡執行　48
　(3)　動産執行　49
3　占有に関する具体的問題　49
　(1)　占有の意思——占有補助者　49
　(2)　占有者の認定——法人と自然人　50
　(3)　共同占有——シェアハウス　50
　(4)　土地の占有——更地、定着物　51
4　結語　51

1　民事執行における「占有」

(1)　民法学の迷宮

　民法180条は、自己のためにする意思をもって物を所持することによって、占有権を取得すると規定している。占有権の成立要件として、主観的要件である「自己のためにする意思」と客観的要件である「物の所持」が必要であるとの単純な規定ぶりであるが、民法学では、理論的に理解の難しい分野であるとされ、末川博博士は、「迷宮」と表現されている。その原因の一つは、占有権制度がローマ法のポッセッシオ（possessio）とゲルマン法のゲヴェーレ（Gewere）という二つの異なった制度に起源を有するからであるとされている（**注1**）。

　占有をめぐる問題は、占有権、時効取得や借家権の対抗力（引渡し）など民法上だけでなく、民事執行においても問題になる。民事執行法（以下、「法」という）において特に民法と異なる占有概念を規定しておらず、民事執行法上の占有も、民法における占有の概念と基本的に同じである。民事執行実務に携わる者にとっては、理論的な説明が明快であれば実務の運用が安定することになり、明快な理論の存在が望ましい。しかし、実務には、そのような理論の完成を待っている余裕はない。そこで、日々生ずる問題に対して、「自己のためにする意思」をもってする物の「所持」という概念に基礎をおきながら、妥当な解釈と運用を模索していかなければならない。

　民事執行における「占有」については、これまでに諸先輩のすぐれた論文（**注2**）が存在し、本稿もこれらに負うところが大きいが、問題となる事例は、その時代によって変化がみられる。そのため、後記3においては、最近問題になることの多かったものを取り上げる。

(2)　民事執行における占有が問題となる局面

　民事執行において占有が問題となる局面は三つあり、そのいずれにおいても、占有は、直接占有を意味する。

(ｲ)　現況調査

　現況調査では、「占有関係」の調査が必要である（法57条）。具体的には、目的物が土地、建物の場合に共通するのが、①「占有者の表示及び占有の状

況」および、②「占有者が債務者以外の者であるときは、その者の占有の開始時期、権原の有無及び権原の内容の細目についての関係人の陳述又は関係人の提示に係る文書の要旨及び執行官の意見」であり、目的物が建物である場合に、③「敷地の所有者が債務者以外の者であるときは、債務者の敷地に対する占有の権原の有無及び権原の内容の細目についての関係人の陳述又は関係人の提示に係る文書の要旨及び執行官の意見」である（民事執行規則29条1項4号ロ、ハ、同項5号ロ、ニ）。①および②にいう「占有者」の「占有」並びに③にいう「債務者の敷地に対する占有」は、いずれも直接占有を意味する。③において「権原」について調査するうえでは、土地について間接占有者である「敷地の所有者」が「関係人」の一人として陳述を聴く対象になるが、そこで聴く内容は、もっぱら「権原」についてであって、間接占有そのものについてではない。

　　　㈡　不動産引渡執行
　不動産の引渡しまたは明渡しの執行（以下、「不動産引渡執行」という）は、「執行官が債務者の不動産等に対する占有を解いて債権者にその占有を取得させる」ものである（法168条1項）。ここにいう債務者の占有も債権者が取得する占有も、いずれも直接占有を意味する。

　　　㈢　動産執行
　動産執行は、目的物の差押えにより開始される（法122条1項）が、この差押えは、債務者、債権者または提出を拒まない第三者の占有する動産に対して行われる（法123条1項、124条）。ここにいう占有は、いずれも直接占有を意味し、債務者らが間接占有している動産は差押えの対象にならない。今回は、債務者占有のみを取り上げる。

　　（3）　占有は評価か
　占有は事実か、それとも法的評価かという問題は、従来から論じられているが、現在は、占有は法的評価であるとする考え方が多数を占める（**注3**）。
　「所持」とは物に対する事実上の支配と定義され、「自己のためにする意思」は、事実的支配関係からくる利益を自己に帰属させる意思と定義されている。占有の要件である物の「所持」にせよ、「自己

のためにする意思」にせよ、法的評価を経ずに事実の存否だけで判断することが可能なほど具体的ではない。
　そこで、実務上は、占有は法的評価だと割り切って、その評価根拠（障害）事実は何かを考え、それを認定する証拠を集める、という視点で考えることが重要である。

2　占有と執行官実務

（1）　現況調査

　現況調査においては、占有関係の調査が要求されている。現況調査は、「調査」である点において、不動産引渡執行および動産執行において、執行官が執行処分を行うかどうかを決めるために、占有についての認定・判断が要求されるのと異なる。
　執行官は、現況調査において、証拠の収集だけではなく、意見を述べることも要求されている。執行官の意見は、裁判（たとえば、引渡命令）をするためにする事実認定ではないが、占有が法的評価であるゆえに重要なものであると考える。なぜなら、占有は法的評価であるから、どのような評価根拠事実、評価障害事実があり、それを認定する証拠としてどのようなものがあるか、という判断過程が示される必要があるからである。判断過程が示されるからこそ、後に物件の評価をしたり、引渡命令について判断したりする場合に有用な判断資料となるということができる。
　現況調査において執行官の意見を示す必要があるとしても、鑑定ではなく、調査であるから、一方的でないことが望ましい。そのため、占有についての評価根拠事実および評価障害事実の両方に目を配る必要がある。臨場する際には、予測はするが、予断をもたずに、予想と異なる評価障害事実または評価根拠事実があるかもしれないとの認識に基づいて調査する必要がある。
　占有関係の現況調査は、①「占有者の表示及び占有の状況」および、②建物および敷地について「占有者が債務者以外の者であるときは、その者の占有の開始時期、権原の有無及び権原の内容の細目についての関係人の陳述又は関係人の提示に係る文書の

要旨」を調査し、執行官の意見を付するものであり、①占有主体、②占有権原、③対抗力、の順に行うこととされている（注4）。

占有主体の認定とは、「所持」すなわち物に対する事実上の支配があるか否かとその「所持」について自己のためにする意思を有する主体は誰かとに分けられるが、実際上は両者は渾然一体として判断しているといってよい。「占有者の表示及び占有の状況」が独立の項目にあがっていることからすれば、臨場した際の客観的状況を評価根拠（障害）事実とすることになる。とりわけ、「占有者の表示」が重要であり、占有者が自ら表示した表札や法人名の看板が基本となるが、「占有の状況」も項目としてあがっているから、外観から認識することのできる事実は含まれると解される。典型的なのは、郵便受けに到着した書簡等の宛名であり、屋上やベランダにある物、ガラス越しに見える製造機械やゴミ袋、建物の周囲に置かれた物や車両等である。占有主体の認定では、これらの事情および「占有者が債務者以外の者である」か否かについての関係人の陳述が基本となる。

占有権原の調査では、客観的証拠のみに頼ることはできない。関係人の陳述を聴く際には、まず「占有者が債務者以外の者である」か否かを確認し、債務者（所有者）以外の者であるときは、関係人から「占有の開始時期、権原の有無及び権原の内容の細目について」の陳述を聞き、文書の提示を受ける。

対抗力の調査では、占有の開始時期を認定し、抵当権設定登記の時期との時間的先後関係を判断するとともに、占有の正常性を判断することが必要になる。この点に関しては、関係人の陳述を鵜呑みにしないよう気をつけなければならず、関係人の陳述と文書の記載やライフライン調査結果との矛盾に注意しなければならない。

(2) 不動産引渡執行

(イ) 当事者恒定

不動産引渡執行における占有の認定においては、現況調査および動産執行の場合と異なり、債務者の占有が債務名義において認定されているという特徴がある。すなわち、判決で債務者に不動産の明渡しを命じたり、和解調書で債務者が不動産の明渡しを合意したりするときには、債務者が不動産を占有していることが認定され、または確認されていることが前提となっている。そこで、執行官が不動産引渡執行においてする占有の認定は、当事者恒定が維持されているか否かの問題であり、債務名義記載の債務者が不動産を占有しているか否か（占有が移転されていないか）を認定するものである。

(ロ) 占有移転禁止の仮処分による当事者恒定効

執行官が不動産引渡執行においてする占有の認定が当事者恒定のことであるとすると、占有移転禁止の仮処分があるかないかによって大きく異なるから、執行官は、まずこの点を確認すべきである。

占有移転禁止の仮処分の執行がされたときは、仮処分執行につき悪意の占有者および仮処分執行後に占有した善意の占有者に対しては、本案の債務名義に基づき（占有者に対する債務名義はなくても）、承継執行文を得るだけで、不動産引渡執行をすることができる（民事保全法62条1項、63条）。また、仮処分執行後に不動産を占有した者については、悪意の推定がある（同法62条2項）。

占有移転禁止の仮処分では、①占有の移転および、②占有名義の変更を禁止するのが通常である。①は、債務者が物に対する事実上の支配を他人に移し、直接占有をしなくなる形態を意味する。②は、占有者の表示等の占有の外観を変更して、債務者が占有していないかのように装ったり、債務者以外の者が占有している外観を作出することを意味する。「占有名義」という概念は、民法上は使われていないが、執行（保全）実務においては重要である。「占有名義」とは、「所持」について自己のためにする意思を有する主体は誰かに関する外観をいい、現況調査における「占有者の表示」は、「占有名義」の一態様といえよう。

(ハ) 催告による当事者恒定効

占有移転禁止の仮処分がなかったとしても、不動産引渡執行を申し立て、催告を行ったときは、引渡し期限までの間、当事者恒定効が生ずる（法168条の2第6項）。したがって、催告後に占有の移転があったときでも、債務名義に表示された債務者以外

の者に対する不動産引渡執行をすることができる。

(3) 動産執行

動産執行は、債務者の占有する動産を差し押さえて開始する（法123条1項）。ここにいう占有は、いずれも直接占有を意味し、執行官が債務者の直接占有を解いて、動産を執行官の占有下においてから売却される。

動産執行の対象は、本来債務者の責任財産である。民事執行法の規定は、債務者が占有する動産であれば、債務者が所有する動産であるという推定の下に動産執行の対象とすることを認めたものである。なお、債務者の「占有」には、意思を問わないから、「所持」とするのが正しい**（注5）**（占有補助者所持の物も含まれる）。差し押さえられた動産が債務者の所有ではなく、第三者の権利の目的であるときは、第三者異議の訴えにより決着が図られるが、これは、所有者に第三者異議訴訟の起訴責任を負わせるものである。執行官が容易に第三者所有と認識される物まで差し押さえてよいという意味ではなく、差し押さえると、不法行為となる可能性がある。

動産執行における債務者の占有（所持）の認定は、外観や占有状況により、社会通念に従って判断する**（注6）**。具体的には、①物の存在場所が債務者の排他的支配を可能にするか、②動産自体の性状（ネームプレート）、③存在場所の使用状況（債務者の自宅か店舗か）等を総合的に考慮することになろう。

3　占有に関する具体的問題

以下では、占有に関する具体的問題を、前記2で述べた3局面それぞれについて検討する。

(1) 占有の意思——占有補助者

占有補助者には占有がないとの結論に異論はないとしても、何が欠けているのか。

占有補助者には、所持はあるが、占有の意思がないとの説**（注7）**がある。占有の意思の有無は、権原（占有を生じさせた原因）の性質によって客観的に決すべきである**（注8）**から、占有の意思は一見主観的要件のようであるが、その判断は、占有権原は何かを認定することである。そうすると、占有補助者であるか否かは、占有権原が何かによって決まることになる。特に、占有権原が誰の名義かという点が第一に確認される必要がある。この名義人を本人というと、占有補助者は、権原の名義人ではないが、本人と一定の関係（雇用関係、家族関係）にあることから、占有補助者の所持が正当化される（不法占拠とはならない）場合である。

占有補助者には、独立の占有がないともいわれる**（注9）**。占有の「独立」とは何か。

最もわかりやすい例は、法人が賃借人である建物について、従業員が占有していても、独立の占有はないということであろう。しかし、その従業員が退職後も建物の占有を続けた場合には、その間にあった事実次第では、独立の占有があると認定されることもあろう。占有の「独立」性とは、本人の所持と他人の所持とがあるときに、その他人の所持を、本人の所持とは別個独立に保護する必要があるか否かのことであるとの説**（注10）**がある。たとえば、夫名義の借家に同居する妻は、占有補助者であるから、貸主が明渡訴訟を起こすときに、被告にする必要はなく、夫に対する債務名義があれば、明渡執行もできる。すなわち、夫の占有とは別個独立に妻の占有を保護する必要はないとの判断が前提にある。ところが、離婚して夫が借家を出ていき、妻のみが残って夫名義で賃料を払っていた場合には、なお妻は占有補助者にすぎないといえるのか。占有補助者が独立占有を開始する余地があり得る**（注11）**。

(イ) 現況調査

占有補助者には占有がない以上、現況調査報告書でも占有者として記載されることはない。

占有補助者の陳述を得ることはあるが、あくまで本人の占有についての陳述を得るためである。

(ロ) 不動産引渡執行

本人に対する債務名義があれば、占有補助者に対する債務名義は必要ではない。

占有補助者には、占有がない以上、債務名義が成立しない。仮処分についても同様に、債務者とならない。

㈏　動産執行

　本人の占有する場所に、占有補助者所有の動産があっても、差し押さえることができる。ただし、限界は微妙である

　⑵　**占有者の認定——法人と自然人**

　法人が占有しているか、自然人が占有しているかは、しばしば問題になる。特に、法人が営業を続けているなど法人の目的となっている活動が行われている場合には、法人の占有が認定しやすいが、事実上の倒産状態となり、営業を停止するなどした場合には、法人の活動が行われておらず、法人の代表者個人の占有との区別が難しくなる。

　㈙　現況調査

　法人が占有しているか、自然人が占有しているかは、占有者の表示や占有の状況によって識別する。しかし、事務所兼居宅の居住スペースに商品が保管されている場合のように、識別が容易でない、あるいは共同占有とみるべき場合がある。建物の構造や出入口の異同も考慮要素である。

　占有している自然人が法人の代表者である場合には、法人の占有補助者として占有していることもあるが、何事も一人で切り盛りし、そこに寝泊まりしているような場合には、区別が容易でない。従業員が社宅を借りている場合には、法人の占有補助者とみることもできるが、契約を明確に締結して、相当な対価を支払っているときまで及ぼしてよいかは疑問がある。

　㈚　不動産引渡執行

　債務者が法人であるときに自然人に占有（または占有名義）が移転されたといえるか、債務者が自然人であるときに法人に占有（または占有名義）が移転されたといえるか、のいずれも当事者恒定が維持されているか否かの問題である。法人と自然人との関係、不動産に対する占有の状況（表示だけでなく、存在する物品の種類等）を考慮して、占有が移転されているか否かを判断する。

　㈏　動産執行

　動産執行における債務者の占有（所持）は、所有を推定させる事情である。債務名義上の債務者が法人［自然人］である場合には、①物の存在場所が法人［自然人］の排他的支配を可能にするか、②動産自体の性状（ネームプレート）、③存在場所の使用状況（法人［自然人］の事務所［自宅］か店舗か）等を総合的に考慮して、外観や占有状況により、社会通念に従って判断すべきである。

　⑶　**共同占有——シェアハウス**

　シェアハウスの定義は曖昧で、業界でも明確な定義はない。区分所有建物ではないが、観念的な共用部分と専有部分とからなり、数人が共同で居住する形態と一応述べておく。専有部分は、鍵によって他の部分と遮断することができる場合もあれば、できない場合もあるし、専有部分内にバス・トイレ等を有する場合もみられる。使用の実態は、寮（ドーミトリ）に近いものから、他人同士が居住する一軒家に近いものもある。なお、壁等による仕切りなしに、一室で共同生活するルームシェア（寮の多人数部屋）との区別が曖昧なこともある。

　㈙　現況調査

　占有者として全員を挙げる必要があろう。占有者が鍵を持っているために、一応の排他的占有が可能な部分（建物の一部）が特定可能な限り特定する。占有権原についてもそれぞれの権原を調査する。

　占有者に流動性があり、明確な占有権原が認められないときは、占有補助者とみる余地がある。

　㈚　不動産引渡執行

　シェアハウスの引渡しの債務名義は、建物の一部の引渡しの債務名義であるから、債務名義上で目的物件である建物の一部が特定されている必要がある。

　目的物件であるシェアハウスに債務者の占有が維持されているか否かを認定する際には、占有の移転があるか否かはもちろん、他人との共同占有がないかにも注意しなければならない。

　㈏　動産執行

　シェアハウス内で債務者の排他的占有が認められる場所にある動産に対する差押えは可能である。債務者の排他的占有下にあるかどうかが不明の場所にある動産については、差押えは危険であり、共同占有の可能性を念頭において慎重に認定すべきである。

⑷ 土地の占有——更地、定着物

(1)から(3)までの事例は、いずれも土地上に建物がある場合で、主として建物の占有についてであるが、土地上に建物がない場合は、占有の認定が難しくなることがある。土地のみの占有では、どの程度人の管理が加えられているかによって占有の認定が左右されやすい。現に耕作中の農地であるときは、外観から占有の認定が可能である。しかし、休耕中の農地であるときや、もともと人による管理の手があまり入らない採草放牧地や山林になると、希薄な占有しかない場合が多いから、占有があるか否かに悩むことがある。

(イ) 現況調査

外観から明らかになる情報が減少し、直接陳述を聞く関係人が減少する。そのため、登記や農地等の公的な情報を集める必要が相対的に大きくなる。

土地の状況について、更地というためには、土地上に定着物がないことが必要である。したがって、何らかの件外物件があったときは、その定着性を調査しなければならない。定着性は、土台が強固に固定されているか否かで判断することになるから、的確に証拠化する必要がある。

(ロ) 不動産引渡執行

更地上に件外物件があっても、それが定着物でなければ、目的外動産として、不動産引渡執行をすることが可能である。件外物件が定着物といえるならば、その収去のために、別途債務名義が必要となる。

4 結 語

最近は、執行妨害の事例が少ないため、占有に関する具体的問題を検討する機会が減少しているように思われる。今回、占有を取り上げたのは、従来の実務の到達点を復習しておく目的もあった。これらを前提にして、新たな問題に対処していかなければならない。実務は、結局のところ、新たに生起する問題に対し、伝統的理論の限界を探る作業なのかもしれない。

（こが　ゆうじ）

(注1) 内田貴『民法Ⅰ　総則・物権総論』347頁。
(注2) 執行官雑誌以来の文献にすると相当数に上るが、民事執行における「占有」については、難波孝一「現況調査における占有・占有権原の判断の構造」民事執行実務28号45頁が一つのスタンダードとして位置づけられる。
(注3) 内田・前掲（注1）349頁。難波・前掲（注2）論文49頁。
(注4) 難波・前掲（注2）論文47頁。
(注5) 中野貞一郎＝下村正明『民事執行法』637頁。
(注6) 中野＝下村・前掲（注5）650頁。
(注7) 伊藤滋夫「民事占有試論(下)」ジュリスト1060号87頁。
(注8) 我妻栄（有泉亨補訂）『新訂物権法』468頁。
(注9) 内田・前掲（注1）書351頁。
(注10) 難波・前掲（注2）論文53頁。伊藤・前掲（注7）論文86頁。
(注11) 難波・前掲（注2）論文53頁。

論説・解説

民事執行法の見直しの動向
―中間試案の内容を中心として―

最高裁判所事務総局民事局付　谷藤　一弥

●目　次●

1　はじめに　52
2　債務者財産の開示制度の実効性の向上　52
　(1)　現行の財産開示手続の見直し　53
　(2)　第三者から債務者財産に関する情報を取得する制度の新設　53
3　不動産競売における暴力団員の買受け防止の方策　54
　(1)　買受けを制限する者の範囲　54
　(2)　執行裁判所の判断による暴力団員の買受けの制限　55
　(3)　上記(2)の判断のための警察への照会　55
　(4)　暴力団員に該当しないこと等の陳述　56
4　子の引渡しの強制執行に関する規律の明確化　56
　(1)　直接的な強制執行と間接強制との関係（間接強制前置）　56
　(2)　子が債務者と共にいること（同時存在）の要否　57
　(3)　執行場所　57
　(4)　執行官の権限　58
　(5)　執行機関　58
5　債権執行事件の終了をめぐる規律の見直し　58
　(1)　差押債権者が取立権を行使しない場面等における規律　58
　(2)　その他の場面（債務者への差押命令の送達未了）における規律　59
6　差押禁止債権をめぐる規律の見直し　59
　(1)　差押禁止の範囲の見直し　60
　(2)　取立権の発生時期の見直し　60
　(3)　その他（手続の教示）　60
7　さいごに　61

1　はじめに

　平成28年9月、法務大臣から法制審議会に対して民事執行法制の見直しが諮問された。その調査審議のため、民事執行法部会（以下、「部会」という）が設置され、現在まで議論が進められている。平成29年9月には、部会において、「民事執行法の改正に関する中間試案」（以下、「中間試案」という）が取りまとめられた。中間試案に対しては、パブリックコメントが実施され、裁判所においても、高等裁判所、地方裁判所及び高等裁判所所在地の家庭裁判所に対する意見照会（以下、「意見照会」という）の結果を提出したところである。

　本稿においては、中間試案の主な内容および意見照会の結果の説明と併せ、パブリックコメントが実施された後、平成30年1月12日の第15回部会までに行われた議論について紹介する。なお、本稿中、意見にわたる部分については、筆者の個人的見解であることをあらかじめお断りしておく。

2　債務者財産の開示制度の実効性の向上

　現行の財産開示手続（民事執行法（以下、「法」という）196条以下）は、金銭債権についての強制

執行の実効性を確保する見地から、勝訴判決等を得た債権者が債務者財産に関する情報を取得するための制度として、平成15年の改正により創設されたものである。しかし、その後の運用状況をみると、実効性が必ずしも十分でない等の指摘がある。また、利用件数もそれほど多いとはいえない実情にあることから、制度の全般的な見直しを行う必要があるとの指摘もある。部会においては、現行の財産開示手続を見直す方向と、第三者から債務者財産に関する情報を取得する制度を新設する方向とが検討されている。

(1) 現行の財産開示手続の見直し

(イ) 中間試案の内容

現行法は、金銭債権についての強制執行の申立てに必要とされる債務名義のうち、仮執行宣言付きの判決等、執行証書または確定判決と同一の効力を有する支払督促については、これに基づいて財産開示手続の実施を申し立てることを認めていない（法197条1項）。これは、暫定的な裁判所の判断である仮執行宣言付きのものを除き、また、誤った執行がされても原状回復が容易であることを理由として金銭債権に限って債務名義性が認められている執行証書および支払督促を除外する趣旨であるとされる。中間試案においては、強制執行と財産開示手続とでは、本来、その申立てに必要とされる債務名義の種類に差を設けるべきではないという考えから、このような規律を改め、金銭債権についての強制執行の申立てに必要とされる債務名義であれば、いずれの種類の債務名義についても、これに基づいて財産開示手続の申立てをすることができるものとすることが提案されている。

また、財産開示義務者の不出頭等の手続違背に対しては、現行法においては、過料の制裁が予定されているが（法206条1項）、実効性を確保するためにより強力な制裁を求める意見があることから、罰則を強化することが提案されている。

(ロ) 意見照会の結果

上記の各論点について、意見照会において、特段の意見はなかった。

(ハ) パブリックコメント実施後の議論

財産開示手続の申立てに必要とされる債務名義の種類の拡大については、部会において、これまでも、これに賛成する意見と反対する意見の両方が示されてきた。反対する立場は、本来であれば債務名義上の債権が存在しないにもかかわらず、不当に情報が開示させられた場合の債務者の不利益が重大である旨を指摘するものであるが、これに対しては、債務名義の種類の拡大に賛成する立場から、そのような不利益は、たとえば、執行証書に基づいた強制執行により、債務者の財産が差し押さえられて換価されたが、後になって権利の存在が否定されるに至った場合の不利益よりも大きいとはいえないのではないかといった反論がされている。この点については、パブリックコメントにおいても賛否両論があったところであり、引き続き議論がされていくものと思われる。

また、罰則の見直しについては、罰則を強化するとの方向性自体については、部会においても特に異論はないが、どのような内容の罰則を設けるかについては、罰金刑まででよいという意見と懲役刑まで設けるべきであるとの意見があり、引き続き議論がされることになる。

(2) 第三者から債務者財産に関する情報を取得する制度の新設

(イ) 中間試案の内容

財産開示手続の運用状況をみると、開示義務者が財産開示手続期日への出頭等を拒絶するケースが少なからず生じており、債務者自身の陳述により債務者財産に関する情報を取得する制度には、一定の制度的な限界があることが認識されるに至った。この観点から、債務者以外の第三者から債務者財産に関する情報を取得する制度を新たに設けようとするものである。中間試案においては、①金融機関から、債務者の預貯金債権に関する情報を取得する制度および、②一定の公的機関から、債務者の給与債権に関する情報（勤務先の名称および所在地）を取得する制度を設けることが提案されている。このほか、③預貯金債権に関する情報に限らず、債務者の株式、投資信託受益権、生命保険契約解約返戻金請求

権等に関する情報についても対象とすべきといった考え方も示されている。

また、これらの制度と財産開示手続との先後関係について、第三者から情報を取得する手続の申立てをするためには、その申立ての日前3年以内に、財産開示手続が実施されている必要があるものとするが、第三者から情報提供を求める決定が債務者に告知される前であっても、第三者は情報提供を行うものとする甲案と、先に財産開示手続が実施されていなくても、第三者から情報を取得する手続の実施を申し立てることができるものとするが、第三者から情報提供を求める決定は、確定しなければその効力を生じないものとし、同決定の第三者への告知は、その確定後にするものとする乙案が提案されている。なお、この点につき、中間試案において「注」として示されたものとして、金融機関から預貯金債権に関する情報を取得する手続については、先に財産開示手続が実施されていなくても手続の実施を申し立てることができるものとしたうえで、第三者から情報提供を求める決定が債務者に告知される前であっても、第三者は情報提供を行うものとする考え方もある。

(ロ) 意見照会の結果

上記①から③までについては、いずれも特段の意見はなかった。財産開示手続との先後関係については、上記甲案に対しては、第三者から情報提供を求める決定がされたことを債務者に告知する時期が明確に定められないと、実務上混乱が生じるといった指摘、上記乙案に対しては、執行機関が、債務者からの執行抗告の有無等を管理しなければならず、そのうち、一部の照会先からの情報提供を求める決定に対してのみ執行抗告することも許されるとすると、その管理は一層複雑になり、大量の申立てが見込まれる本手続にはなじまないといった指摘など、いずれの案についても実務上の問題点の指摘があった。また、上記「注」の考え方については、要件を欠く申立てによって情報が取得されてしまった場合には、債務者に回復し難い損害が生じるおそれがあるといった指摘など、実務上の問題点の指摘が相当数あった。

(ハ) パブリックコメント実施後の議論

部会の議論およびパブリックコメントでは、上記①については概ね異論はないものの、上記③について、対象となる情報の範囲をどこまでとするのがよいかという点で意見が分かれており、事務当局からは、振替制度の対象となる株式および投資信託受益権等についてその対象に含めてはどうかという案が示されるに至った。部会においては、これに賛成する意見がある一方で、預貯金債権に限るべきとの意見や、反対にもっと対象を広げるべきとの意見があり、引き続き議論がされている。

また、財産開示手続との先後関係については、事務当局からは、上記甲案または「注」の考え方のいずれかを検討してはどうかという提案が示されるに至っている。上記「注」の考え方に対しては、上記のとおり、裁判所から、実務上の問題点の指摘が相当数あった旨を回答しているところであるが、部会においては、この考え方に賛成する意見も多く示されている。

3 不動産競売における暴力団員の買受け防止の方策

近年、公共事業や企業活動等からの暴力団排除の取組みが官民を挙げて行われているが、不動産競売においては、暴力団員であることのみを理由として不動産の買受けを制限する規律は設けられていない。このため、暴力団が、不動産競売において買い受けた建物を事務所として利用する事例や、その転売により高額な利益を得た事例等があることに対し、厳しい批判が向けられている。そこで、暴力団への不動産の供給を断つという観点から、暴力団員の買受けそれ自体を防止するための方策を検討する必要があるとされており、部会においては、その具体的な方策について議論がされている。

(1) 買受けを制限する者の範囲

(イ) 中間試案の内容

中間試案においては、暴力団員による不当な行為の防止等に関する法律2条6号に規定する暴力団員（以下、「暴力団員」という）、暴力団員でなくなった日から5年を経過しない者（以下、暴力団員と併

せて「暴力団員等」という）、法人でその役員のうちに暴力団員等に該当する者があるものおよびこれらのいずれかに該当する者の計算において買受けの申出をした者（以下、「計算において申出をした者」という）による買受けを制限することが提案されている。これらの規律により、現在暴力団員である者のほか、形式的な離脱による規制の潜脱を防ぐとともに、暴力団と関連のある法人の買受けを制限し、さらに暴力団員が第三者を利用して不動産を入手することを防止するものとされている。

　　㋺　意見照会の結果

　意見照会においては、暴力団員等による買受けを制限することについて特段の意見はなかったが、法人でその役員のうちに暴力団員等に該当する者があるものの買受けの制限については、登記事項でない役員がいる場合に、役員の特定の支障が生じるおそれがある旨、計算において申出をした者については、暴力団員該当性に加え、出捐者が誰かといった点について適切に判断するのは困難である旨等、実務上の問題点の指摘があった。

　　㋩　パブリックコメント実施後の議論

　事務当局からは、買受けを制限する者の該当性を判断する基準時について、買受けの申出の時点を基準とするか、売却決定期日の時点を基準とするかという点について検討が必要である旨が指摘されている。この点については、部会において、いずれの考え方もあり得ることが指摘されており、引き続き議論がされることになる。また、部会においては、計算において申出をした者に関し、「計算において」の意味する範囲について、具体的なケースを想定しながら議論がされている。

　(2)　**執行裁判所の判断による暴力団員の買受けの制限**

　中間試案においては、執行裁判所は、最高価買受申出人または自己の計算において最高価買受申出人に買受けの申出をさせた者が上記(1)㋑のいずれかに該当する者であると認めるときは、売却不許可の決定をしなければならないものとすることが提案されている。意見照会においては、暴力団員等に該当するか否かについて、執行裁判所が実質的な判断をしな

ければならないとした場合、警察からの回答結果（後記(3)参照）の信用性を吟味しなければならないが、判断するに足りる裏付け資料が回答に添付されるのか不明であるといった実務上の問題点の指摘があった。

　(3)　**上記(2)の判断のための警察への照会**

　　㋑　中間試案の内容

　中間試案においては、上記(2)の判断のために、執行裁判所は、最高価買受申出人（その者が法人である場合にあっては、その役員）が暴力団員等に該当するか否かについて、警察への照会をするものとすることを原則としつつ、警察への照会をしなくても暴力団員等に該当すると認められないと判断される事情があるときには、警察への照会をせずに、売却の許可または不許可の判断をすることができるものとすることが提案されている。また、執行裁判所は、最高価買受申出人が第三者の計算において買受けの申出をした者であると認めるときは、当該第三者（その者が法人である場合にあっては、その役員）が暴力団員等に該当するか否かについて、警察への照会をするものとすることを原則としつつ、警察への照会をしなくても暴力団員等に該当すると認められないと判断される事情があるときには、警察への照会をせずに、売却の許可または不許可の判断をすることができるものとすることが提案されている。

　　㋺　意見照会の結果

　意見照会においては、前者については特段の意見はなかった。後者については、当該第三者は、執行裁判所に対してあらかじめ住民票の写し等を提出しているわけではないため、警察への照会を行うための人定事項が不明であるといった実務上の問題点の指摘があった。

　　㋩　パブリックコメント実施後の議論

　部会における議論では、上記㋑の「暴力団員等に該当すると認められないと判断される事情」については、業法で暴力団排除の規定が設けられている宅地建物取引業者が買受けの申出をした場合等が想定されている。また、中間試案においては、買受けの申出をしようとする者は、買受けの申出の際に、最

高価買受申出人（その者が法人である場合にあっては、その役員）となった場合の人定事項として、あらかじめ、警察への照会に必要となる事項を明らかにし、併せてこれを証する書面（住民票の写し等）を提出しなければならないものとする旨が提案され、意見照会においても特段の意見がなかった。この点に関連して、パブリックコメント実施後、事務当局から、買受けの申出をしようとする者が法人である場合には、法人の役員全員の住民票の写しの提出を求めなければならないとすると、買受けの申出をしようとする法人の負担が著しく増大するため、役員の氏名や生年月日等を記載した一覧表を提出することによって、人定事項を明らかにするものとすることが提案されており、これに対しては特に異論は出されていない。

(4) 暴力団員に該当しないこと等の陳述

中間試案においては、買受けの申出をしようとする者（法人である場合を除く）は、買受けの申出の際に、自らが暴力団員等でないことおよび自らが暴力団員等、または法人でその役員のうちに暴力団員等に該当する者があるものの計算において買受けの申出をする者ではないことを宣誓のうえで陳述しなければならないものとすること、法人である買受けの申出をしようとする者の代表者は、買受けの申出の際に、当該法人でその役員のうちに暴力団員等に該当する者がないことおよび当該法人が、暴力団員等、または法人でその役員のうちに暴力団員等に該当する者があるものの計算において買受けの申出をする者ではないことを宣誓のうえで陳述しなければならないものとしたうえで、故意の虚偽陳述に対しては、買受けの申出の保証金の不返還および罰則による制裁を設けることが提案されている。

意見照会においては、上記の陳述をさせること自体について特段の意見はなかったが、虚偽陳述に対する制裁のうち、保証金の不返還については、執行手続の中で故意を認定することは容易ではなく、保証金の不返還の決定をすることが実際上困難となるおそれがあり、その場合、保証金の不返還の規律が制裁として機能しないことが懸念される等の実務上の問題点の指摘があった。なお、虚偽陳述に対する制裁のうち、罰則を設けることについては、特段の意見はなかった。

4 子の引渡しの強制執行に関する規律の明確化

現行法の解釈としては、子の引渡しの強制執行においては、間接強制の方法によることは可能であるが、これに加えて、直接的な強制執行（直接強制または代替執行）の方法によることができるか否かについて、明文の規定がなく争いがある。現在の実務では、たとえば、家事審判の主文を「相手方は、申立人に対し、子を引き渡せ。」などとしたうえで、その直接的な強制執行の手続については、動産の引渡しに関する規定（法169条1項）を類推適用することとされている。もっとも、このように動産の引渡しに関する規定を類推適用するという現状に対しては、子の福祉に十分な配慮が必要であるといった観点から、直接的な強制執行に関する明確な規律を整備すべきであるとの指摘がされている。部会において、これ自体については特段の異論はないところであり、具体的にどのような規律を設けるべきかについて議論がされている。

(1) 直接的な強制執行と間接強制との関係（間接強制前置）

(イ) 中間試案の内容

国際的な子の奪取の民事上の側面に関する条約の実施に関する法律（以下、「実施法」という）においては、強制執行が子の心身に与える負担を最小限にとどめるため、できる限り、債務者に自発的に子の監護を解かせることが望ましいとの観点から、代替執行の申立ては、間接強制の決定が確定した日から2週間を経過した後でなければすることができないものとされている（実施法136条）。中間試案においては、これと同様の規律を設けることが提案されている。

(ロ) 意見照会の結果

意見照会においては、子に対する愛情があって任意に子を引き渡さない債務者に対する執行方法として間接強制の実効性に疑問があるうえ、債務者によ

る執行抗告等を招いて、執行の実現に至るまでの期間が長期化するおそれが高いといった実務上の問題点の指摘が相当数あった。

(ハ) パブリックコメント実施後の議論

部会においては、間接強制の前置を原則としつつ、一定の場合には、間接強制を前置せずとも直接的な強制執行の申立てを認めるべきであることについてはほぼ異論がなく、どのような場合にこのような例外を認めるべきかについて議論がされている。事務当局からは、間接強制を実施しても、債務者が子の監護を解く見込みがないときや子の急迫の危険を防止するために直ちに子の引渡しの直接的な強制執行をする必要があるときについては例外を認めるものとすることが提案されている。

(2) 子が債務者と共にいること（同時存在）の要否

(イ) 中間試案の内容

実施法においては、債務者が不在の場で子を連れ帰ることを認めると、子が事態を飲み込むことができずに恐怖や混乱に陥るおそれがあることなどを考慮し、執行官が解放実施をすることができる場合を「子が債務者と共にいる場合」に限っていること（実施法140条3項）に鑑み、中間試案においては、子の引渡しの強制執行についても、同様の規律を設けることが提案されている。もっとも、子の引渡しの直接的な強制執行を行うために子が債務者と共にいることを常に要求することとなれば、強制執行を実施しても債務者が恣意的にその執行場所に立ち会わないことによって、当該強制執行を不能に至らせる蓋然性があるとの懸念があることから、そのような事態が生じた場合への対応を考える必要があるとの指摘があり、一定の場合には、債務者が共にいる場合でなくても直接的な強制執行を行うことができるとする規律が提案されている。

(ロ) 意見照会の結果

意見照会においては、同時存在を必要的とすることについて、債務者が恣意的に執行場所に立ち会わないことにより強制執行を不能とさせる可能性があり、また、債務者が就労していることの多い現状では、早朝または夜間の執行とならざるを得ず、当事

者や関係者の負担が増大するといった実務上の問題点の指摘が相当数あった。また、同時存在の例外を設けることについて、可能な限り要件を明確に規定し、執行機関が判断する際に困難が生じないようにしなければ支障が生じる等の実務上の問題点の指摘があった。

(ハ) パブリックコメント実施後の議論

部会においては、一定の場合には、子が債務者と共にいるときでなくても、直接的な強制執行を認めるべきであることについてはほぼ異論がなく、どのような場合にこのような例外を認めるべきかについて議論がされている。事務当局からは、事案の性質、子の心身に及ぼす影響並びにすでに行った強制執行の手続における債務者の言動および当該手続の結果その他の事情を考慮して相当と認めるときには、債権者本人が執行場所に出頭することを前提として、例外を認めるものとすること等が提案されている。他方、債権者本人が執行場所に出頭すれば、子と債務者の同時存在は不要ではないかといった意見も出されている。

(3) 執行場所

(イ) 中間試案の内容

実施法においては、執行官は、債務者の住居その他債務者の占有する場所において、解放実施を行うことができるとされ、このような場所以外の場所においても、子の心身に及ぼす影響、当該場所およびその周囲の状況その他の事情を考慮して相当と認めるときは、当該場所を占有する者の同意を得て解放実施を行うことができるとされており（実施法140条1項・2項）、中間試案においては、これと同様の規律を設けることが提案されている。

(ロ) 意見照会の結果

上記の論点に対しては、意見照会において、特段の意見はなかった。

(ハ) パブリックコメント実施後の議論

部会においては、債務者の住居その他債務者の占有する場所以外の場所において直接的な強制執行を実施する場合において、当該場所を占有する者の同意を得る必要があるとすると、子の引渡しを命ずる債務名義の実現の実効性が妨げられるとの観点か

ら、一定の場合には、当該場所を占有する者の同意に代わる裁判所の許可により直接的な強制執行を実施することを認めるべきではないかといった意見が出されている。これについては、そもそも裁判所の許可が当該場所を占有する者の同意に代わるものといえるのかといった点や、どのような場合に許可をすることができるかといった点について引き続き議論がされることになる。

(4) 執行官の権限

実施法においては、執行官は、債務者による子の監護を解くために必要な行為として、債務者に対する説得を行うほか、立入りや子の捜索をする等の権限が認められている（実施法140条1項）。また、執行官は、抵抗を受けるときは、その抵抗を排除するために、子の心身に有害な影響を及ぼすおそれがある場合を除いて、子以外の者に対して威力を用いることができるなどの権限が認められている（同条4項・5項等）。中間試案においては、これと同様の規律を設けることが提案されている。意見照会において、特段の意見はなく、これまでの部会の議論においても概ね異論はない状況である。

(5) 執行機関

㈠ 中間試案の内容

実施法においては、子の常居所地国への返還は、執行裁判所が第三者に子の返還を実施させる決定をする方法により行うとされている（実施法134条1項）。中間試案では、子の引渡しの直接的な強制執行は、これと同様の規律にして、執行裁判所が第三者に債務者による子の監護を解くために必要な行為を実施させる決定により行うものとする甲案と、執行官が債務者による子の監護を解いて債権者に監護させる方法により行うものとする乙案とが提案されている。これは、執行機関を執行裁判所とするか執行官とするかの違いである。なお、甲案においても、子の監護を解くために必要な行為を実施させる第三者については、実施法の規律と同様に、執行官とすることが想定されている。

㈡ 意見照会の結果

意見照会においては、甲案に対して、必要的審尋や執行抗告により手続遅延を招くことになる、乙案に対して、間接強制前置の例外や、同時存在の例外などの規律が設けられるのであれば、執行官がその例外要件を判断することは困難である等、いずれの案についても実務上の問題点の指摘があった。

㈢ パブリックコメント実施後の議論

パブリックコメントの結果によれば、甲案に反対する意見はほとんどなく、部会の議論においても、甲案を採用することについて特に異論は出されていない。

5 債権執行事件の終了をめぐる規律の見直し

債権執行事件の終了は、取立ての届出や申立ての取下げといった差押債権者の協力に依存しており、実際には、取立ての届出も申立ての取下げもされないまま長期間放置されている事件が多数存在している。このような現状の下では、第三債務者は、供託をする権利が与えられているとはいえ（法156条1項）、その権利を行使しない限り長期間にわたり差押えの拘束を受け続けることになりかねない。また、事件の進行・管理の職責を負う執行裁判所にとっては、将来に向かって係属している事件の数が増え続けることとなりかねないという問題がある。このような問題を解消する観点から、債権執行事件の終了に関する規律を見直す必要性が指摘されている。

(1) 差押債権者が取立権を行使しない場面等における規律

㈠ 中間試案の内容

差押債権者が、取立ての届出も申立ての取下げもしない場面等に対応する規律として、中間試案においては、①執行裁判所の取消決定により差押命令の効力を消滅させる考え方と、②申立ての取下げの擬制により差押命令の効力を消滅させる考え方が提案されている。

具体的には、上記①は、取立権が発生した日から一定の期間（たとえば、2年間）が経過したときには、差押債権者が、第三債務者から支払を受けた旨の届出（取立ての届出、法155条3項）または第三債務者から支払を受けていない旨の届出をしなけれ

ばならないものとしたうえで、その後一定の期間（たとえば、2週間）が経過したにもかかわらず、差押債権者がこれらの届出をしなかったときには、執行裁判所が、職権で、差押命令を取り消すという規律である。この場合には、第三債務者から支払を受けた旨の届出または支払を受けていない旨の届出を促すために、裁判所書記官が、差押債権者に対し、事務的な連絡をすることが想定されている。

　上記②は、取立権が発生した日から一定の期間が経過したときには、執行裁判所が、差押債権者に対し、第三債務者から支払を受けた旨の届出または支払を受けていない旨の届出をするように命じたうえで、その後一定の期間が経過したにもかかわらず、差押債権者がこれらの届出をしなかったときには、差押債権者が差押命令の申立てを取り下げたものとみなすという規律である。

(ロ) 意見照会の結果

　意見照会においては、上記①および②のいずれの案に対しても、送達等に要する費用の負担が生じ、予納された切手の管理が長期に及ぶなど、実務に支障が生じるおそれがあり、また、送達等に要する費用が予納されない場合には、差押債権者への通知や送達等ができず、事件の処理に窮することになるなど、実務上の問題点の指摘があった。

(ハ) パブリックコメント実施後の議論

　上記①に収斂しつつある。部会においては、上記①において想定されている裁判所書記官による事務的な連絡を法的な義務とすべきといった意見が出され、これに対しては、法的な義務とすると、送達を要することにつながりかねず、かえって当事者にその費用の負担が生じるといった指摘がされている。また、債権差押命令を取り消す旨の決定に対しては、差押債権者から執行抗告することができるものとすることが想定されているが、取消決定が確定するまでは、差押債権者が執行抗告を提起するとともに第三債務者から支払を受けた旨の届出または支払を受けていない旨の届出を追完することを認めることにし、追完された場合には、取消決定を取り消すといった運用が考えられるのではないか、といった議論がされている。

(2) その他の場面（債務者への差押命令の送達未了）における規律

(イ) 中間試案の内容

　上記(1)において想定されているのは、債権執行事件の終了が、取立ての届出や申立ての取下げといった差押債権者の協力に依存している場面であるが、債権が差し押さえられたまま漫然と長期間が経過するという事態は、差押命令の債務者への送達が未了の場面でも同様に生じることがあるとの指摘がされている。たとえば、差押命令が第三債務者に送達され差押えの効力が生じたものの（法145条4項）、差押債権者が債務者の所在調査に不熱心であることなどにより、差押命令が債務者には送達されないままとなるような事案である。このような問題に対応するために、中間試案においては、債務者に対して差押命令を送達することができない場合には、執行裁判所が、差押債権者に対して、送達場所の申出等を命ずることができるものとしたうえで、差押債権者がその申出等をしないときには職権で差押命令を取り消すことができるものとする規律が提案されている。

(ロ) 意見照会の結果

　上記の論点に対しては、意見照会において、特段の意見はなかった。

(ハ) パブリックコメント実施後の議論

　部会における議論でも、概ね異論はない。なお、上記のような規律が設けられることにより、差押債権者が必要以上に過度な債務者の所在調査を求められるのではないかといった懸念も示されているが、これに対しては、基本的に、訴状の不送達の場面における規律を参考に、これと同様の運用をすることが考えられるといった意見が出されている。

6　差押禁止債権をめぐる規律の見直し

　法152条1項各号に定める債権（以下、「給与等債権」という）については、原則として、その支払期に受けるべき給付の4分の3に相当する部分は、差し押さえてはならないものとされている。もっとも、国税徴収法の規定に基づく差押えの場合とは異

なり、その給付額が一定の額に満たない場合であっても、常に差し押さえることができる部分があるため、比較的少額の給与等債権が差し押さえられる事案を念頭に置くと、債務者が最低限度の生活を維持することが困難となり得ることが指摘されている。また、上記2のとおり、債務者財産の開示制度の見直しにより、現状よりも債権者の地位の強化が図られるのであれば、債務者の保護策についても検討する必要があるという指摘がある。そこで、差押禁止債権をめぐる規律を見直すことが検討されている。

なお、下記(1)から(3)までの各論点については、意見照会において、特段の意見はなかったが、パブリックコメントの結果によれば、賛否両論があることから、引き続き部会において議論がされるものと思われる。

(1) 差押禁止の範囲の見直し

中間試案においては、給与等債権について、現行の規律による差押禁止債権の範囲に加えて、支払期に受けるべき給与の4分の3に相当する額が一定の金額に満たないときは、その全額を差押禁止とするという考え方について引き続き検討することが提案されている。この一定の金額の定め方に関しては、部会において、「単身世帯における生活保護の基準を勘案して政令で定める額」などと定めることが考えられるとの意見があり、その政令で定める額の具体的な内容として、たとえば、給料等の額および扶養家族の人数に応じた細かな区分ごとに額を定める方向と、給料等の額および扶養家族の人数をいずれも考慮しないで一定額を定める方向とがあり得るとされている。

もっとも、上記のような考え方に対しては、債務者が比較的少ない額の給料等を複数の勤務先から得ているような事案を想定すると、差押禁止額のいわば累積により債務者が必要以上の保護を受ける結果となり不都合ではないかといった指摘がされている。

(2) 取立権の発生時期の見直し

現行の規律においては、給与等債権の差押禁止の範囲が画一的なものであるため、具体的な事案に応じた不都合を回避する観点から、債務者が差押禁止債権の範囲の変更の申立てをすることができるものとされているが（法153条1項）、これに対しては、差押債権者による取立てが行われるまでの短期間の内に、債務者が差押禁止債権の範囲の変更を申し立てることは事実上困難であるとの指摘がされている。この指摘に対応するための方策の一つとして、中間試案においては、給与等債権が差し押さえられた場合において、差押債権者がその債権を取り立てることができるようになる時期について、法155条1項の規定にかかわらず、債務者に対して差押命令が送達された日から4週間を経過したときとする考え方について引き続き検討することが提案されている。

このような考え方に対しては、法155条1項において、取立権の発生時期が差押命令の債務者への送達日から1週間経過後と定められている趣旨が、債務者が執行抗告をすることができる期間に対応するものであるとされていることとの関係で、給与等債権が差し押さえられた場合に限って、取立権の発生時期を後ろ倒しにすることをどのように正当化するかが問題となるといった指摘がある。

(3) その他（手続の教示）

部会においては、差押禁止債権の範囲の変更の申立てをより利用しやすくする方策を検討する必要があるとの指摘があり、中間試案においては、このような方策の一つとして、給与等債権を差し押さえた場合には、執行裁判所は、差押命令を送達するに際し、差押禁止債権の範囲変更の申立てをすることができる旨を債務者に対して教示するものとする考え方について、引き続き検討することが提案されている。

このような考え方に対しては、執行裁判所の中立性にも配慮したうえで、どのような方法によりどのような内容の教示をするか、教示をする対象者の範囲等どのような場合に教示を義務付けることとするか等について、金銭債権に対する強制執行の実務を踏まえて、さらに検討する必要があると指摘されている。

7 さいごに

　事務当局によれば、平成30年中の要綱案の取りまとめを目指すとのことであり、部会においては、要綱案の取りまとめに向けて、引き続き議論がされていくことになる。その後は、法制審議会総会において要綱案をもとに要綱が採択され、法務省における法案作成作業を経た後、国会へ法案が提出されることになる。今回の民事執行法の見直しにより、執行実務には大きな影響が生じることが見込まれることから、その動向に引き続き注目することが必要であると思われる。

　　　　　　　　（たにふじ　かずや）

論説・解説

生活困窮者支援を通じた関係機関との連携

高知市社会福祉協議会共に生きる課課長　中島　由美

● 目　次 ●

1　はじめに　62
2　高知市の概要　62
3　生活困窮者自立支援法概要　63
4　相談センターによる高知市社協内連携体制　63
5　相談センターの概要・相談実績　63
6　行政機関・他機関との連携　63
　(1)　「こうちセーフティネット連絡会」の活動　64
　(2)　顔の見える関係づくりから課題解決をめざしたネットワークへ　64
　(3)　部会設置と重点課題の検討へ　64
7　セーフティネット連絡会を通じた具体的支援の事例　66
8　今後の課題　67
9　今後の方向性　68

1　はじめに

　平成25年12月生活困窮者自立支援法が制定され、平成27年4月1日より全国の福祉事務所を設置する自治体では、必ず実施する必須事業（自立相談支援事業・住居確保給付金）および地域の実情に応じて必要な支援を提供する任意事業（就労準備支援事業・就労訓練事業・一時生活支援事業・家計相談支援事業・学習支援事業等）を実施することになった。

　生活困窮者自立支援法は、日本の社会経済の構造的な変化に対応し、これまで「制度の間」におかれてきた生活保護受給者以外の生活困窮者に対する支援を強化し、生活困窮者の自立の促進を図ることを目的に制定されたものである。

　主に生活保護に至る前の段階で早期にかかわり、伴走的に自立まで支援を行っていくことから「第2のセーフティネット」ともいわれている。

　多様で複合的な課題を抱える生活困窮者を支援するためには、さまざま支援メニューを用意し、オーダーメイド型の支援や、複数の関係機関がかかわれる新しいネットワークを構築することが必要であり、支援機関は包括的で分野横断的な取組みが不可欠である。

　制度の施行により、これまで相談先のなかった生活困窮者の相談を受け止めることができる自立相談支援機関として、平成25年11月から高知市社会福祉協議会、高知市、こうち若者サポートステーション、高知公共職業安定所の4団体で「高知市生活困窮者自立促進支援事業運営協議会」を発足し、平成25年11月から国のモデル事業として相談窓口である「高知市生活支援相談センター」（以下、「相談センター」という）を開所した。平成28年度からは高知市社会福祉協議会（以下、「高知市社協」という）が事業を受託し運営にあたっている。

　以下、相談センターの実施状況や関係機関との連携について述べる。

2　高知市の概要

　高知市は平成29年1月1日現在、人口33万4,049

人、世帯数16万2,777世帯、高齢化率は約28％、生活保護率は36.9‰であり、生活保護率が非常に高い中核市といわれている。

3　生活困窮者自立支援法概要

　生活困窮者自立支援法は、自立相談支援事業の実施、住居確保給付金の支給、その他の生活困窮者に対する自立の支援に関する措置を講ずることにより、生活困窮者の自立の促進を図ることを目的とする。

　ここでいう生活困窮者とは「現に経済的に困窮し、最低限度の生活を維持することができなくなるおそれのある者」とされている。必須事業である自立相談支援事業と住居確保給付金の受付事業は、福祉事務所設置自治体は必ず実施しなければならないとされている。

　また、任意事業についてはそれぞれの自治体の状況に応じて実施することができるとされており、相談センターでは一時生活支援事業を実施しており、高知市では家計相談支援事業を日本ファイナンシャルプランナー協会と学習支援事業をNPO法人高知チャレンジ塾に委託して実施している。そのほかの任意事業として、就労に向けた基礎能力をつけるための訓練等をする就労準備支援事業や、清掃・リサイクル・農作業等の作業機会を通じた訓練等をする就労訓練事業がある。

4　相談センターによる高知市社協内連携体制

　相談センターは、個人を対象に支援を推進する「共に生きる課」と、地域づくりの推進事業を行う地域協働課と同一フロアで相互に連携を図りながら、センター長を含め8名の職員体制で事業実施している。

　同一フロアにある高知市社協の共に生きる課は、成年後見事業や日常的な金銭管理支援を行う日常生活自立支援事業、生活福祉資金貸付事業、障害者相談支援業務を実施し、共に生きる課長を含め18名の職員体制で事業を実施している。また、地域協働課は、高知市を4ブロックに分けそれぞれ地域福祉コーディネーターを配置し、地域福祉活動推進事業や、地域のサロンづくり、ボランティア活動の推進などの業務にあたっており、地域協働課長を含め16名の職員体制で事業を実施している。

　権利擁護支援機能をもちながら個人に寄り添った伴走型支援を行う共に生きる課と、生活困窮者等のニーズの早期発見や見守りなどのアウトリーチ機能をもつ地域協働課が連携することにより相談者に対し迅速な対応が可能となり早期に課題解決につながるようになってきた。また、これらの2課の機能を併せもつことにより生活困窮者への支援が多彩に展開できるようになったことは大きな意義がある。

5　相談センターの概要・相談実績

　相談センターには、月平均約60件の新規相談が寄せられている。本人からの相談に加え、行政関係や地域の見守り活動を行っている民生委員や相談センターが連携しているNPO法人など関係機関からの相談が多くを占めている。平成28年度の相談実績は初期相談件数は617件である。相談（電話、来所、メールなど）の経路は、本人自らが317件、家族・知人からが53件、関係機関からの紹介が246件、その他が1件である。

　寄せられている相談からは、生活に困窮している世帯の課題は一つではなく複数の課題が重複しており、課題を解決するためにはさまざまな機関と連携をしなくては早期の解決にはつながらないことがみえてきた。平成26年の相談件数は752件、平成27年の相談件数は690件であり、初期相談件数は減少傾向にあるが、以前相談センターで支援した相談者が再相談するケースが増えている印象である。

6　行政機関・他機関との連携

　相談者が抱える複合的な課題に対し迅速に対応するためには、行政や他機関との連携が不可欠であることは先に述べたが、相談センターでは、「生活支援相談センター運営委員会」（以下、「運営委員会」という）、「セーフティネット連絡会」、「庁内連絡会」の三つの連携会議を定期的に開催している。

　「運営委員会」は、支援を実施するための計画が

適切か、ほかの支援方法の検討、対応困難なケースについて支援方法のアドバイス、その他相談センターの円滑な運営について専門的な見地から意見・助言を受ける会議であり、委員は司法関係者、医療関係者、学識経験者など9名で構成され、2カ月に1回定期開催している。

この「運営委員会」は、支援が困難なケースほど専門家の助言が必要になることから、相談センターの事業運営において非常に重要な役割を担ってもらっている。

「セーフティネット連絡会」は、生活困窮に付随する複合的な課題を抱える相談者にワンストップで迅速かつ包括的に対応するために、関係する機関、団体等と事前の連携協議や情報共有を行うことを目的に発足した連絡会である（「セーフティネット連絡会」については後段で詳しくふれることとする）。

「庁内連絡会」は、生活困窮者支援に関する市役所内の各課と相談センターとの連携を図ることや、庁内の横断的なつながりを活かした包括的な対応を行うことを目的に、相談センター開所と同時に新たに立ち上げた連絡会である。この庁内連絡会を開催することにより、生活困窮者支援は相談センターや関係機関だけで行うのではなく、行政が一体となって取り組んでいかなくてはならない課題であるということが再認識された。

また、庁内での連絡会を開催することで、生活困窮者に対し迅速に包括的に対応することが可能となってきたが、庁内のすべての課で連携がとれているわけではないため、今後この連絡会を活かし、各課にどのような役割を担ってもらうか明確にしていく必要がある。

(1) 「こうちセーフティネット連絡会」の活動

生活困窮に付随する複合的な課題を抱える相談者に、ワンストップで迅速かつ包括的な支援を展開していくためには、関係機関・支援団体の横断的な連携強化が重要と考え、モデル事業を開始したばかりの平成25年12月、13団体と高知市、高知市社協で「こうちセーフティネット連絡会」を立ち上げた。

立上げ時に参加した団体は、相談センターを事務局に、法テラス、医療機関（無料低額診療実施機関）、民間4団体（困窮相談、借家の保証や多重債務、依存症関係）、児童相談、女性相談2機関、刑余者、暴力団関係の支援団体4機関であった。同連絡会は、支援の連携を深めるため、まずは参加している団体の役割や業務内容、活動状況を共有し、お互いが所属する職員の顔を知ることによって、日頃から「顔の見える関係づくり」を構築することから取組みを進めてきた。

その後は、支援の現場で連携した団体の参加を徐々に増やしながら、2カ月に1回会議を開催し意見交流を図ってきている。

(2) 顔の見える関係づくりから課題解決をめざしたネットワークへ

「顔の見える関係づくり」からスタートした「こうちセーフティネット連絡会」は、参加団体が増えることによって専門領域も多岐に広がるネットワークに成長しつつ、平成26年度中には関係づくりについても一定の成果をあげるに至った。

平成27年度からは、生活困窮者をとりまく課題や取組みの現状などテーマ別の学習・検討を中心にした運営を行ってきた。ひきこもり支援、就労支援、依存症、女性と子どもの貧困などがテーマにあげられ、参加団体間で検討を重ね課題を共有した。

さらに、平成28年度からは、直面している課題を掘り下げるとともに、支援団体の連携により具体的な解決をめざす課題解決型の協議に重点を移してきた。会議形式も6つの分野別にグループ分けをしたワークショップの手法で進行、それぞれの分野が抱える課題の抽出を行った。分野は、①子ども・母子、②触法者、③居住支援、食糧支援、④精神・健康・医療、⑤債務、⑥就労などの6つにグループ化した。

この頃までにこうちセーフティネット連絡会には、新たに食糧支援やホームレス支援、ひきこもり親の会などの民間団体、発達障害者支援の福祉法人、精神保健福祉センターや公共職業安定所などの行政機関などが新たに参加し、ネットワークは22団体に広がった。

(3) 部会設置と重点課題の検討へ

平成29年度は、分野別の討議の中でどの団体にも

共通して重要課題となっている居住確保に対する支援と就労に対する支援をさらに深く掘り下げ、課題解決の道筋を探るため、居住支援部会と就労支援部会の二つの部会を設置し、現在まで討議と実践を進めている。

　(イ)　**居住支援部会**

　居住にかかわっての支援はさまざまな課題・困難がある。

　まず、住居探しの段階で、転宅費用がない、保証人や緊急連絡先となる人がいない、高齢や障がいを理由に入居を断られるといったケースがある。これらの支援として、転宅費用を持ち合わせない相談者については利用可能な給付あるいは貸付制度がないかどうかの検討等を行い、保証人や緊急連絡先となる人がいない相談者については家賃債務保証を行う居住支援法人の紹介や保証人がいなくても入居を断らない不動産業者の紹介などの支援を行っているが、困難を伴うケースが多い。特に、薬物依存者や精神的な障がいのある相談者など、入居後の見守りを不動産業者側から求められるケースなどの住居確保は一苦労である。

　次いで、なんとか居住を確保したものの、家賃の滞納や周辺住民とのトラブルを繰り返すなどの理由により、定着ができないケースがある。これらは、入居中の課題であり、家賃滞納のおそれがある支援対象者には家計管理などの日常生活の支援、また精神保健上の対応などが必要な場合には、行政機関や医療機関と連携した支援が必要となる。

　最後に、逮捕や突然の失踪などにより支援対象者が住居からいなくなるケースなど退去時の支援である。ほとんどが、賃貸借契約解約の手続をとらず鍵を持ったままいなくなっており、家賃滞納額が膨らんでいる。また、個人所有の物がそのまま部屋に残され処分に困るのが常である。

　入居の段階から支援してきた支援対象者がこうしたケースを生じさせた場合は、支援者として全く無関心というわけにはいかず、滞納家賃の肩代わりはできないものの残置物件の処分などについては、職員が片づけに行くなど退去時支援を行っているのが実情である。

　こうした現状に対し、国土交通省は住宅セーフティネット法を改正し、平成29年10月から、①高齢者、障がい者、低所得者などの住宅確保要配慮者の入居を拒まない賃貸住宅として都道府県や中核市に登録し、その情報を公開、②登録された住宅に対しては改修・入居への経済的支援、③家賃債務保証などを行う居住支援法人（NPO等）の居住支援活動への支援（国の補助金交付）、などを骨子とした居住確保のための支援策を打ち出し、各都道府県の独自性を活かしながら具体化を図ろうとしている。

　賃貸人が、高齢者、障がい者、低所得者にとどまらず薬物依存者やホームレスなどすべての住宅確保要配慮者の入居を断らない賃貸住宅を数多く登録することになれば居住支援は大きく前進する。そのためには、一方で、支援者側が、入居後の見守りなどの支援、退去時に賃貸人に負担をかけない支援をどう構築し、賃貸人にいかに登録することへのリスク感を緩和することができるかが問われることになる。新たな制度設計の主体となる県、市の住宅部門を軸に賃貸人と地元不動産業者、そして支援者による生活困窮者視点での心を通わせた議論が求められているといえよう。

　幸い、こうちセーフティネット連絡会では住居確保支援の事例検討などを通じて支援者側からの課題共有は進んでおり、部会発足とともに新たに県、市の住宅部門が参加し、地元不動産業者とは「高知県居住支援協議会」で県・市・相談センターがつながっており、新制度構築に向けての議論の体制は整っているといえる。これは新制度構築に向けて希望となる財産である。

　(ロ)　**就労支援部会**

　生活困窮者の多くは、単に就労に必要な実践的な知識・技能等が欠けているだけでなく、複合的な課題があり、生活リズムが崩れている、社会とのかかわりに不安を抱えている、就労意欲が低下しているなど、すぐには就労に結び付きにくい状態にある。

　就労の準備が整わず一般就労からは距離のあるこうした支援対象者は、一般就労をめざした雇用施策にはなじまず、一般就労に従事する準備としての基礎能力の形成を、計画的かつ一貫して支援する就労

準備支援事業の実施が求められており、国のほうでは現在自治体の任意事業である同事業の必須事業化が検討されている。

高知市では、現時点で就労準備支援事業は行われていないが、国の必須事業化の動きをにらみながら、相談センターでは高知市が事業実施に踏み切った段階ではいつでも事業委託に応えられるようその対応を急いでいるところである。

相談センターで支援する生活困窮者には、就労準備支援が必要な支援対象者が数多くいるが、現在は就労準備支援員も配置されない不十分な体制の中で、自立相談支援事業の一環として農園作業や就労認定訓練事業所での就労体験などの就労支援を行っている。また就労支援部会に参加する多くの団体も同様に困難な中で就労支援を行っている。

就労支援部会では、それぞれの団体で取り組んでいる就労支援の事例を出し合い、課題や成功事例、教訓などの共有化を図っている。相談センターでも、部会の中で出された課題や教訓を就労準備支援事業の事業計画に活かすことによって、より効果的な事業を組み立てたいと考えている。

一方で、具体的な雇用確保や仕事確保についても取組みを進めてきた。地域福祉の取組みの中での高知市社協地域コーディネーターと地元企業の出会いがきっかけとなり、地元企業である株式会社Ｓ（以下、「Ｓ」という）が地域と共同で取り組んでいる薪割りの仕事を、福祉団体とも連携して事業拡大を図ろうとする意向が相談センターに伝わってきた。

相談センターは、Ｓに部会への参加を呼びかけ、参加団体に直接事業の説明や報酬の額・支払方法などを提案してもらった。この提案に二つの団体が参加を表明し、現在企業の作業場へ出向いてそれぞれ週１回程度の薪割りに従事している。

Ｓが市内の遠隔地にあり、企業の作業場までに出向けない団体も多いことから、来年度に向けて市内の適地に作業場を設けさらに多くの就労が可能になるよう取り組んでいくことが就労支援部会で話し合われている。

就労支援部会での取組みが、具体的な仕事確保にまでつながったことが参加団体の大きな成果となっている。

顔の見える関係づくりからスタートした連絡会も、事例検討や国・行政の動きへの対応を行いながら、仕事確保という小さいながらも貴重な実を結ばせるところまで進んできた。アウトリーチの充実化を含め、個別支援を通じた地域支援の実践という課題への到達にはまだまだ道のりは遠いが、今後も今まで以上に連携を取りながら連絡会の運営をめざしていく。

7 セーフティネット連絡会を通じた具体的支援の事例

生活困窮者に対する支援はさまざまな関係機関がお互いに連携し、その団体の専門分野を活かしながら早期の課題解決に向けた支援を実施しているが、以下具体的な事例を通してどのような支援を行ったかについて述べる。

〔事例紹介〕 高知地方裁判所執行官が高齢の女性本人（80歳代）を同行し、相談センターへ来所した。

自宅が競売となり、期日を過ぎても居住し続けたため退去に関する強制執行のため自宅を出なければならない。自営業の失敗から多額の借金を抱え自宅が競売になったものである。また、親族であった息子二人も保証人となっていたため多額の借金を背負い、本人との関係は非常に悪く二人の息子を頼ることはできない。４カ月前から上記内容は執行官より本人に伝えており、１カ月半前より本人との面談も繰り返しながら引越しを促すが、引越しはするとの回答があるものの実際に引越しができない状況が継続していた。

判断能力の低下もみられたことから高知市高齢者支援課につなぎ、執行官とともに面談をしながら新たな居住の確保のための支援を行うが、本人の転居先が決まっていない。本人は、引越しをしなければならないことは理解しているものの、すべての処理は自分でできるため貸してくれる空家があれば自分で荷物は運べる、また、強制執行をされたらどうするのかとの問いには、長男宅に身を寄せることができると話す。

高知市高齢者支援課と執行官にも同席をしてもらい、長男へ連絡を入れるも本人の支援をすることは拒否していた。本人も長男との面談や連絡は拒否しており、解決ができない状態が続いていた。

その後、執行官から本日退去命令の強制執行が行われ、本人の今後の生活を危惧しているとの連絡があり対応を検討していたところ、本人と長男が来所した。本日、強制執行があり本人もそのことについては理解できているものの、今後どうするかの検討には至らないまま本人が最寄りの警察署へ相談に行き保護され、警察より長男に連絡があり、今後の本人の支援について相談センターに相談するために来所したケースである。

〔対応〕 本人に対する支援を実施するために行ったのは、以下のとおりである。
① 相談受付の段階で本人の家族構成やおかれている状況、抱えている課題を聞き取り本人がどのような生活を望んでいるか等生活の把握を行った。
② 本人の抱えている課題を的確に把握し、最も優先して対応するべき課題の整理を行った。
　本ケースについては、㋐住居の確保、㋑生活の安定、㋒息子との関係づくりについて早急に解決するべき課題とした。この三つの課題を解決するために支援目標や計画（プラン）を策定し、関係機関による支援調整会議などを経て自立した生活ができるよう支援を実施することとした。
③ 支援計画（プラン）に基づき、以下の支援を実施した。
　住居の確保については、高知市社協が運営するシェルター（一時的に衣食住の提供を行う場所）による受け入れを行い、新しい居住の確保を行うための支援を実施した。
　生活の安定については、受給している年金額の確認や今後の生活を維持するために高知市社協が実施している日常生活自立支援事業（日常的な生活費の金銭管理）による支援を実施した。

　息子との関係づくりについては、新しい住居確保のためには保証人が必要であることや、今後の生活の維持のためには、息子たちとの良好な関係を築いていくことが重要であると判断し、息子たちとの関係づくりを中心に支援を実施した。

　このような支援を実施することにより、本人の住居の確保ができ、適切な金銭管理を行うことで安定した生活が送れるようになった。また、関係機関がかかわることで親子関係が良好になり、本人も安心して生活ができるようになった。

この事例は、地方裁判所の執行官が単に住居の明渡しの強制執行をしただけでなく、この世帯に多くの課題があると判断して相談センターにつなげてくれたケースである。

このように相談センターでは、相談者の課題を早期に解決するためのこの連絡会が果たす役割は非常に重要であると再認識した事例であった。

8　今後の課題

相談センターでは、生活困窮者支援の中から多くの課題がみえてきた。生活困窮者は、経済的な困窮だけでなく、就労、住まい、病気のことなどさまざまな複合的な課題を抱えていることが相談実績からも明らかになっている。

特に相談の多かった経済的困窮の解決のためには、就労準備支援事業や就労訓練事業（中間的就労）を通じた支援が必要になってくる。一時的に生活保護制度の支援を要するが適切な就労の機会があれば十分自立が可能な相談者が多数いることもわかってきた。これらの課題解決のためには、就労準備や就労訓練を行うための場づくりが急務であることから、行政等と協力しながら、制度の周知、雇用の確保に向けた取組みを進めているところである。

また、住まいに関する課題については、一時緊急保護施設（シェルター機能）の運営を実施、生活習慣を形成するための生活自立支援、また社会とのつながりや地域社会で安心した生活を送ることができるような社会自立支援を行うための取組みを実施し

ているが、現在は高知市内2カ所のみでの運営であり、今後は地域の中にこのような機能をもった住まいの確保が課題となっている。

9 今後の方向性

　生活困窮者の多くは、学校、職場、近隣といった人間関係の中でさまざまな困難を抱えており、生活困窮者が地域で生活していくためには、一人ひとりが社会とのつながりをもち、周囲から受け入れられているという実感を得ることが必要である。

　そのために重要なのは、地域の中に住んでいる地域住民一人ひとりの力が必要だということである。一つひとつの困りごとは一人の課題であるが、それを地域住民が自分のこととして捉えることで地域の困りごとになるのである。地域における課題を地域住民で解決することができるように、住民主体の課題解決力の強化を図ることが重要である。

　生活困窮者自立支援法のめざす目標にも掲げられているが、生活困窮者支援は、生活困窮者支援を通じた地域づくりである。地域住民の協力を得ながら地域で継続した見守りを行うこと、これが実現できれば真の生活困窮者の自立支援につながると考える。

　地域住民がそれぞれ自分の住んでいる地域のことを何気なく見守りながら、できる人ができることを支援する、そんな些細な取組みがあたり前にできる地域の実現が私達相談センターの目標である。

　また、下記に掲げる「相談センターの三原則」
・総合相談窓口として全ての相談をことわらない
・困難な状況でも当事者への支援をあきらめない
・課題の解決につながるまでなげださない

　"ことわらない""あきらめない""なげださない"をしっかり実践していきたい。

（なかじま　ゆみ）

論説・解説

担保不動産競売評価における太陽光発電システムの取扱い

福島地方裁判所評価人候補者　佐藤　栄一

●目　次●

1　はじめに　69
2　太陽光発電システムの概要　69
　(1)　太陽光発電システムの全体像　69
　(2)　太陽光発電システムの種類　70
3　太陽光発電システムに関する評価事務研究会での取扱い　70
　(1)　評価事務研究会単位での取扱い例　71
　(2)　評価事務研究会での取扱いの傾向　73
4　太陽光発電システムに関連した競売評価実例　74
　(1)　住宅用太陽光発電システムに関連した評価実例　74
　(2)　目的土地に太陽光発電システムが設置されている場合の評価実例　81
5　競売評価における太陽光発電システムの取扱い（整理）　82
　(1)　住宅用太陽光発電システムの取扱い　82
　(2)　住宅用太陽光発電システムの評価書への記載等　83
　(3)　目的土地に太陽光発電システムが設置されている場合の若干の考察　84
6　おわりに　84

1　はじめに

　本稿は、担保不動産競売評価（以下、「競売評価」という）における太陽光発電システム（**注1**）の取扱いについて整理し、今後に向けた検討を行うものである。

　平成23年3月の東日本大震災以降、再生可能エネルギーがクローズアップされ、平成24年7月に再生可能エネルギーの固定価格買取制度（**注2**）が導入されると、太陽光発電はその主力として急速に市場規模が拡大した。

　今後は、このような流れを受け、太陽光発電システムが設置された住宅が競売の対象となったり、買取価格の段階的な引き下げ（**注3**）に伴う採算悪化により発電事業者が破綻し、太陽光発電システムが設置された土地が競売の対象となる事案が増加することが予想される。したがって、このテーマについては早急な整理が必要であり、今回このテーマについて評価人候補者の立場から整理・検討を試みることは、今後の実務的な議論の足掛かりとして有意義といえ、また執行官の執務においても参考にしていただけるものと考える。

2　太陽光発電システムの概要

(1)　太陽光発電システムの全体像

　太陽光発電システムというと、まずソーラーパネルを思い浮かべるが、それだけで利用可能な電力が供給されるわけではない。ソーラーパネルのほかに、さまざまな機器等が一体的に機能してはじめて利用可能な電力が供給される。

　最も典型的な住宅用太陽光発電システムを例としてシステムを構成する主要な機器等をあげると、以下のようなものがある（**注4**）。

　①　ソーラーパネル：太陽電池のことであり、太

陽光パネルともいう。専門的な用語としては太陽光モジュールが使われる。太陽の光エネルギーを直接電気に変換する装置。
② 接続箱：ソーラーパネルからの直流配線を1本にまとめ、パワーコンディショナに送るための装置。
③ パワーコンディショナ：発電した直流電力を交流電力に変換するための装置。ソーラーパネルで発電されるのは直流電力なので、住宅等で利用できる交流電力へと変換する必要がある。
④ 分電盤：家の配線に電気を分ける装置。
⑤ 電力量計：電力会社に売った電力や購入した電力を計量するメーター。

これらの各機器等は配線で接続され、一体となって太陽光発電システムを構成している。したがって、競売評価における太陽光発電システムの取扱いを検討する際には、複数の機器等が有機的に結合して太陽光発電システムを構成している点に留意する必要がある。

(2) 太陽光発電システムの種類

(イ) 住宅用太陽光発電システム

住宅用太陽光発電システムは、ソーラーパネルが住宅の屋根等に設置され、住宅への電力の供給や余剰が生じた場合には商用電力系統に売電される太陽光発電システムである。太陽光発電システムの中では小規模なものであり、系統連系も低圧配電線に連系するので、比較的単純なシステム構成となっている。

住宅用太陽光発電システムにおけるソーラーパネルの設置方法は、大きく分けて「屋根一体型」と「屋根置き型」の2種類がある。

(A) 屋根一体型

「屋根一体型」は、初めから屋根材の中にソーラーパネルを組み込んだものを指す。屋根そのものがソーラーパネルとなっているイメージである。後述の「屋根置き型」のように架台を設置する必要がないため、建物の外観を損なうことなくきれいにソーラーパネルを設置できるが、故障時の修理やメンテナンスには手間と費用がかかるといわれている。

(B) 屋根置き型

「屋根置き型」は、屋根材（瓦、鋼板、スレート等）の上にパネル専用の架台を設置し、その上にパネルを取り付けて屋根と固定するものを指す。平らな陸屋根に設置する場合は、太陽に向かって傾斜をつけた架台を設置し、その上にパネルを載せて固定する。安全性を確保する観点や工事による雨漏りを防止する観点等から、架台やソーラーパネルはボルト等でしっかりと固定しなければならず、屋根材に一定の加工が加えられることになる。新築住宅の場合は、「屋根一体型」および「屋根置き型」の双方の設置方法が考えられるが、中古住宅に後付けで設置される場合には、基本的には「屋根置き型」に限られると考えられる。

(ロ) 産業用太陽光発電システム

住宅用太陽光発電システムはほとんどが3～5キロワット（以下、「kW」という）の規模であるが、産業用太陽光発電システムは数kWから1000kW（1メガワット）を超えるものまであり、一般に住宅用より規模が大きい。ソーラーパネルの設置場所も、工場・ビル等の建物の屋上や壁面のほか、大規模になると地上設置が一般的となり、工場敷地の未利用部分やゴルフ場跡地（注5）等の広大な土地に設置される場合もある。系統連系は、高圧配電線または特別高圧配電線網に連系するため、システム構成もより複雑となる。

3 太陽光発電システムに関する評価事務研究会での取扱い

冒頭で記したように、今後は太陽光発電システムに関連する競売事案が増加することが予想されるが、現在のところはまだそれほど多くないため、筆者自身の少ない経験のみでは到底本稿の目的を達することはできない。

そこで、全国の競売不動産評価事務研究会（以下、「評価事務研究会」という）に任意で協力を求めたところ、それぞれのご厚意により、相当数の評価事務研究会およびその所属の評価人候補者の方々から、情報提供をいただいた。

そこで、まず本項では、太陽光発電システムに関

する評価事務研究会単位での取扱い例を紹介し、次項で具体的な評価実例を紹介することとしたい。

(1) **評価事務研究会単位での取扱い例**

　(イ)　A評価事務研究会の取扱い

太陽光発電システムが建物に設置されている場合について、A評価事務研究会では【表1】のフローチャートに沿って取り扱っている。

【表1】　A評価事務研究会の評価のフローチャート

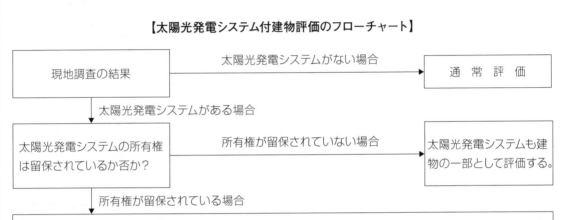

【太陽光発電システム付建物評価のフローチャート】

現地調査の結果 → 太陽光発電システムがない場合 → 通常評価

↓ 太陽光発電システムがある場合

太陽光発電システムの所有権は留保されているか否か？ → 所有権が留保されていない場合 → 太陽光発電システムも建物の一部として評価する。

↓ 所有権が留保されている場合

太陽光発電システムの所有者と建物の所有者が異なるため、太陽光発電システムと建物は別々のものとして評価する。ただし、評価書への記載方法は以下のとおりとする。

【原則】
建物と太陽光発電システム一体としての価格（建物の価格と太陽光パネルの価格を合算した価格）のみを評価書に記載し、太陽光発電システムの価格は評価人の内部資料に留まる。

【例外】
建物の価格と太陽光発電システムの価格を評価書にそれぞれ記載する。

※1　太陽光パネルの価格を査定する際の参考数値
　①　再調達原価：容量4.0kWで2,000,000円、容量10.0kWで5,000,000円
　②　耐用年数：15年

※2　評価にあたっての留意点
　①　現地での調査項目：太陽光パネル、パワーコンディショナー、蓄電池、蓄電盤、電気メーター等の確認
　②　評価書への記載内容：建物の特記事項欄に太陽光発電システムが設置されていること、所有権留保の有無、所有権が留保されている場合には所有者により太陽光発電システムが回収される可能性があることおよび当該行為に伴い建物の補修・改修工事が必要になる可能性があること等のリスクがあることを記載する。
　③　市場性修正：所有権が留保された太陽光発電システムが設置されている場合のリスクについては、市場性修正で考慮する。

※3　その他
　太陽光発電システムの価格については、後日、裁判所から問い合わせがある可能性があるので、評価に際しては、必ず建物の価格と太陽光発電システムの価格をそれぞれ把握しておくこと。

(ロ) B評価事務研究会の取扱い

太陽光発電システムが建物に設置されている場合について、B評価事務研究会では【表2】のフローチャートに沿って取り扱っている。

【表2】 B評価事務研究会の評価のフローチャート

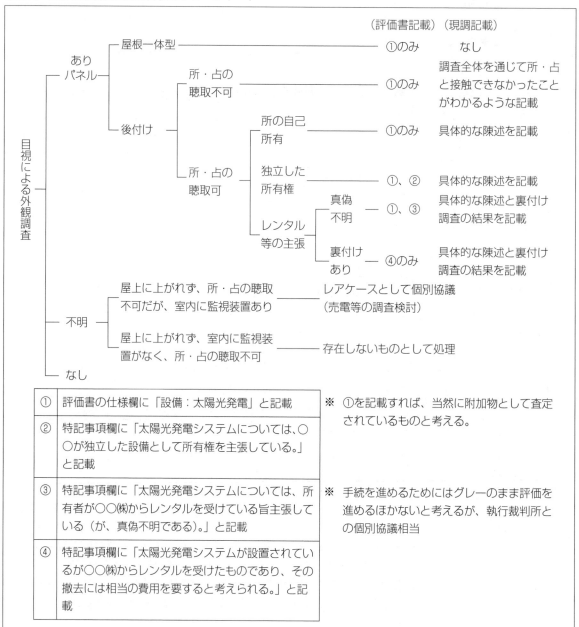

(ハ) C評価事務研究会の取扱い

評価指針として以下のとおり定めている。

「初期投資に多額の費用が掛かる設備(太陽光発電設備、エコキュート、電気温水器等)

原則として、執行官が建物所有者に対し、所有者確認(誰の所有か、リース物件か)等の意見を聴取して現況調査報告書に記載する。評価人は、設備と目的建物が同一所有者である場合は売却対象と考え、建物の「仕様」欄に記載し建物と一体評価する。

リース物件であった場合、あるいは確認したものの所有者等が不明な場合はその旨を建物の『特記事項』欄に記載し、評価対象外とする。現物の確認が困難で評価が難しい場合等は、その旨を建物の『特記事項』欄に記載し、評価対象外とする。

上記について疑義が生じた場合は、執行裁判所と協議する。」

紙面の都合で紹介できないが、C評価事務研究会では、上記のほか、出力10kW以上の産業用太陽光発電システムを念頭に置いた詳細な取扱いを定めている。

(ニ) D評価事務研究会の取扱い

屋根に設置されたソーラーパネルについて、以下のとおり共通認識がもたれているとのことである。

「一般的には、統一的に付合物として売却対象とする。可能な限り所有者へ聴取し、後付けのものである場合には所有権留保等がないかの確認を行うことが大前提である。例外として、ソーラーパネルが建物の屋根ではなく、建物の横に設置されているような場合には動産執行の対象と考えられ、売却対象とならないことを踏まえ、評価を実施する。」

土地上に設置されたソーラーパネルについては、以下のとおり共通認識がもたれているとのことである。

「土地上のソーラーパネルは移動可能な動産（占有減価なし）と認定され、動産執行の対象と判断される。但し、撤去に際して相当な費用、期間を要する場合等は落札後の即時利用が困難と見込まれることから『市場性修正』を考慮し、評価を実施する。」

(ホ) E評価事務研究会の取扱い

統一的な評価基準を作成しているわけではないが、ソーラーパネルが屋根に設置されている場合については、おおむね以下のとおり共通認識がもたれているとのことである。

「正常に稼働しており、信販会社等の所有権留保がないことを執行官と一緒にヒアリングできれば、再調達原価に少しプラスする。所有者が不在で聞き取りできない時、あるいは所有権留保の可能性がある時は再調達原価にも上乗せしない。

いずれの場合でも『ソーラーパネルがある』とだけ記載し、価格への影響については記載しない。理由は、価格への影響を明示すると建物の一部であると判断したことになるが、そこまでは踏み込まない方が無難との判断があるからである。」

(ヘ) F評価事務研究会の取扱い

おおむね以下のように運用されている。

① 太陽光発電システムの所有権が所有者にあると考えられる場合は、原則として評価の対象に含める。この場合は再調達原価等で考慮する。

② 太陽光発電システムの所有権が所有者にない場合は、評価の対象に含めない。この場合は、太陽光発電システムを継続使用できないことや取り外し等の追加負担の可能性を考慮し、市場性修正で減価する。

(ト) G評価事務研究会の取扱い

太陽光発電システムについては、調査確認の困難性から、原則として不動産には付合していない動産として取り扱っている。したがって、評価の対象とはならない。

評価書では、建物の特記事項欄に「現地調査においてソーラーパネルを確認したが、評価上考慮外とする」などと記載している。

(2) 評価事務研究会での取扱いの傾向

上記A～Gの各評価事務研究会の取扱いは、主に住宅用太陽光発電システムに関するものであるが、相当の違いがみられる。

まず、G評価事務研究会では、調査確認の困難性から原則として動産として取り扱っている。

その他の評価事務研究会では、建物所有者と太陽光発電システムの所有者が同じ場合には評価の対象とすることで一致しているが、太陽光発電システムの所有者が建物所有者以外である場合は、取扱いにばらつきがみられる。

たとえば、太陽光発電システムに所有権留保が付されている場合に、A評価事務研究会では、同システムについても評価の対象としたうえで、同システムが所有者（販売会社）により回収される可能性が

あることや、回収に伴い建物の補修工事が必要になること等のリスクについて市場性修正で考慮する取扱いとしている。

一方、C～Fの各評価事務研究会では、所有権留保がある場合には、評価の対象としないことが前提となっているように思われる。なお、C評価事務研究会では、太陽光発電システムがリース物件である場合や所有者が不明な場合には評価の対象としないことを明確にしている。

さらに、太陽光発電システムの評価上の取扱いを評価書にどの程度明示するかについても取扱いに差異がみられる。A評価事務研究会が比較的明確に記載する方向なのに対し、B評価事務研究会やE評価事務研究会では、どちらかというと控えめな記載にとどめる方向のようである。

4 太陽光発電システムに関連した競売評価実例

本項では、評価実例を紹介する。

集まった評価実例は、大半が住宅用太陽光発電システムに関連するものであり、住宅用以外の太陽光発電システムに関連するものはわずかであった。また、太陽光発電システムと類似するものとして、「太陽熱利用システム」(注6)に関連する評価実例も若干ではあるが提供いただいたのでこれも含めて紹介することとする。

なお、評価実例は、本稿に紹介するにあたり最低限の用語の統一は行ったが、文脈に影響が出ると思われる箇所については実例提供者の記述のまま掲載した。よって、同様の内容であっても実例により表現方法にばらつきがあることをご了承いただきたい。

(1) 住宅用太陽光発電システムに関連した評価実例

(イ) 目的建物所有者が太陽光発電システムを所有している場合

実例については、下記【表3】を参照されたい。

評価実例では、目的建物（住宅）所有者が太陽光発電システムを所有している場合には、同システムを評価の対象に含めている例が多数を占める。その場合の評価方法は、設置費用相当額を建物本体の再調達原価に加算したうえで建物本体と併せて減価修正を行う例が多いが、その一方で、太陽光発電システムを含めて評価を行うもののその市場価値については控えめに捉える例があるなど、同システムの状況や経過年数等に応じてそれぞれに対応されている。

また、実例1－5のように動産として把握し評価上考慮外とした例や、実例1－8のように建物所有者からの独立した所有権の主張を踏まえ事実関係のみを記載した例もある。

【表3】 目的建物所有者が太陽光発電システムを所有している場合

実例No.	目的建物の規模（延㎡）	物件概要	評価上の取扱い	備　考
1－1	158.48	屋根一体型のソーラーパネル30枚	建物価格（再調達原価）に加算	（筆者注）前記3(1)(ハ)のC評価事務研究会内の実例
1－2	146	・新築時にソーラーパネルを設置。屋根構造は瓦・ソーラーパネル葺。 ・屋根の南面にソーラーパネル18枚、室内にパワーコンディショナ。 ・売電収入は多い時で月2.5万円くらいとのことであった。	・新築時に設置されたものであり、登記簿上の構造も瓦・ソーラーパネル葺となっているため、再調達原価にて考慮した（㎡単価で1.5万円、総額で220万円ほど）。 ・ただし、太陽光発電システムによる加算とは記載しなかった。	
		目的物件は戸建住宅で、建物の屋根にソーラーパネルが設置されている。	執行官の現況調査報告書には太陽光発電設備が存在すると記載されているが、建物の従物等の踏み込	

1－3	122	入手した設計図書を見ると、新築当初から太陽光発電設備があるオール電化の住宅だった。ソーラーパネルは目的物件の所有者が所有し、余剰電力を電力会社に売電していたが、空家の状態になり電力供給契約の終了とともに売電契約も消滅している状況。太陽光電池の最大出力3.21kW、パネルの枚数21枚。	んだ記載まではされていなかった。評価書の建物の概況および利用状況の特記事項欄に「太陽光発電設備があり、屋根にソーラーパネルが設置されている」と記載した。評価においては、太陽光発電設備を含む建物という認識で取り扱った。	
1－4	194.23	・売電専用 ・家庭用太陽光発電システム ・発電容量　4kW程度 ・設置後　9年 ・年間発電量　4000kWh位か ・売電収入　月1万円程度	おそらく評価には2パターンがある。 ① 建物設備として再調達原価に反映、評価書にはシステム価格を明示しない方法 ② 建物とは別立てで評価額を記載する方法（この場合、積算価格ベースでの価格が基礎になる…例：kWあたり設備費×発電容量×残価率、耐用年数は20年位か） 今回は、上記②の積算価格ベースで評価した。	
1－5	96.59	ソーラーパネルが屋根に設置されているが、パネルの枚数は把握できなかった。太陽光発電システムは稼働しており、電力会社と所有者は売電契約（電力受給契約）を結んでいる。	ソーラーパネルは動産ととらえられるので、競売の対象となるかの判断は難しく、また電力会社との売電契約の契約者の変更が可能であるかも不明である。競売評価にあたっては、考慮しないものとした。	ソーラーパネルは動産であり、エアコンと同様に建物の附属設備とみることもできるが、電力会社と売電契約を結ぶことにより利用できるので変更契約が可能かどうかを確認する必要がある。太陽光発電があることが評価にとってプラスであるとは限らず、利用できない場合は目的物件の処分にあたって逆に阻害施設になると思われる。
1－6	162.45	屋根にソーラーパネルが設置されているが、新築時（平成26年1月）に取り付けている。ソーラーパネルの出力は5kWであり、右記統計データより住宅用ソーラーパネルとしてはほぼ標準と判断した。	ソーラーパネルが建物と一体化しているものとみなし、建物の再調達原価にソーラーパネル設置費用を加算した。具体的にソーラーパネルの設置費用（※）は平均システム価格、建物屋根の形状や諸経費を考慮して1kW当たり40万円とし、総額200万円（40万円×5kW）とした。 （※）太陽光発電普及拡大センターのサイト（http://www.jpea.gr.jp/j-pec/data/）によると、平成26年度住宅用補助金交付決定データの全国平均設置容量は新築4.26kW、既存4.9kW、平均システム価格は1kWあたり新築36.7万円、既	建物の経済的耐用年数とソーラーパネルの同年数は異なるが、観察減価において考慮した。

			存40.5万円を示している。なお、この補助金制度はすでに終了している。	
1-7	147.84	建物所有者から聴取の結果、ソーラーパネルは、建物所有者に帰属するものであり、かつ、後付けではあったものの所有権留保の可能性もないと判断された。また、容易に取り外せるようなものでもなく、付合性は強いものと推察された。	建物の屋根に設置されたソーラーパネルは、同建物の付加一体物として建物価格に含めた。	（筆者注）前記3(1)(ニ)のD評価事務研究会内の実例
1-8	154.29	平成8年新築の鉄骨造2階建居宅の屋根上に平成15～16年頃、太陽光発電システム（出力不詳）が設置され、調査日時点ではローンも終了している。	当該太陽光発電システムは、建物建築後に後付けで設置された設備である。建物所有者から独立した所有権の主張があったため、評価においては当該事実関係のみ記載した。	（筆者注）前記3(1)(ロ)のB評価事務研究会内の実例
1-9	90.25	本建物は、太陽光発電システム（平成11年頃施工、自己所有、電力会社との売電契約締結済）が設置されており、屋根には広くソーラーパネルが張られている。	設置から10年以上過ぎており、使用価値はあるものの、市場価値はないものと判断した。	（筆者注）前記3(1)(ロ)のB評価事務研究会内の実例
1-10	127.02	建物：平成18年7月22日新築新築時からソーラーパネルを設置し、余剰電力の売電契約を締結。その後、売電単価の変更契約を経て現在に至る。4.5kW、パネル23枚	ソーラーパネルは建物に付随する設備と判断し、建物価格に含めて評価した。	
1-11	108	平成8年建築の木造2階建の一般住宅。平成22年頃に建物をオール電化にするための改修工事に併せてソーラーパネルを設置した。パネルの枚数や出力についての詳細は不明。	システムについての詳細が不明のため、一般的な太陽光発電システムを設置する費用を概算し、建物の再調達原価に太陽光発電システムの金額を加算して求めた。本件の場合、建物の残存耐用年数と太陽光発電システムの残存耐用年数が変わらなかったので、建物と一体として減価するものとして評価した。	所有者からの聞き取りと現地調査には限界があり、システムの詳細についてはわからなかった。目視によりソーラーパネルの確認をするのに、平坦地など建物から離れても確認が困難な場合もある。建物と太陽光発電システムの残存耐用年数が異なる場合など、課題が残ると考える。
1-12	107.65	・設置場所：南側および西側屋根の上 ・パネル数：15枚 ・その他：新築時に設置、調査時点でも特段の不具合なしとのこと	・太陽光発電システムの存在については、現地調査で目視確認。パネル枚数については、航空写真等で把握。 ・一般的な住宅用太陽光発電システムの新規設置価格を念頭に、法定耐用年数を基に現在価値を算定。建物価格の試算の際に、当該現在価値を勘案し評価を行った。	
		中古戸建住宅を購入後、太陽光発	執行官が付合の難易には特に着目	

実例No.	目的建物の規模(延㎡)	物件概要	評価上の取扱い	備 考
1—13	184.36	電システムを設置、オール電化とした。	せず目的建物の従物と判断した。よって太陽光発電システムは目的建物の従物として建物価格に含めた。	
1—14	222.48	ソーラーパネル3枚	従物として建物価格に含めて評価。	破産管財人に使用を止められ相当経過。稼働の可否不明の旨記載。
1—15	117	4kW位だったと記憶。	建物新築・抵当権設定後に、ノンバンクのローンを利用して建物に設置した事例で、補助金を受けている（ローン会社の所有権留保がないことを確認済）。簡単に取り外し可能な動産とは認められず、抵当権の効力が及ぶ建物の付加一体物と判断し、建物自体の再調達原価に太陽光発電システムの設置費用等相当額を加算し、建物に含め評価した。	
1—16	181.60	受命物件の建物には注文住宅として「パッシブソーラー」と呼ばれる暖房や給湯に太陽熱を利用するシステムが設置されていた。そのため屋根にソーラーパネルを敷き、建物基礎の分厚いコンクリートに太陽熱を蓄積したり、タンクのお湯を温めるためのダクトを天井の吹き抜けに立ち上げ、3階部分に物置（ダクト室）を作って空気循環等を行うための設備が設けられていた。当該システムには発電並びに蓄電等の機能はない。	〇〇支部評価人申し合わせの再調達原価基準に則り、上品等の戸建住宅と認定し、ソーラーシステム込みの再調達原価を査定し、通常の減価修正を行って評価した。	（筆者注）本実例は太陽熱利用システムに関するものであるが、太陽光発電システムに類似するものとして、提供いただいた。

(ロ) **太陽光発電システムに販売会社による所有権留保が付されている場合**

下記【表4】は、販売会社の所有権留保が付されている場合の実例であり、販売会社が所有権留保を放棄した実例2—4を除き、いずれも評価対象外としている。

その中で実例2—2は、現実的には販売会社による回収の可能性は低いことを踏まえつつも、太陽光発電システムの存在が買受人にとってプラスに働くこともマイナスに働くこともあり得るという考察を経て、評価上の増減価は行わないというスタンスを取っている。

【表4】 太陽光発電システムに販売会社による所有権留保が付されている場合

実例No.	目的建物の規模(延㎡)	物件概要	評価上の取扱い	備 考
2—1	98.00	オール電化の戸建住宅。執行官とともに解錠調査。特記事項に「ソーラーシステムが屋根に設置されているが、正常に稼働するかは不明。執行官の調査によればソーラーシステムのローンの支払いは完済していない。」と記載し	評価は、ソーラーシステムを除外して評価。後日、執行裁判所から、ソーラーシステムは評価対象外である旨を特記事項に明示してほしいとの依頼があり、評価書を訂正している。	

		て評価書を提出。		
2－2	105	・築10年の住宅に市の補助を受けて1年前に設置。 ・屋根にソーラーパネル24枚、室内にパワーコンディショナ。 ・売電収入は多い時で月3万円、少ない時で月8,000円くらいとのことであった。	・割賦販売であり、販売会社の所有権留保が付されていた。 ・販売会社の担当者によると、競売等で建物所有者が変わった場合に通常ソーラーパネルを回収することはないが、絶対にない（回収しない）とは言えないとのことであった。 ・後付けされたものであり、パネルは取り外しも可能なものと思われたので、執行官とも相談のうえ、現況調査報告書および評価書にその旨を記載し、太陽光発電システムについてはプラスもマイナスも行わないで評価した。 ・回収されなければプラスになると思われるが、回収となった場合には建物が傷む可能性がありマイナスとなる。評価時点ではどちらかわからないので、プラスもマイナスも行わない。	（筆者注）前記3(1)(ハ)のF評価事務研究会内の実例
2－3	159.00	シャープ製の太陽光発電システムND-160AV。 システム出力は4.8kW	平成22年5月～6月にかけてシステムを設置（建物新築は平成21年3月）。 株式会社○○と所有権留保付き契約で購入し設置したものである。その後、平成25年に競売物件となったが、ローンの支払が滞っていたため評価対象外となった。	平成25年9月に現地調査した際には同システムは故障しており稼働していなかった。
2－4	187.12	① 販売会社が所有権留保を放棄。 ② 建物新築後30年経過した建物に後付けしたソーラーパネルであり、評価時点で設置後10年経過していた。	屋根上にあり、型式や損傷状態が確認できなかったため、建物の再調達原価で考慮した。	① 平成19年7月時点での販売価格2,200,000円（ソーラーパネルのみか、工事費等の付帯費用を含むかは不明） ② 返済方法：平成19年8月～平成34年7月まで180回払い
2－5	118.12	平成23年頃、ソーラーパネル（最大出力約2.5kW）を屋根に設置。土地建物所有者が分割払いで購入し、分割払いが完了するまで株式会社○○に所有権が留保されている。	当該設備は、所有者が異なることから、評価に当たっては、対象外とした。	

(ハ) 太陽光発電システムの所有者が目的建物所有者以外の第三者である場合（所有権留保を除く）

下記【表5】は、所有権留保以外で、目的建物所有者と太陽光発電システムの所有者が異なる場合の実例である。

実例3－1は、建物所有者の元妻が太陽光発電システムの名義人で離婚により電気使用に混乱を来している事案である。評価上の取扱いとして、土地利用関係が錯綜していること等も含めて市場性修正に

よる減価を行った旨記載されているが、その前提として評価人は同システムを評価対象から除外しているものと推測される。

実例3－2は、建物所有者が発電事業者に「屋根貸し」として目的建物の屋根を提供し、その対価として売電収入の一部を得ていた事案である。評価においては事実関係のみ記載したとあり、おそらく太陽光発電システムについては評価対象から除外したものと推測される。

このようなケースにおいては、太陽光発電システムを評価対象とするか否かの判断のほかに、買受人と太陽光発電システム所有者との関係がどのようなものとなり、それが目的物件にどのような影響を与えるかを検討する必要が生じる。

【表5】 太陽光発電システムの所有者が目的建物所有者以外の第三者である場合（所有権留保を除く）

実例No.	目的建物の規模（延㎡）	物件概要	評価上の取扱い	備　考
3－1	284.82	敷地上に建物が計2棟（建物A：延187.52㎡、建物B：延97.30㎡）で、各建物の屋根に合計4.0kWのソーラーパネルが、建物B屋内にパワーユニットが設置されている。 建物A（親）、B（子）所有者は親子関係であり、太陽光発電システムは建物B所有者の元妻名義である。 離婚により売電者と使用者が異なることとなったため、売電ができない状況となり、建物Bには建物Aから別途電線を引き込んで使用している。	当該太陽光発電システムは、建物建築後に後付けで設置された設備である。一連の経緯により、建物所有者と設備所有者が異なることとなったこと、その結果、売電ができず、建物Bについて当初の電気使用ができなくなっている事実関係の記載をし、市場性修正において減価考慮（土地利用が親子関係で錯綜していること等を一体的に考慮して－20％）した。	（筆者注）前記3(1)(ロ)のB評価事務研究会内の実例
3－2	174.99	発電事業者が、「屋根貸し太陽光発電（6.8kW）」として競売物件屋根に設置。当該設備の所有者は発電事業者である○○であり、建物所有者は毎月売電収入の20％程度を屋根を貸すことの対価として得る契約であった。	当該太陽光発電システムは、「屋根一体型」ではなく、建物建築後に後付けで設置された事業者○○所有の「屋根置き型」（架台に固定金具等で取付）設備である。裁判所と協議した結果、評価においては事実関係の記載のみにした。	（筆者注）前記3(1)(ロ)のB評価事務研究会内の実例

(ニ) 太陽光発電システムの所有者が明確でない場合

下記【表6】は、太陽光発電システムの所有者が明確でない場合の実例である。

実例4－1、4－3は評価対象から除外している。一方、実例4－2は評価対象に含めたうえで、市場性修正でリスク減価しているが、この実例は建物所有者が太陽光発電システムを所有しているのか、それとも所有権留保が付されているのかが、不分明であったため当分類の中で紹介したものである。

所有者が明確でない場合には、所有者が全く不明なのか、それとも所有者について一定の推定ができるのか等の事情によっても取扱いが異なる可能性が考えられる。

担保不動産競売評価における太陽光発電システムの取扱い

【表6】 太陽光発電システムの所有者が明確でない場合

実例No.	目的建物の規模(延㎡)	物件概要	評価上の取扱い	備考
4-1	83.22	ソーラーパネルは16枚屋根に設置してあるが、詳細について聴取できなかった。	債務者の記憶が曖昧、かつ、工事の概要書、契約書等の提示も受けられなかった。またソーラーパネルの販売業者への連絡が取れない状況で、所有権の帰属も不明であったので評価から除外した。	
4-2	161	一般住宅の屋根にソーラーパネルが付着、それ以外の機器は大地置き。発電した電力については自家用以外に売電しているとのことであった。 ソーラーパネルが屋根付着であったこと、購入・設置や売電等にかかる書面はいずれも入手できなかったこと、関係人等からの聴取は限界があったことから太陽光発電システムについての詳細は不明。 太陽光発電システムについては、建物所有者がクレジット購入し設置したものとのことであったが支払を完済していない状況にあるとのことであった。	太陽光発電システムの付着について、購入・設置等費用は建物再調達原価に含むものとして建物再調達原価を付着なしの場合に比して高く査定し、経年減価等の減価修正も同様に一体として行った。他方、本件はクレジット支払が完済していない状況にあり費用償還請求権行使の可能性があったことから、評価額の判定において建物価格に対する市場性修正(減価)を行った。	本件について、詳細が把握できなかったため、太陽光発電システムの再調達原価(一般家庭で採用されることが多い標準的なものとして4.0kWの当該システムを想定、補助金を考慮)と法定耐用年数をもとに現在価値(設置後約9年目とした)を独自に計算し、これを参考としつつ合理的な範囲で評価に反映するよう努めた。
4-3	94	平家建住宅の屋根に取り外し可能な集熱用のパネル(朝日ソーラー、SOLARE21)があり、建物内にエコキュートがある電化住宅。空き家で長期間使用しておらずソーラーシステムが稼働するか否か不詳。当該ソーラーシステムにはローン残債がある。	取り外し可能な設備のため、ローン残債の債権者が撤去する場合があるので、目的外として評価には含めなかった。 (都市部から遠く離れた農家集落内にあり、債権者がわざわざ来て撤去することは、費用対効果から現実的でなく、長期に渡り放置された状態からも裏付けられる。当初は建物の従物として価格0円と考えた。しかし、合法的に撤去される可能性は否定できず、評価の対象から外した。)	調査時点では相続人不存在で、かつ裁判所は販売業者等に対する調査は行わないとのことで、システムの所有者は明確でなかった。(筆者注) 本実例は太陽熱利用システムに関するものであるが、太陽光発電システムに類似するものとして、提供いただいた。

(2) 目的土地に太陽光発電システムが設置されている場合の評価実例
　㋑　目的土地所有者が太陽光発電システムを所有している場合

実例については、下記【表7】を参照されたい。
実例5－1は筆者が担当した実例で、工場抵当法との関連を検討する必要があるが、これについては後述する。

【表7】　目的土地所有者が太陽光発電システムを所有している場合

実例No.	目的土地の規模(m²)	物件概要	評価上の取扱い	備考
5－1	4,731	市街化区域はずれの雑種地が目的物件で、土地上には太陽光発電システムが設置されていた。ソーラーパネルは簡易な架台に据え付けられたもので、そのほかに高圧受電設備等が存する。ソーラーパネルの枚数は1,045枚（100枚×10列＋45枚×1列）。調査時においては、太陽光発電システムは稼働しておらず、可動性は不明。執行官は、土地への固着の状況等を踏まえ、太陽光発電システム全体を目的外動産と認定。	執行官の認定に基づき土地のみを評価。ソーラーパネルの存在により需要者が限定されるので、市場性修正で減価したが、実際には他の太陽光発電事業者が目的土地と太陽光発電システム一体での事業採算性を検討して買受けを検討する可能性が高いと思われた。	太陽光発電事業者が破綻し、当該事業者所有の土地が競売となった事案である。破綻した太陽光発電事業者が目的土地を購入する際に根抵当権が設定されているが、太陽光発電システムの設置は、その後相当の時間が経ってからであった。

　㋺　太陽光発電システムの所有者が目的土地所有者以外の第三者である場合

実例については、下記【表8】を参照されたい。
実例6－1は、「土地賃借権付き太陽光発電設備」として販売されたが、販売事業者の破綻により、当該設備が設置された土地が競売になったケースと思われる。当該賃借権については、登記がなされていなければ当該設備の所有者らは賃借権を買受人に対抗できないことになる。当該設備所有者の保護のあり方などさまざまな論点を含む実例である。

【表8】　太陽光発電システムの所有者が目的土地所有者以外の第三者である場合

実例No.	目的土地の規模(m²)	物件概要	評価上の取扱い	備考
6－1	3,898	畑に囲まれた平坦な雑木林地を開発して、土地所有者がソーラーパネルを設置して、土地賃借権付き太陽光発電設備10区画分を分譲した。	執行官の懸命な調査にもかかわらず、太陽光設備の販売状況・所有関係・土地の賃貸借については一部を除き明らかにならなかった。評価人としては、地上の工作物は目的物件外であるとして、山林価格に土地造成価格を加算した価格を基礎に評価額を求めた。地代収入について相当額が期待されるが収入内訳、土地賃借権等が具体的にならないので、評価上は考慮せず、保守的にならざるを得なかった。	

5 競売評価における太陽光発電システムの取扱い（整理）

ここまで、前記3で太陽光発電システムに関する評価事務研究会単位での取扱いについて、また前記4で具体的な評価実例についてみてきたが、これらをもとに、以下では法的観点を含めた筆者なりの整理を行いたい。

なお、以下の整理は、先行文献である「担保不動産競売におけるソーラーパネルの取扱いについて」（日向輝彦「KBネット第12号」32頁）、および平成29年10月に福島地方裁判所郡山支部で開催された意見交換会（注7）、（以下、「郡山支部意見交換会」という）での議論を踏まえたものであるが、意見に関する部分については私見であることにご留意いただきたい。

(1) 住宅用太陽光発電システムの取扱い

住宅用太陽光発電システムには屋根一体型と屋根置き型があるが、屋根一体型は屋根材の中に当初からソーラーパネル（太陽電池セルの集合体）が組み込まれているものであり、建物の構成部分と考えられる。したがって、建物に設定された抵当権が実行される場合には、建物の一部として当然に評価対象になると思われるので、以下では屋根置き型について整理する。

(イ) 目的建物所有者が太陽光発電システムを所有している場合

屋根置き型は、建物建築と同時または建物建築の後に、建物本体とは別にソーラーパネルが屋根に据え付けられたものである。

屋根置き型については、建物への付着の程度が強固で付合（民法242条）に該当する場合と、付合までは至っていないが継続的に建物の経済的効用に寄与するものとして従物（民法87条）に該当する場合が考えられるが、建物所有者と太陽光発電システムの所有者が同じであれば、いずれの場合でも付加一体物（民法370条）として抵当権の効力が及び、基本的に評価対象になると考えられる。一般に、付合物や従物については付着した時期を問わず抵当権の効力が及ぶものとされているから、太陽光発電システムについても設置の時期を問わないものと思われる。

評価事務研究会の取扱いおよび評価実例でも、おおむねこのように取り扱われている。なお、付合に該当するのか従物に該当するのかの区別は、実際には判然としない場合も多く、建物所有者と太陽光発電システムの所有者が同じ場合には区別する実益も少ないと思われる。

しかし、強いて区分するとすれば、たとえば、ソーラーパネルが傾斜のある屋根に据え付けられている場合には、安全面から固着の程度は強固であると推定できるから付合に該当し、逆にソーラーパネルが陸屋根に設置され簡易な架台に据え付けられているだけの場合には従物に該当するに過ぎないかもしれない。また、オール電化住宅のように建築当初から太陽光発電システムが建物の主要な設備として設計されている住宅においては付合に該当し、逆に太陽光発電システムが建物の他の設備群から独立して機能している場合には従物に該当するに過ぎないかもしれない。

ところで、一部の評価事務研究会では、屋根設置の太陽光発電システムを基本的に目的外動産として取り扱っている。競売評価実務においては、たとえば従物として扱うことが可能な土地上に置かれた簡易物置等について、売却までに持ち去られてしまうリスク等を勘案して目的外動産として取り扱う例は多い。しかし、屋根設置の太陽光発電システムは、程度の差こそあれ建物への付着性が強いことから、付合物または従物として評価対象とすることが自然であるように感じる。

(ロ) 太陽光発電システムに販売会社による所有権留保が付されている場合

評価事務研究会および評価実例の取扱いは、所有権留保が付されていることが判明した場合には、評価の対象としない例が多いものの、一部の評価事務研究会では評価対象としたうえで、所有者による回収可能性等を考慮し市場性修正でリスク減価を行う取扱いとしている。評価の対象とする考え方は、所有権留保はローン完済により消滅するものであること、また現実としても太陽光発電システムが回収さ

れる可能性は低いこと等を考慮しているものと思われる。

　法的観点から検討すると、まず、付合に関する民法242条は、「不動産の所有者は、その不動産に従として付合した物の所有権を取得する。ただし、権原によってその物を附属させた他人の権利を妨げない。」と規定している。同条ただし書の"権原"が何を意味するかはやや漠然としているが、太陽光発電システムが付合にあたりそうな場合でも、同条ただし書により抵当権の効力が及ばないことがあり得ることは指摘しておかなければならない。

　また、従物については、従物となるためには主物と同一所有者でなければならない（民法87条1項）から、太陽光発電システムの所有者が異なれば従物に該当せず、抵当権の効力は及ばないこととなる。

　先に述べたように実際には付合に該当するのか従物に該当するに過ぎないのかの判別は難しい場合も多いと予想されるので、いずれに転んでも取扱いに違いが生じないようにしておいた方が実務上の混乱は少ない。以上を踏まえれば、太陽光発電システムに所有権留保が付されている場合には、評価の対象としない取扱いが実務には馴染みやすいのではないかと思われる。

(ハ) 太陽光発電システムの所有者が目的建物所有者以外の第三者である場合（所有権留保を除く）

　ケースとしてはあまり多くないかもしれないが、評価実例3－1のような事案は現実に発生し得るし、実例3－2のような「屋根貸し」に関連する事案は今後増加することも考えられる。

　競売評価における取扱いは、所有権留保が付されている場合と同様でよいと考えられるが、所有権留保のようにローン完済後にシステムの所有権が建物所有者に帰属することを前提とするものではないから、所有権留保の場合以上に評価の対象としない取扱いが基本になるものと考えられる。

(ニ) 太陽光発電システムの所有者が明確でない場合

　太陽光発電システムが目的建物に存在するにもかかわらず、目的建物が空き家である場合や、関係者から納得のいく情報提供が得られない場合などに、調査の限界からシステムの所有者が明らかにならないケースは十分に起こり得る。

　所有者が明確でなければ、目的建物と太陽光発電システムの所有者が異なる可能性があり得るので、上記(ロ)・(ハ)に準じて評価の対象としない取扱いの方が安全ではないかと思われる。

(2) 住宅用太陽光発電システムの評価書への記載等

(イ) 評価書への記載のあり方

　評価事務研究会単位での取扱いや評価実例を概観すると、一部に太陽光発電システムについては評価上どのように取り扱ったかについて評価書に積極的に記載しない例も見受けられる。確かに、評価対象とすべきか否か判断が難しい場合もあるし、明示的表現を避けた方が混乱が少ない場合も考えられるので、このようなスタンスは理解できないわけではない。

　しかし、太陽光発電システムが競売手続上どのように取り扱われるのかは、住宅物件の買受希望者にとって大きな関心事項であると思われるので、取扱いを曖昧なまま評価書を提出することは競売評価に対する今日的要請に応えていないことになるのではないかと思われる。

　したがって、少なくとも太陽光発電システムを評価対象としたのか否かについては評価書に明確に記載すべきと考える。

　この点については、郡山支部意見交換会でも、裁判所から「太陽光発電システムをどのように評価したのか、評価額算定の過程において明確に記載してほしい。建物に付合せず、売却対象外となる場合でも評価に含まれていない趣旨を建物の概況および利用状況欄等に明示してほしい」と要請されている。

　なお、評価対象としなかった場合には、太陽光発電システムは競売により売却されないことになるので、買受人がシステムを利用するに際しては所有者と調整が必要になる可能性があることや、システムが取り外されるリスクもあること等を評価書に記載する必要があろう。

(ロ) 価格算定のあり方

太陽光発電システムを評価対象とする場合の価格算定のあり方については、評価人に委ねられている部分であるが、私見としては、他の一般の設備と同様に、可動性が確認できない限り控えめな評価を行う方が安全であると考える。特に、太陽光発電システムは普及してから日が浅いため、実際にどの程度の耐用年数があるのか、使用できなくなったときの処理はどのように行われるのか等、不確定要素が多いことに留意すべきである。

一方、評価対象としない場合には、所有者との調整の必要性や取り外されるリスク等に関連した市場性修正（リスク減価）を検討しなければならない場合が多いと思われる。

(3) 目的土地に太陽光発電システムが設置されている場合の若干の考察

(イ) 太陽光発電事業の担保化

土地に設置される太陽光発電システムは、メガソーラーを含む産業用太陽光発電システムがその主要なものである。

太陽光発電事業の"事業"としての担保化については、登記実務界では、工場抵当法の工場抵当（同法2条）のほか、工場財団抵当（同法8条）、占有改定（民法183条）、動産譲渡登記（動産及び債権の譲渡の対抗要件に関する民法の特例等に関する法律3条）による動産譲渡担保権の設定など多様な手法が検討されているものの、まださまざまな課題もあるようである（注8）。また、単体としては不動産に該当しない太陽光発電システムについて、債権者がどこまでを射程として担保化を検討しているのかといった債権者の意識にも配慮する必要があると思われる。したがって、太陽光発電事業の担保化については、今後、登記実務界、金融業界を巻き込んだ研究分野になっていくものと考えられる。

(ロ) 工場抵当法との関連

以上のように太陽光発電事業の担保化については、今後の制度面・実務面での進展に委ねられることになるが、土地に設置された太陽光発電システムが競売評価に直接絡む例としても実例6－1のようなものも含めてさまざまな態様があり得る。しかし、それらを広く検討することは難しいので、本稿では、競売が申し立てられた土地に土地所有者の所有に係る太陽光発電システムが設置されている場合（筆者が担当した実例5－1のケース）における工場抵当法との関連に絞って取り上げてみたい。

営業のため電気の供給の目的に使用する場所は工場抵当法上の工場とみなされる（同法1条2項）から、土地に設置された太陽光発電システムは土地とともに同法の工場に該当する可能性がある。郡山支部意見交換会では、土地上の太陽光発電システムは、その規模、設置目的、設置場所、設置状況、個人・法人の別、電力会社との契約内容、抵当権設定のタイミング等によっては、発電所として同法の工場に該当する場合があり、典型的なメガソーラーなどはその可能性が高いことが指摘されている。

工場担当法2条は工場に係る抵当権について効力の及ぶ範囲を民法370条の付加一体物よりも拡大し、機械・器具等の工場供用物件にも及ぶものとしているのであるが、工場に関する競売評価実務の取扱いは、同法3条の目録に記載のない工場供用物件についても抵当権の効力が及ぶものとされている（注9）から、太陽光発電システムが工場に該当すると判断される場合には、同システムについても土地とともに評価対象となる場合が生じ得る。ただし、具体的にどのような場合が工場に該当するのかについては、実務の蓄積を待つほかはない。

なお、実例5－1は、外形上工場に該当する可能性がある事案ではあったが、太陽光発電システムの設置が抵当権の設定に相当遅れ、抵当権設定時においては目的土地は工場に属していなかったと認められること、太陽光発電システムの土地への固着の状態が非常に簡易であったこと等から、普通抵当権の工場抵当権への転化を認めず、動産として取り扱った事案であった。

6 おわりに

競売評価における太陽光発電システムの取扱いは今日的課題であるところ、本稿では住宅用太陽光発電システムについては大方のケースを検討できたと思われるが、太陽光発電システムが土地に設置され

ている場合については、その一端に触れたのみであり、未検討事項が多く残されている。

　また、本稿は、全国の評価事務研究会およびその所属の評価人候補者からの実例提供等によって書き終えることができたが、紙面の都合等によりすべての提供資料を掲載することはできなかった。ご協力をいただいたすべての皆様にこの場を借りて心から感謝を申し上げる。

　本稿の記述や解釈についてぜひ読者の皆様からのご意見等をいただきたい。本稿が執行官の皆様をはじめ、このテーマに関心を持つ方々の実務的検討の中継点になれば幸いである。

（さとう　えいいち）

(注1)　"太陽光発電設備"ともいうが、ソーラーパネルをはじめとする各種の関連機等が有機的に結合して外部送電線網に接続する系統連系型システムであるので、本稿では"太陽光発電システム"の用語を使用する。

(注2)　平成24年7月施行の「電気事業者による再生可能エネルギー電気の調達に関する特別措置法」に基づく固定価格買取制度（Feed-in Tariff制度）のことで「FIT制度」と略される。

(注3)　平成24年度に住宅用42円/kWh（税込）、産業用40円/kWh（税別）であった調達価格は、平成29年度には住宅用28円/kWhまたは30円/kWh（税込）、産業用21円/kWh（税別）まで下がっている。

(注4)　機器等の説明については、一般社団法人太陽光発電協会ホームページの記述（http://www.jpea.gr.jp/knowledge/mechanism/index.html）等を参考にした。

(注5)　椿ゴルフホームページには、ゴルフ場跡地がメガソーラー発電所等に転用された事例が多数掲載されている（http://www.mmjp.or.jp/tubaki-golf/newsfail/a-sonotanew2-1.html）。

(注6)　再生可能エネルギーの一つで、太陽の熱を使って温水や温風を作り、給湯や冷暖房に利用するシステム。国内で最も普及しているのは、戸建住宅用太陽熱温水器だが、ホテル、病院、福祉施設など業務用建物でも使用されている。資源エネルギー庁ホームページ（http://www.enecho.meti.go.jp/category/saving_and_new/attaka_eco/system/index.html）参照。

(注7)　福島地方裁判所郡山支部・会津若松支部合同の意見交換会で、管内の裁判官・書記官・執行官・評価人候補者が参加し、競売評価における太陽光発電システムの取扱いについても議論した。

(注8)　詳しくは鈴木龍介＝小野絵里「太陽光発電事業と登記実務～担保を中心として～」月刊登記情報621号33頁。

(注9)　司法協会『不動産執行事件等における物件明細書の作成に関する研究』301頁。

〔その他の参考文献〕
・内田貴『民法Ⅰ〔第4版〕総則・物権総論』・『民法Ⅲ〔第3版〕債権総論・担保物権』。
・東京工業大学AESセンター監修『中規模・大規模太陽光発電システム』。
・谷澤総合鑑定所編著『事業用不動産等のマーケット分析と評価』。

論説・解説

口述動産等執行講義
——大阪地方裁判所の事例を中心として——

大阪地方裁判所執行官　櫻井　俊之

●目　次●

1　はじめに　86
2　紛争解決のために　87
　(1)　紛争解決機関としての裁判所　87
　(2)　公平の観点　87
　(3)　適正手続　88
　(4)　手続関与の機会の確保と執行手続　88
3　動産執行（法122条〜、規99条〜）　88
　(1)　動産執行の申立て（規21条）　88
　(2)　相手方の占有　88
　(3)　立会人（法7条）　89
　(4)　第三者の所有・管理する執行場所　89
　(5)　執行時間における配慮（法8条）　89
　(6)　執行不能　89
　(7)　差押え　89
　(8)　競り売り　90
4　明渡（引渡）執行　90
　(1)　総　論　90
　　〔図1〕　明渡（引渡）執行の流れ　90
　　〔図2〕　法168条1項の占有移転　91
　(2)　建物明渡（引渡）し　94
　　〈記載例1〉　未登記建物の場合　94
　　〈記載例2〉　登記上の床面積と現況床面積が異なる場合　95
　(3)　土地明渡（引渡）し　95
　〈記載例3〉　土地の一部の明渡しの場合　95
　〈記載例4〉　登記地積と現況地積が異なる場合　95
　(4)　建物収去土地明渡し　96
　　〔図3〕　建物収去土地明渡執行の流れ　97
5　不動産引渡事件の申立て等で問題となった事案　97
　〈記載例5〉　駐車場の明渡し（土地の場合）　98
　〈記載例6〉　駐車場の明渡し（立体駐車場の場合）　99
6　保全執行（民保43条）　99
　(1)　申立て　99
　(2)　仮処分（民保23条）　99
　(3)　仮差押え（民保20条）　99
　(4)　点　検　99
　(5)　事件終了　99
7　自動車執行（仮処分、動産差押え（軽自動車、自動二輪車）を含む）　100
　(1)　申立て　100
　(2)　放置自動車の取扱い　101
8　最後に　102
　【書式】　民事執行申立書　103
　〔資料〕　不動産明渡・引渡執行の手順　104

本稿は大阪地方裁判所における司法修習生、若手書記官に対する強制執行の講義や、弁護士会で行った講演を加筆補正してまとめたものです。なお、本稿では民事執行法を「法」、民事執行規則を「規」、民事執行法施行令を「民執令」といいます（注1）。

1　はじめに

訴訟は「観念」の世界であり、執行は「現実」の世界であると中野貞一郎教授はその著書（注2）で書いておられます。このことから「強制執行によっ

て権利状態なり事実状態の変動が現実に生ずる」と説明されています。すなわち執行とは観念を現実化することであり、観念のみで権利の対象を五感の作用で認識できない（目に見えないなど）ものは執行することができないのです。

訴訟においては、権利は事実を通してその存在が認められ、その権利に直結する事実（主張事実）に該当する具体的な事実についての主張・立証がなされ、権利の有無が判断されます。訴訟物たる権利は「観念」ですから、目には見えません。目に見えないものは目に見える形にしなければ権利が実現せず、紛争も終局的に解決しないことになります。

また観念である権利と現実（現況）が一致しなければ、相手方は納得せず、新たな紛争を惹起する可能性があります。訴訟段階から権利の内容がイメージできるようにしておくと、相手方も防御の対象が明確になり、訴訟の進行が容易になります。そのために権利の内容を具体的かつ明確にしておく必要があるのです。

執行官は債務名義を唯一の拠り所として執行に臨みます。債務名義以外の資料は原則として執行の根拠にはなりません。そのため債務名義に現場の情報が盛り込まれていることが必要になります。この点は下記4、5で具体的に解説します。

執行官が行う主な手続は裁判所法62条3項、執行官法1条1号および2号に規定があります。主なものは、

① 動産執行（法122条～142条）
② 明渡（引渡）執行（法168条）
③ 不動産の保全執行（民保43条）
④ 送達（民訴99条1項）
⑤ 現況調査（法57条）
⑥ 担保不動産収益執行における管理人に選任された場合の事務（法188条、95条等）
⑦ 競売における売却の実施（法64条3項・65条）

の7つで、大阪地裁の動産執行官室では主に①から④までを、執行センターでは主に⑤から⑦までを行っています。

本稿では主として①から④までにおける大阪地裁の取扱いを説明します。

2 紛争解決のために

(1) 紛争解決機関としての裁判所

民事訴訟の目的は紛争解決だといわれています。紛争解決とは何かについてはそれぞれのお考えがあると思われますが、権利の実現が紛争解決のゴールであることには異論はありません。ただ筆者は権利の実現だけではなく、ある程度事件終了後の当事者の生活まで視野に入れて考えることも紛争解決に資するのではないかという気がいたします。

執行官は日々明渡執行の現場で、相手方（債務者）の事件終了後の生活を考えざるを得ない場面に直面しています。もちろん相手方の対応次第ではアドバイスできないこともありますので、債権者の権利の実現のみに終わってしまう場合もあります。

その一方で、現場で相手方から「ここを出て行ったら、どうやって生活したらいいのでしょうか」と問われることがあります。相手方に転居困難な事情があるときは、執行官は相手方を市役所の福祉窓口へ案内するなどして、できる範囲で転居後の相談に応じて実質的な紛争解決を図っています。これは目的物件を事故物件にしないために必要なことでもあります。

明渡執行手続とは、相手方にとっては現在の生活をいったんリセットして、新たな第一歩を踏み出す手続ともいえるわけです。理想論になるかもしれませんが、最後まで実質的な紛争解決に取り組む価値はあると思われます。

(2) 公平の観点

ではこのような「紛争解決」のために必要な視点とは何でしょうか。それは相手方の利益も視野に入れて考えるという公平の観点だと思います。執行手続ですから判決に記載された内容を実現することで間違いはないのですが、相手方（債務者）の利益も考える必要があると思うのです。そのことは民事執行規則100条に「債務者の利益を考慮」と規定されていることにも表れていると思います。ただ執行官としては実に困る規定で、筆者も債権者の利益と債

務者の利益を現場でどう調整したらいいのだろうと迷うことがあります。

他の規定をひも解くと、動産差押えは民事執行法123条1項に規定がありますが、その一方で無剰余（後述3(6)ﾊ)）にあたる場合は差押えを取り消さなければならないとされています（法129条2項）。また動産であればすべて差押えができるわけではなく生活必需品等は差押えが禁止されています（法131条）。

さらに強制執行の際には執行官に立入権が認められています（法57条2項・123条2項・168条4項）が、債権者には立入権が認められているわけではありません。したがって執行場所が債権者の持ち家だったとしても、債権者が当然のように執行官と一緒に付いて執行場所に立ち入ることはできません。目的建物は相手方のプライバシー空間のため、それを保護しなくてはならないからです。

(3) 適正手続

公平の観点から相手方の利益を視野に入れるといっても、手続的に利益が保障されていないのでは何にもなりません。執行現場ではトラブルが想定されますので、相手方に出会わない場合は、住居の平穏を保護し、職務執行の適正を保障するため、市町村の職員、警察官など証人として相当と認められる者が立ち会う必要があります（法7条）。

また、人の住居については執行できる時間帯が午前7時から午後7時までのため、それ以外の時間帯では住居の平穏を害することから、執行することは原則として禁止されています。そのため午後7時から午前7時までの間に執行する場合には執行裁判所の許可が必要です（法8条1項）。

(4) 手続関与の機会の確保と執行手続

執行手続は原則として確定判決等の債務名義に基づいて行われます。判決が相手方に届いていなければ執行手続はできません。それは、自分にどのような義務があるか確認していないのに、強制的に履行を迫ることはできないからです。そのため執行を開始するには債務名義の送達が要件とされています（法29条）。

ちなみに送達は、受送達者に対し、住所地において、交付することが原則ではありますが、受送達者本人が内容を了知するまでの必要はなく、文書内容について了知可能性があれば足りるとされています。そのためには受送達者の支配領域内に送達書類を届ければ足ります。そこで補充送達、書留郵便に付する送達等の送達方法が認められているのです。

それに対して迅速性の要請のより強い保全手続では相手方への送達を待ってからでは、不送達になったときに保全決定の執行期間2週間を経過してしまいます。そこで保全執行については送達前に執行することを可能としています（民保43条3項、法55条9項）。

とはいえ、公正と迅速（民訴2条）を両立させるのはなかなか困難であろうかと思います。公正に判断するためには慎重にならざるを得ず、迅速に判断しようと思うと、慎重さが犠牲になることがあるからです。しかし困難だからといってあきらめることはできません。公正も迅速も手続の利用者が求めるものである以上、その実現に向けて努力すべきものだからです。

3 動産執行（法122条〜、規99条〜）

(1) 動産執行の申立て（規21条）

動産執行申立書については、大阪地裁では債権者、債務者ごとに各別に申立てが必要です。たとえば債権者X、Yが債務者A、Bに対してそれぞれ動産執行を申し立てる場合はX→A、Y→A、X→B、Y→Bの4件を個別に申し立てていただく必要があります。執行申立書（動産・明渡引渡・保全共通）の最新の書式については本稿末尾掲載のとおりです。

執行申立費用は現金で予納していただき、印紙や郵券は不要です。なお、執行場所の解錠を要する場合には、別途解錠費用が必要です。

執行場所は、カーナビで行けるよう地番ではなく住所地を記載してください。

(2) 相手方の占有

動産執行は原則として債務者（相手方）の占有する動産を差し押さえて行います。そこで、債務者の「占有」する動産（法123条1項）であるかどうか確

認するために占有認定が必要です。占有権の定義については民法180条に規定があり、「自己のためにする意思をもって物を所持すること」です。

執行現場における現実の占有は「外観上その動産に対して直接に支配を及ぼしている状態（所持）」をいいます。所有者が占有者を通じて占有するという間接占有は含まれませんし、自己のために占有する意思も不要とされています。したがって相手方が「他人のものを預かっている」と主張しても、外観上その動産に対して支配を及ぼしている限り、債務者の占有があることになります。

(3) 立会人（法7条）

執行官が人の住居に立ち入って職務を執行する場合に、そこで債務者または同居者らに出会わないときは、警察官、市町村職員等証人として相当と認められる人の立会いが必要となります。住居の平穏を害して人の住居に立ち入る場合の職務執行の適正を確保する趣旨です。

(4) 第三者の所有・管理する執行場所

第三者が所有・管理する場所は第三者の支配するプライバシー空間ですから、執行官は第三者の承諾がないと立ち入ることができません。そこでそのような第三者支配地については事前に承諾を得られるか、立入りが可能かを申立人側で調べておく必要があります。

(5) 執行時間における配慮（法8条）

午後7時から翌午前7時までの時間帯に人の住居に立ち入って職務を執行するためには事前に執行裁判所の許可が必要となります。ただ許可があれば何時でも執行してよいわけではありません。許可の対象となっている場所は「住居」のため、生活の平穏を害するような態様での立入りとならないかを考える必要があります。深夜といわれる時間帯は裁判所の許可が出ないと思われますが、裁判所の許可が出たとしても、居住者が就寝した以降の住居への立入りには慎重さが要求されると思われます。

(6) 執行不能

(イ) 無剰余差押えの禁止等（法129条）

① 差押えをしようとする動産の評価額が手続費用を超える見込みがない場合は差押えができません（1項）。

② 差し押えた動産の評価額が手続費用および差押債権者の債権に優先する債権の額の合計額に満たない場合は、手続を続行しても債権者に経済的利益が発生しませんから、無剰余として差押えが取り消されます（2項）。

(ロ) 生活必需品等（法131条）

自然人の場合、生活必需品（テレビ、冷蔵庫、洗濯機、エアコン各1台など）や、営業に欠くことのできない動産は差押えが禁止されます。執行とはいえ、個人の生活を脅かすことは許されないからです。ただしこの差押禁止動産の規定は自然人のみに適用があり、法人には適用がありません。屋号を使って商売をしている人でも、自然人であれば同規定は適用されます。

(ハ) 現金（民執令1条）

自然人の場合、66万円までは差押え禁止となっていることに注意が必要です。ただ家の中で66万円以上持っている人は少ないでしょうし、そういう方が動産執行の債務者になることは少ないように思われます。自然人であれば商売を広く手掛けている人でも対象となります。自然人が複数の場所で店舗を営業していたとしても、それぞれの場所で66万円以上ないと差押えはできないとする取扱いです。

(7) 差押え

執行不能事由がないことが確認できたら、差押えを開始します。差押えの開始の前に確認しておくことは、以下の2点です。

(イ) 差押物件の買受希望者

差押えが意味をもつのは、その後の換価（財産を現金化すること）があってこそです。換価するためには、（競り）売りだけでなく買い手の存在が必要です（下記(8)(ロ)）。差し押さえた物は買い手がいるから競り売りできるのです。

差押物件の買受申出人がいない可能性があるときは、債権者が買受希望者を同道するか、債権者が自ら買うか、の選択を迫られます。

(ロ) 売却価格の調査

差押えをしたときは、作成すべき差押調書に評価額の記載をすることが必要です（規102条2項）。し

かし執行官は物件評価の専門家ではないため、差押物件の値段については適正な評価をしていただける専門家等を債権者において調査していただく必要があります。

よく宝石などの差押え鑑定を希望されることがありますが、その評価には鑑定費用がかかり、手続費用が増加します。そのため無剰余取消しとならないような換価価値のある差押物件の存在が必要となります。

　　　(ハ)　軽自動車の差押え

この手続については、下記7の「自動車執行」の手続と合わせて解説します。

　　(8)　競り売り

　　　(イ)　期　　間

差押えから売却（競り売り）期日までは1週間以上1カ月以内の期間が必要です（規114条1項）。

　　　(ロ)　買受け

買受けは現金で行います。クレジット決済や、振込などはできません。差押物件が複数存在する場合、一括して売却することが多いと思われます（規113条参照）。

　　　(ハ)　買受人不在の場合

動産を差し押さえても、買い手がいなければ競り売りできません。執行官が買い手を見つけたり、オークションにかけたりするわけではないのです。通常差押動産の買受け希望者は、地方裁判所構内（大阪地裁では執行官室右横）に掲示している動産売却公告を見て、気に入った物があれば保管場所に参集されます。現実には買い手が見つからないことも多く、その場合は債権者が買い受けることもあります。いわゆる道具屋さんが登場するのは債務者に買い戻す力（資力）がある場合が多いと思います。売れる相手がいるからこそ仕入れとして買い受けるのです。

　　　(ニ)　搬出等

買い受けた物件は、債務者の占有場所から搬出してもらうことになります。そのため競り売り期日には、動産類を梱包するための箱や、トラックなどの移動手段を準備する必要があります。

4　明渡（引渡）執行

　(1)　総　　論

　　　(イ)　はじめに

下記の〔図1〕のとおり、明渡（引渡）執行には、①申立て、②催告、③断行、④保管の4つの場面があることがわかります。この中で重要なのは③の断行です。明渡執行の実施であり、手続の基本ラインを決める基礎になります。

民事執行法168条1項は「債務者の不動産等に対する占有を解いて債権者にその占有を取得させる」と規定しています。言い換えると債務者から債権者への占有移転を行うのが明渡（引渡）手続における断行ということになります。この「占有」をベースに事件は展開します。では明渡執行の実施とはどのようなことを行うのでしょうか。占有を移転するというのはどういうことを意味するのでしょうか。

〔図1〕　明渡（引渡）執行の流れ

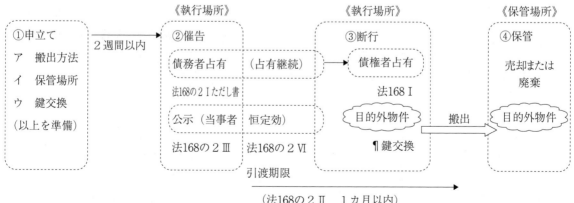

(ロ) 法168条の占有

占有については3(2)で説明しましたが、ここでは違う観点から考えてみたいと思います。占有の元となる占有権は民法上物権に分類されています。物権とは物に対する直接的排他的支配権と定義されます。直接的支配とは自由に使用するというイメージであり、排他的支配とは邪魔されずに使用するというイメージです。

明渡執行の断行の際、部屋の中に債務者の荷物が残っていては自由に使用することはできません。ですから占有権の直接性を確保するためには「不動産」内の荷物を搬出する必要があります。また相手方が戻ってくると困りますので、排他性を確保する、すなわち利用を邪魔されないようにしないと安心できません。そのためには執行場所の鍵を交換するか、相手方の鍵で開錠できないように別の鍵を設置しなければなりません。

そこで断行時には目的不動産内にある荷物を搬出して、鍵を交換する必要があるのです。以上をまとめると〔図2〕のようになります。

以上に述べたとおり、明渡執行の申立てをするときには、荷物の搬出ができるかどうか、鍵の解錠・鍵の交換を手配できるかを考えておく必要があります。さらに残置動産を保管する場合に保管場所も必要となりますが、そのことは後で述べます。

(ハ) 申立て

申立書に記載する事項は民事執行規則21条に規定されています。執行申立書（動産、引渡、保全共通）は本稿末尾に掲載しています。当庁における予納金には、解錠、搬出、保管に必要な費用は含まれておりません。したがって合鍵がない場合は解錠費用、自分で荷物を搬出できない場合は搬出費用、搬出後の荷物の保管場所をおもちでない場合は保管費用が予納金以外に別途必要になります。

同一所在地内に執行場所が複数所在している場合でも、債務名義が1通であれば、1通の申立書で申立てが可能です。

相手方が2名以上の場合は一人ずつ個別の申立書が必要で、予納金も個別に必要となります。明渡執行の場合は、土地と建物が両方ある場合も別々の申立書の作成をお願いしています。したがって相手方が2名、土地建物がある場合は申立書が4通必要ということになります。

なお、不動産引渡命令に基づく引渡執行は、土地と建物が対象のときでも、申立書は1通で結構です。ただし執行現場を事前に確認するため、現況調査報告書の写し（写真含む）の添付をお願いしています。

(ニ) 物件の特定

不動産明渡（引渡）執行においては、引渡しの対象となる不動産が特定されることが必要です。そのため通常債務名義の物件目録には、表示登記に準拠した記載が行われています。土地であれば、①所在、②地番、③地目、④地積、また建物であれば①所在、②家屋番号、③種類、④構造、⑤（各階）床面積を記載する必要があります。物件目録記載のデータと法務局備付けの地積測量図、各階平面図（建物図面）のデータが一致すれば、物件目録と上記2図面の情報がリンクするので各図面を参考に現場の確認を行ったうえ、執行に着手することができます。ちなみに公図はおおよその位置関係は判別できますが、土地の特定にはあまり役立ちません。そのため土地の場合地積測量図がないと土地の形状が不明ですので、地番が現場に表示されていない以上（現実に表示されていることはまずありませんが……）、現場と物件目録記載の土地が同一か確認で

〔図2〕 法168条1項の占有移転

```
「債務者の不動産等に対する占有を解いて
 債権者にその占有を取得させる」（法168条1項） 　債務者から債権者への占有移転

「占有」権 → 物権 ─┬─ 直接的支配（自由に利用） → 荷物の搬出
                    └─ 排他的支配（邪魔されずに使用） → 鍵交換
```

きません。そこで土地の場合は物件目録に図面の添付が必要ということになるのです。

建物は部屋番号と部屋番号表示で特定できることが多いので、表札のない連棟式建物の一室、駐車区画の特定などの事情がなければ、原則として図面は不要です。

　　㈭　催告（法168条の2）

　(A)　催告とは

明渡（引渡）執行の実施（断行）に先立ち任意の履行を促すこと（**注3**）です。催告の日は民事執行規則154条の3第1項で申立てから2週間以内と定められており、執行官と債権者とで日程を打ち合わせて決めています。

　(B)　占有認定

催告日では最初に債務者が占有しているかを確認します。「占有」とは前記「3動産執行」において述べたこととほぼ同様ですが、建物等の不動産に対する占有と動産に対する占有は態様が異なります。動産に対する占有は物を所持することですが、不動産に対する占有は居住または利用している事実を元に認定します。債務者が占有していないときは催告ができません（法168条の2第1項ただし書）ので、債務者が占有しているかどうかの認定は重要です。

では占有認定はどのように行うのでしょうか。一般的には郵便受けや表札の表示、債務者宛の郵便物、電気料金の検針票、近隣者の説明などで占有を確認しています。集合住宅であれば管理人、管理会社担当者、管理組合理事等の説明でも占有が認定できます。

相手方以外の人と出会ったときには、独立の占有者であるかどうかを検討します。独立の占有者というためには占有権原（賃貸借など）が債務者に従属していないことが必要です。債務者と同居しており、債務者の荷物などが部屋に置かれている場合などは債務者の占有（なお、法168条の2第1項ただし書参照）が認められ、同居者は債務者の占有を補助する者（いわゆる占有補助者）にすぎない場合が多いでしょう。

相手方と出会わないときは、執行官は解錠して執行場所内に立ち入ることができます（法168条4項）。その場合は解錠業者の手配が必要です。執行場所が住居の場合、解錠または合鍵による開錠立ち入りの際には、当事者と利害関係のない立会人が必要です（法7条）。

なお催告日以前に債務者に無断で建物の鍵を交換してしまうと、債務者が建物を利用できないため債務者の占有が認められず、明渡催告をすることができません。くれぐれもそのようなことがないようご注意ください。

　(C)　債務者の占有継続──債権者が断行日までにしてはいけないこと

債務者の占有が認定されると、その占有は断行時まで継続されることが必要です。断行時に債務者の占有を解くからです。そのため断行時までは執行場所は債務者のプライバシー空間ということになり、その占有およびプライバシーを侵害することは許されません。そこで、催告時に執行場所に出入りする扉の鍵を交換したり、残置動産の量を確認する等を理由に写真撮影することもできないのです。オートロックマンション出入口の開錠のための暗証番号を変更することもできません。執行場所が無施錠のときは施錠しておかないと治安上問題になることもありますが、債務者が無施錠で外出している場合もありますので、無施錠のままにしておきます。催告日から断行日に債務者の占有を解く（債務者の占有から債権者の占有に移転する）まで、債権者には忍耐が求められます。

　(D)　引渡期限（法168条の2第2項）

債権者は、催告の日から1ヵ月の期間内は債務者だけでなく催告後に占有を開始した者に対しても引渡しの強制執行を行うことができます（当事者恒定効）。この期間を引渡期限といいます。これは催告後に占有者が替わっても、債務名義に新たに承継執行文を必要としないで明渡執行をすることができる（同条6項）、という意味です。明渡しの断行日は引渡期限の何日か前の日を打ち合わせて決定し、催告日に債務者に告知します。だいたい催告日から3ないし4週間先の日を決めることが多いと思われます。

引渡期限は執行裁判所の許可を得て延長すること

が可能ですが、大阪地裁では原則として、①債権者の同意書、②転居先の賃貸借契約書、③引越業者の見積書の3点セットの提出があったときに延長許可申請を行っています。

(ホ) 公示（法168条の2第3項）

債務者の占有が認定できると、執行場所内に公示書を貼付します（法168条の2第3項）。実務では公示書を貼付すると同時に、断行日、目的外物件の取扱い、執行官および債権者の連絡先などを相手方に通知し、またはそれらが記載された催告書を交付したり、執行場所内に差し置くなどしています。

(ヘ) 断行（法168条）

(A) 占有認定

不動産の明渡（引渡）しを行った日を「断行日」といいます（規154条の2第3項）。断行は「債務者の占有」を解くことからスタートします（法168条1項）ので、断行手続の最初に再度「債務者の占有」を認定します（なお、前述(ハ)(B)参照）。

(B) 搬出および鍵交換

前記4(1)(ロ)で述べたように占有を債権者が取得するためには、荷物の搬出と鍵交換が必要です。この2つの作業は執行官が直接行うわけではありません。執行官の職務は法律上債務者から債権者に引渡しをすることに尽き、搬出や鍵交換は債権者の負担で行います。債権者自身での搬出および鍵交換が困難なときは、執行官室にご相談ください（費用は別途必要となります）。

他の地裁では解錠・搬出・保管費用等を予納してもらっている例がありますので、管轄裁判所の執行官室にお問い合わせください。

(C) 残置動産の取扱い

明渡執行の際に生じた残置動産は、明渡執行の目的である占有移転ではないことから、目的外物件として取り扱われます。その物に対する動産執行（差押え）の申立て（その場合は明渡執行申立てと同時に申立てがされることがほとんどです）があれば、執行場所内の動産を差し押さえて競り売りすることになります。

目的外物件について差押え・競り売りをしない場合は債務者に引渡しをしなければなりません（法168条5項前段）。そこで断行当日に債務者が立ち会っていた場合は、残置動産を引き取ってもらうことになります。しかし現実には債務者が断行時に立ち会うことは少なく、「引き渡すことができない」（法168条5項後段）ことが多いと思われます。

目的外物件を債務者に引き渡すことができない場合、保管するのが原則となります（法168条6項）。保管場所は「目的物でない動産（以下、「目的外動産」といいます）を取り除いて」（法168条5項）、執行場所から搬出するため、保管場所は執行場所以外の場所でということになります。したがって執行現場において目的外動産を保管する（言い換えると荷物を残したままの状態）いわゆる現場保管は、目的外動産を取り除いて、債務者の占有を解いたことにならないので、原則として認められないことになります。

(ト) 保管後の目的外動産の取扱い

目的外動産を保管するときは、保管期限、保管者、保管費用、保管期限後の処分方法を定めて相手方に告知、またはこれらを記載した文書を相手方に送付します。保管期限経過後の目的外動産は売却するのが原則とされています（法168条5項後段）。この場合、売却代金と保管費用と相殺することもあります。

ただし、保管するのは、断行時において債務者に引渡しをすることができる見込みがあるからで、保管しても引き渡すことができないとわかっている場合は保管しても意味がありません。そこで、そのような場合は即日売却といって、断行と同時に売却することが行われます（規154条の2第3項）。また同項は断行日から1週間未満の日を売却日と指定することができると定めており、これを近接日売却といって、即時に売却が困難な事情等があるときに行われています。

保管しても売却するまでの価値がない場合は廃棄することがあります。目的外動産を廃棄する場合は廃棄物処理法に従った収集・運搬・廃棄が必要です。

今までに述べた不動産明渡・引渡執行手続についての一般的な説明をまとめると、本稿末尾掲載の

「不動産明渡・引渡執行の手順」のとおりですので参考にしてください。

　(2)　建物明渡（引渡）し

　不動産明渡・引渡執行申立てに関する一般的な説明は前述のとおりです。

　以下では、建物明渡（引渡）し固有の問題について解説します。

　　㈤　住居表示

　登記記録上の建物の「所在」だけでは場所を特定したといえません。都市部においては登記上の地番や所在は住所ではないため、カーナビや住宅地図では現場に行くことができないからです。そこで建物の住所を記載していただく必要があります。この場合は申立書の執行場所の欄に住所を記載するか、物件目録に住居表示として住所を記載します。

　　㈹　建物の特定

　目的建物が共同住宅（特に長屋）の中の1軒で、部屋番号の表示もなく、表札等も認められないという場合、執行場所を特定できないことがあります。その場合は「上記建物5戸中、東から2軒目（別紙図面のとおり）」などと記載したうえ、簡易な図面を添付して執行場所を図示すると、現場における目的建物の特定が容易になると思います。なお集合住宅で部屋番号が目的建物に表示されているときは、1棟の建物を特定後、「上記の内3階303号室約○○㎡」と記載すれば足り、原則として図面の添付は必要ありません（下記5〔事案6〕参照）。

　　㈩　登記上の面積と現況面積

　登記上の面積と現実の面積が異なっている場合は、登記上の面積と現実の面積を併記します。具体的には登記事項（不登法44条1項1号・2号・3号）である所在地、家屋番号、建物の種類、構造、床面積を書いた後、後に「（現況）」とタイトルを入れて、登記事項と同じように書いてもらえばよいと思います。登記どおりに書くのは物件を特定するためですが、加えて現況を書くのは、執行は現実に存在しているものを前提として行うものだからです。

　　㈡　占有情報（居住者、占有部分、占有態様、
　　　　物件の特徴）

　執行官は、現場で相手方からいろいろなことを言

われます。そのため事前に相手方の占有態様（残置動産（特に自動車））、事前の交渉経過、物件の特徴（修理、増築など）を知らせていただけると、段取りが整い、執行現場での話がスムーズに進みます。その他には以下の①ないし⑤の事項が考えられます。どんな小さなことでも気になることは事前に執行官に伝えて、対応をご相談いただければと思います。

①　物件の特徴……外観、出入口および施錠、鍵の形状等

②　占有部分の状況……内部の状況（荷物、ペット、放置自動車等）

③　占有態様……同居者、占有者、使用目的（店舗等）

④　占有者……障害者、転居困難者、抵抗排除（警察への援助等）

⑤　占有者の対応……賃料督促時の反応、執行申立て前の言動等

　　㈲　搬出、保管、鍵交換の段取り（執行業者等の手配参照）

　断行においては占有移転が行われますから、執行現場において荷物の搬出、鍵交換が行われます。荷物も通常の引っ越しと異なり、放置された位牌、遺骨、工業製品などの産業廃棄物がある場合も想定して、保管および廃棄ができるよう段取りを整えておく必要があります。廃棄するためには、廃棄物処理の許可または資格が必要な場合があります。申立人が排出者となる場合にもし申立人自身が処理できないときは専門業者等に依頼する必要も出てくるでしょう。

　　㈻　物件特定の具体例（物件目録の記載例）

(A)　未登記建物の場合

☞　現況どおりに所在、種類、構造、床面積を記載します。

〈記載例1〉　未登記建物の場合

所　在	大阪市北区北天満二丁目1番地
家屋番号	未登記
種　類	居宅
構　造	木造瓦葺二階建

```
床面積    1階   約90㎡
         2階   約80㎡
```

(B) 登記上の床面積と現況床面積が異なる場合
☞ 現況床面積を基準にします。

〈記載例2〉 登記上の床面積と現況床面積が異なる場合

```
所  在    大阪市北区北天満二丁目1番地
家屋番号   00番
種  類    居宅
構  造    木造瓦葺二階建
床面積    1階   80.08㎡
         2階   70.75㎡
(現況)
床面積    1階   約100㎡
         2階   約90㎡
```

(3) 土地明渡（引渡）し

(イ) 目的土地の特定（債務名義添付図面）

冒頭でも申し上げましたが、土地の明渡しで一番重要なのは範囲の特定です。現場における範囲の特定は、債務名義のみで確定できるということが基本です。土地の範囲および形状は文字情報だけでは不明なことが多く、ほとんどの場合、物件目録に添付する図面での説明が必要になります。

物件目録と一致する地積測量図があれば債務名義に図面を添付しなくても特定可能です。ただし基点から計測していない地積測量図もあるので、その場合は計測のポイントがわからないため利用することができないことが多いと思われます。

債務名義に図面が添付されていても土地の範囲が不明確のものが散見されますので、具体的な図面の書き方等については本誌14号（注4）を参考にしていただければと思います。

もっとも、図面といっても測量までは必要ではなく、検尺して見取図を作成していただければと思います。これは現場の確認を兼ねた大事な作業です。

土地明渡執行事件については、原則として図面が必要であり、法務局備付けの地積測量図等があれば例外的に図面が不要な場合があると思ってください。現場では具体的かつ明確に範囲を説明できないと執行できないのです。

(ロ) 一部の土地の明渡し

土地の一部にはそれと一致した地積測量図はありませんので、文字情報だけでは現場で目的土地の特定ができません。そのため目的土地を検尺した見取図が必要になります。

〈記載例3〉 土地の一部の明渡しの場合

```
所  在    大阪市北区北天満二丁目
地  番    1番
地  目    宅地
地  積    412.64㎡
上記のうち約56.8㎡
       （ただし別紙図面中斜線表示部分）
```

（別紙図面）

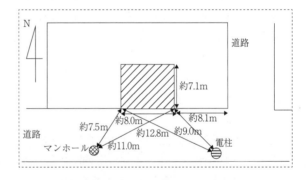

(ハ) 登記地積と現況地積が異なる場合

この場合は登記地積を記載後「(現況地積) 約○○㎡」と記載します。

〈記載例4〉 登記地積と現況地積が異なる場合

```
所  在    大阪市北区北天満二丁目
地  番    1番
地  目    宅地
地  積    412.64㎡
(現況)
地  積    約500㎡
```

注) 地積測量図と地積が異なる場合は別に目的土地を

検尺(測量ではない)した図面(見取図)が必要となります。

(4) 建物収去土地明渡し

借地等において、土地上の建物を解体して更地にする場合に行われるのが建物収去土地明渡執行です。債権者は土地所有権者であり、土地上の建物は相手方の所有になるため、債権者は自分で建物を処分することができません。そこで判決では債務者に建物の収去義務を負わせ、債務者が収去しないときは授権決定に基づき、債務者の費用で執行官が収去執行をすることになります。

この手続のポイントは土地明渡しをメインに考えるということです。このテーマについては本誌14号**(注5)** に詳しく書かれていますので、理論的なことは同論稿に譲り、ここでは手続および作業の流れを中心に解説します。

(イ) 授権決定

建物収去義務を負うのは建物所有者である債務者ですから、債務者が建物を収去しない場合は債権者が債務者の負担すべき収去費用を立て替えて債務者に代わって収去する必要があります。これを代替執行(法171条、民法414条2項)といいます。代替執行を行う場合は、まず執行裁判所で授権決定申立てを行い、授権決定が発令されたら、建物収去の申立てをします。執行の申立てについては建物収去だけでなく、土地明渡しの執行申立ても同時に行います。申立書は土地、建物それぞれ人数分必要になります。たとえばA、Bが建物共有者、Cが建物賃借人の場合は、Aの土地明渡し、建物収去、Bの土地明渡し、建物収去、Cの土地明渡し、建物退去の計6通の申立書が必要です。

(ロ) 申立て準備

申立てにあたり、申立て前に解体業者等と作業段取りの打合せをしておいたほうがよいと思います。具体的に建物を解体して更地にするのに必要な日数を確認してもらう必要があります。なぜならば建物収去土地明渡しの執行期間は1ヵ月を超えることが多く、引渡期限を延長(断行日に再公示して断行日を延期する)または伸長(あらかじめ断行日を催告から1ヵ月を超えた期間に設定する)することが必要になってくることがあるからです。催告日までは建物内に入って確認することができないので、正確な日時は確定しづらいと思いますが、おおよその期間は把握しておく必要があります。

(ハ) 臨場

建物収去土地明渡しでは、執行官は執行現場に3回以上臨場します。その3回とは催告、退去断行、収去断行です。これら以外は退去断行から収去断行にかけての解体工事の進捗状況の確認に行くことがあります。

以下では、それぞれについて解説します。

(A) 明渡催告

催告手続は前記4(1)(サ)とおおむね同様に行われます。占有認定、催告、公示書貼付、断行日告知です。公示書は土地に公示する場合と、建物内に公示する場合があります。建物および建物内部の状況を確認後、次の退去断行の1週間前までには執行官室に作業(解体)工程表、現場責任者の住所、氏名、連絡先を記載した上申書を提出してください。

(B) 退去断行

建物内の荷物の搬出から開始し、建物内の残置物を撤去した後、建物の解体に取りかかります。解体には執行官が立ち会います。また現場責任者を補助者に選任し、解体作業を行います。

(C) 収去断行

更地になった段階で収去が完了し、執行官が立ち会い確認後、収去の断行が終了します。このとき、執行場所は更地になっているのですから、住居の平穏を確保するために必要とされている立会人は不要です。

(D) 廃材の取扱い

相手方(債務者)の建物を取り壊したので、そこから出た廃材(動産)は相手方の所有になります。相手方所有の動産は廃棄できないので、処分方法として次の手続が考えられます。

(a) 建物内動産、廃材ともに換価価値がある場合

建物収去および土地明渡しの申立てとともに動産差押えの申立てを行います。建物内部の動産については催告時に差し押さえ、退去断行時に売却しま

す。廃材については収去断行時に差押えを行い、同時に売却します。廃材は保管場所における保管に適さないので、ほとんど執行場所で売却します。売却の対象となる価値のある廃材は鉄鋼がほとんどで、木材は希少な物を除いてはほとんど売却の対象になりません。なお最近はスクラップ買取価格が下落（平成28年7月現在、業者のホームページでは1kgあたり12円程度）しており、差し押さえても無剰余になる可能性が高いと思われます。

　(b)　廃材のみに換価価値がある場合

　動産差押えの申立てをした後、家財道具の差押えは不能とし、収去の断行時に廃材のみを差し押さえ、即時に売却します。

　(c)　建物内動産、廃材いずれも換価価値のない場合

　換価価値のない建物内の動産や廃材の場合は、動産申立てを行わずに、建物収去と土地明渡しの申立てを行います。

　　㈢　建物収去土地明渡しの流れ

　以上を図示すると、〔図3〕のような流れになります。

　基本的に執行官が立会いをするのは①②③の3回ですが、②と③の間は工事の進捗状況を確認する必要から現場確認に行くことがあります。

　なお工程表により、解体工事が引渡期限（1カ月）内で終了する見込みがないときは、裁判所の許可を得て、あらかじめ引渡期限を伸長しておくか、退去断行日までに引渡期限を延長する取扱いが多いと思われます。その場合は延長または伸長の上申書が必要となります。

　　㈣　退去義務者と収去義務者

　収去義務者（建物所有者）に対して建物収去土地明渡しの執行申立てを行わずに、建物占有者（退去義務者）に対してのみ建物退去の申立てをすることは可能でしょうか。大阪地裁では原則として、建物退去の断行をしても債権者に対して建物の引渡しができないことを理由に、退去義務者に対する建物収去土地明渡執行のみの申立てを認めていません（**注6**）。

　ただし、収去義務者が建物買取請求権を行使した場合は、退去義務者のみへの建物退去土地明渡しの執行申立てが可能と考えることができます。しかしこの場合も地代不払いなど債務不履行があれば建物買取請求権の行使はできませんし、借地借家法が施行された平成4年8月1日以降はまだ借地権の終了が考えられない（借地権の存続期間は30年）ため、現実には建物退去土地明渡しのみの執行申立てが可能と考える場合はあまりないように思われます。

5　不動産引渡事件の申立て等で問題となった事案

　次に、不動産引渡事件の申立て等で問題となった主な事案を紹介します。

〔事案1〕　土地の図面があり、「イロハニイの各点を結んだ範囲約〇〇㎡」と記載されているが、各点の特定がなされていないもの。

解説☞　通常、現場の土地上にイロハニの表示はされていません。またイロハニの各点の位置に

〔図3〕　建物収去土地明渡執行の流れ

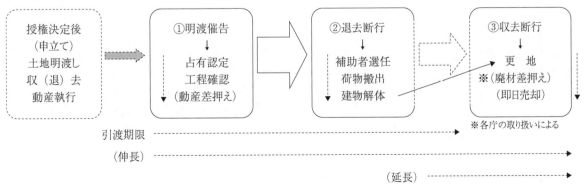

ついては固定物（マンホール、電柱など）からの測距がないので、現場で各点が特定できません。ただ測距は測量士による測量までは必要なく、申立人が行う検尺などの簡易なもので結構です（記載例3）。

〔事案2〕　土地の面積が記載されていないもの。

解説☞　「○○番」の土地の一部の建物収去土地明渡しでしたが、添付されていたのはゼンリンの住宅地図と建物図面のみでした。地積は土地の特定要素であり、これがないと目的土地が不特定となります。またゼンリンの住宅地図は個人情報および著作権が問題となる可能性があります。

〔事案3〕　建物収去土地明渡事件で、収去する建物の敷地（1階の床面積）が明け渡す土地より大きいもの。

解説☞　現実にはあり得ない（非現実は現実化できない）ことにご注意ください。

　　登記上の地積の記載があるので十分であるとの見解もありますが、執行官は債務名義のみで執行手続を行うため、物件目録上地積の記載に基づいてしか執行できず、底地をはみ出した土地については執行手続の範囲外になります。登記と現況は違うという一般常識があるとしても、登記地積のみを記載した以上、そのデータが現況であると固定して扱うのが執行実務であり、現況が大きかったからといって、物件目録の地積が現場で伸び縮みするわけではありません。

　　この事案は注意すれば発見可能ですので、訴状提出時に物件目録に不自然な箇所がないか、今一度チェックして、判決を取得していただくようお願いします。

〔事案4〕　建物が二階建てと記載されているのに、床面積を「1階及び2階合計約○○㎡」、単に「○○㎡」または「計○○㎡」と記載されているもの。

解説☞　二階建ての建物を特定するためには、1階、2階の床面積を記載するのが基本です（不動産登記規則115条は「各階ごと」として

います）。そのため「1階約○○㎡　2階約○○㎡」という表示が必要です。

〔事案5〕　物件目録で「1階○○㎡　専用庭○○㎡」とあり、図面を添付しながら、その図面に専用庭の表示のないもの。

解説☞　建物と異なり庭は土地であり、範囲の特定が困難ですので、できれば専用庭部分の図面の添付があれば特定しやすいと思います。バルコニーについては「上記物件203号室　約50㎡およびバルコニー部分」などと記載すればよいと思います。

〔事案6〕　1棟の建物の1部の明渡しの事案で、「一棟全体1階175㎡、2階87.5㎡、目的建物1階25㎡、2階12.5㎡」と記載があるが、どの部分か不明なもの。

解説☞　部屋の号室番号がないため特定できず、その他の現場の資料で占有認定ができなければ、執行不能の可能性があります。下記のような簡単な見取図でよいので、物件目録に添付してください。

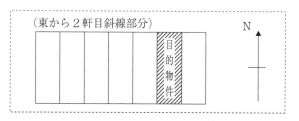

〔事案7〕　駐車場の明渡し

①　土地の場合

解説☞　駐車場の見取図を「別紙図面」として添付します。

＜記載例5＞　駐車場の明渡し（土地の場合）

```
所　在　　大阪市北区北天満二丁目
地　番　　1番
地　目　　宅地
地　積　　412.64㎡
　上記のうち別紙図面中斜線表示部分約15.0㎡
```

②　建物（立体駐車場）の場合

解説☞　駐車場見取図を「別紙図面」として添付し

ます。

〈記載例6〉 駐車場の明渡し（立体駐車場の場合）

```
所　在　　　大阪市北区北天満二丁目１番地
家屋番号　　（未登記）
種　類　　　車庫
構　造　　　鉄骨軽量造陸屋根平家建
床面積　　　100.00㎡
　上記のうち、別紙図面上段部分約15.75㎡
```

6　保全執行（民保43条）

(1)　申立て

前記２(4)でも触れたように、保全執行は債権者に保全命令が送達されてから２週間以内に行わなければなりません（民保43条２項）。そのため原則として執行文が不要であること（１項ただし書の反対解釈）、債務者に対する保全命令の送達をする前に執行してもよい（民保43条３項）とされています。債務名義は保全命令正本だけでよいのですが、同正本と保全執行申立書だけでは保全に至る事情がわからず、現場で相手方にこれまでの経過を主張されたときに対応ができないことがあります。そこで申立てと同時に保全申立書の写しの提出をお願いしています。

(2)　仮処分（民保23条）

(イ)　占有移転禁止（民保24条）

(A)　係争物仮処分

執行官に係争物の占有を移転したうえで、債務者に使用を許可する場合は、明渡執行の催告と同様に、執行場所内に公示書（パウチ加工したもの）を貼付します。その結果当事者が恒定され、本案の債務名義に基づいて係争物の引渡しの強制執行をすることができます（民保62条）。

(B)　断行仮処分

債務者から債権者に占有移転を行う仮処分命令で、不法占拠者に対する明渡しなどに利用されます。債権者に対して、本案判決で勝訴したのと同じ法的地位を与えることになることから仮の地位を定める仮処分といえます。この仮処分は明渡手続の断行と同様の手続を行います。したがって荷物の搬出・保管、鍵交換が必要になります。

(C)　占有者不特定（民保25条の２）

これは上記(A)の場合で、債務者が誰かわからない場合に利用される手続です。占有認定作業がかなりの部分を占め、占有認定後は認定した債務者の氏名を執行場所で公示書に記載して、貼付します。

(ロ)　民事執行法上の保全処分

上記以外に民事執行法上の保全処分があります。民事保全と異なり、本案を予定していない（たとえば、強制競売は債務名義に基づく）ことに特徴があります。そのため事件符号も「執ハ」ではなく「執ロ」となっています。この手続は売却のための保全処分（法55条）、買受人のための保全処分（法77条）の２種類があります。

(3)　仮差押え（民保20条）

(イ)　金銭債権に基づいて仮に差押えをする場合（民保49条１項）

執行官が行うのは「動産」の仮差押えです。差押手続の進行および考え方はほとんど動産差押えと同じです。ただし緊急換価（民保49条３項）を除いて、仮に差し押さえた後の競売手続は予定していません。

(ロ)　仮差押えした後、債務者に対して仮差押目的動産の使用許可をしない場合

保管場所、保管人を定めて執行官室に上申する必要があります。この場合、保管期間中（本案継続中）の保管費用も必要になります。

(4)　点検

保全執行は１回限りで終了しますが、当事者恒定効が認められている関係で事件は終了しません。すなわち公示の効力を維持するためには、事件が係属している必要があるわけです。そのため執行後も公示書等の点検等のために執行官が現場に臨場するときがあります。臨場して公示書が剥がされていた場合は、公示書を再公示する場合があります。

(5)　事件終了

(イ)　取下げをする場合

前述したように、保全執行が終了しても事件が完結しないので、以下の事情が生じた場合は事件の取

下げをお願いします。
① 保全事件を取り下げた後、本執行の必要がなくなったとき
② 本案が確定した後で本執行の必要がなくなったとき
　　(ロ)　取下げ後の事務
(A)　通　知
取下書の提出があったときは債務者に事件終了通知書を発送しています。
(B)　取下証明（解放実施証明）
大阪地裁執行官室では、保全部の担保取消しに必要な添付資料としての解放実施証明書は発行していません。取下証明書のみ発行しています。

7　自動車執行（仮処分、動産差押え（軽自動車、自動二輪車）を含む）

自動車の差押えについては、普通乗用自動車は不動産執行の手続を利用します（規86条）が、軽自動車は動産執行手続で差押えを行います。可動物のため、普通の動産と異なっている点があります。自動車引渡し（法169条）は普通乗用自動車および軽自動車共通です。以下では、自動車特有の申立て添付資料などについて説明します。

〈仮処分〉
仮処分決定に基づく自動車の引渡しは、「仮に引き渡せ」とあることから、いったん保管して本案終了後換価するイメージがあります。しかし現実には所有権留保に基づいて引き上げるのがほとんどであり、債権者は引上げ後2、3日で換価することが多いと思われます。そのためその後の裁判手続で車が債務者の元に返ってくることはほとんどありませんから、債務者に説明する際には通常の保全手続のように、「あなたの言い分は本案で主張してください」という説明は、あまり意味がないことになります。その意味で仮処分に基づく自動車の引渡しと、債務名義に基づく自動車の引渡しはその作業内容の差がほとんどありません。

(1)　申立て
　　(イ)　申立書等
(A)　申立費用
大阪地裁執行官室での申立て予納金は現金のみで印紙・郵券は不要です。予納金には搬出・移動・保管費用は含んでおりません。
(B)　添付目録
自動車目録は、債務名義添付の目録をコピーしてご利用ください。
(C)　執行場所
執行場所の住所を記載してください。明渡執行で述べたように住所表示が別にある場合は、地番のみでは目的地にたどり着けません。駐車場（土地）の場合は、隣接建物の住所表示を記載し、「○丁目○番○号東隣」のようにお書きください。
　　(ロ)　申立書に添付すべき書面
(A)　車検証または登録事項証明書（写し可）
車のサイズ、形式、使用者および所有者を認定する資料です。ただし車名（クラウンなど）は記載されていないので、事前に確認をお願いします。
(B)　早朝・夜間（時間外）希望のときの調査報告書・上申書
午後7時から午前7時までの間に執行するときは、裁判所の許可が必要なので、許可申請時の疎明資料として必要になります。
(C)　目的外物件の保管場所上申書
臨場時に債務者が不在で、車を引き上げる際に車内に物が置かれていた場合は、目的外物件として保管する必要があります。その場合には保管場所、保管人、連絡先をあらかじめ段取りし、その旨を上申書で連絡する必要があります。上申書には保管場所、保管責任者（個人の担当者）、連絡先（電話番号）の記載をお願いします。その後の債務者の引き取りに対応するため、保管責任者は執行現場に立ち会い、保管物の内容等を確認しておく必要があります。
(D)　車の解錠業者・レッカー（牽引）車の手配
車検証、自賠責保険証書などの占有認定資料および保管すべき目的外物件を確認するために自動車を開錠し、レッカー車の停めてある所まで自走する場

合は合鍵を作成する必要があり、そのため解錠業者の手配が必要です。また車の搬送は原則としてレッカー車で行うため、レッカー車の手配も必要になり、これらの費用は実費になります。

> 〈登録事項証明書〉
> 相手方の占有を確認するには、登録事項証明書の使用者名義等が有力な資料となります。ただし軽自動車検査協会は、軽自動車については道路運送車両法の適用がないことから軽自動車の登録情報は個人情報になるとの理由で、所有者の同意がないと証明書を発行しない取扱いのようです。そのため駐車場等に軽自動車が駐められている場合に、登録事項証明書がないと債務者の占有認定が困難になることがあります。登録事項証明書が入手できない場合は車を解錠して、車検証等を確認する場合もあるようです。また、近時は道路運送車両法の適用がある普通乗用自動車についても、個人情報を理由に登録事項証明書の発行が慎重になっているようです。

(ハ) 現場における留意事項

(A) 解　錠

債務者が近隣に居住していない場合は、解錠から着手することが多いと思われます。近隣に居住している場合は、最初に訪問して鍵の引渡しを求めることもあります。解錠した場合には警報装置が作動することがあるので、近隣への配慮が必要です。

(B) 占有認定

開錠後すぐ自動車検査証、自賠責保険証書の確認を行い、それぞれの使用者名義等を確認します。併せて車台番号（ボンネット裏、フロントシート下、フロントドア等に刻印がある）の確認も行います。

(C) 債務者宅への訪問（近隣居住の場合）

債務者が近隣に居住している場合は、車の鍵を受け取るために訪問することがあります。車の鍵は自動車に対して従物の関係にあるので、自動車執行の目的物といえ、執行官は鍵の引渡しのために債務者の住所・占有場所に立ち入ることができるからです。

(D) 目的外物件の保管作業（段ボール箱）

債務者に出会わず、自動車内に目的外物件があるときは、車内からこれらを出して段ボール箱等に梱包して保管する必要があります。梱包した段ボール箱等は、直接債務者に送付したりせずに、債権者があらかじめ上申した保管場所で保管します。保管人が現場で保管作業を行う際に必要な段ボール等は申立人側で用意をお願いします。

(E) カーナビ、アルミホイール等の取り外し

現場で債務者から執行の対象となっていないカーナビゲーションやアルミホイールの所有を主張されることがあります。その場合は短時間でかつ自力で取り外しができることが必要です。アルミホイールの場合は、最初に装着されていた新品のホイールに短時間で入れ替え可能でなければなりません。

(F) 戸建て等における近隣への配慮

駐車場の位置と家の距離が近い一戸建ての場合は、近隣の目を気にしなければならない場合が多く、普段にも増して大声や、威圧的な態度は禁物です。自動車の修理点検で訪問したかのような印象を与える応対を心がけるべきだと思われます。マンション等の集合住宅の駐車場でも同様の配慮は必要でしょう。

(ニ) 搬　出

軽自動車は可動物であるため、家具調度とは異なり、移動して執行場所から持ち去られる可能性があります。そこで競り売りまでの間、債務者に使用を許可することができず、差押え時に搬出してもらう必要があります。

そのためには車を解錠するための解錠業者の手配、移動するためのレッカー（牽引）車の手配が必要です。自走による移動は、事故などにより目的自動車の価値を下げる可能性があるので認めておりません。

(2) 放置自動車の取扱い

(イ) 残置自動車

駐車場の明渡しでは執行場所に自動車が残置されていることがあります。その場合は、断行後の保管・売却を視野に入れて車の見積りをしていただくことがあります。そこで土地明渡執行申立て時に登

録事項証明書の提出（追完可）をお願いしています。登録事項証明書には占有認定資料としての意味合いもあり、占有認定資料の乏しい土地明渡執行事件では、有力な手がかりとなっています。

　残置自動車は換価価値があるかどうかを査定協会に査定してもらうのが一般です。ある程度査定額が見込まれる場合は普通乗用自動車は強制競売（不動産執行）で、軽自動車は動産差押えによる競売手続または目的外物件の売却手続で売却します。無価値の場合は売却せずに、廃棄する場合があります。

　断行時に債権者側で車を搬出することを視野に入れ、レッカー車（場合によっては車の解錠業者）の手配が必要になると思われます。

　　　㈹　保管場所

　また車を移動した後は、屋根付で、入口が施錠できる（第三者が立ち入りできない）保管場所の確保が必要です。野ざらしでは車の塗装が傷んだり、無施錠では盗難の恐れがあるからです。相手方が立ち会わないときは、車内にある差押えができない動産の保管も問題となります。

8　最後に

　かねてより手続の利用者の方々から強制執行について、よくわからない、基礎から書かれた文献がないという声が多く聞かれました。そんな声にお応えしたいとは思っておりましたが、今回講義を担当させていただいたことでそのような声に少しでもお応えできる機会を得られたことは望外の喜びです。できるだけ講義の臨場感を損なわないように文章にしてみたのですが、観念を現実化することには慣れていても、理想を現実化するのは不得手のため、筆者の意図が十分に伝わらない部分もあろうかと思います。その点は読者の方々の寛恕に期待してご利用いただければ幸いです。

　本稿は、主として大阪地裁での取扱いをまとめたものですので、大阪以外の各庁では、地域の独自性を活かした取扱いとなっているところがございます。具体的な取扱いについては、事件の管轄のある地方裁判所（支部）の執行官室に直接お問い合わせください。

拙稿を最後までお読みいただき、感謝申し上げます。

（さくらい　としゆき）

（注1）　民事訴訟法を「民訴」、民事保全法を「民保」、不動産登記法を「不登法」という。
（注2）　中野貞一郎『民事執行・保全入門［補訂版］』4頁。
（注3）　山本和彦ほか『新基本法コンメンタール民事執行法』421頁。
（注4）　廣田英利「明渡し等の債務名義における対象物件の特定―物件目録および図面作成時のポイント―」新民事執行実務14号84頁。
（注5）　後藤吉典「建物収去執行と土地明渡執行の手続」新民事執行実務14号97頁。
（注6）　山本和彦ほか・前掲（注3）418頁。

[書式] 民事執行申立書

民事執行申立書

大阪地方裁判所　執行官　殿

申立　年　月　日

添付書類	執行力ある債務名義の正本	通
	送達証明書	通
	確定証明書	通
	登記事項証明書	通
	委任状	通
	執行場所略図	通
附随申立	1. 同時送達の申立	有・無
	2. 執行の立会	有・無
	3. 執行日時の通知	要・否
	4. 執行調書謄本を関係人送付	要・否
	5. 事件が完了したときは、執行力ある債務名義の正本等を還付されたい	要・否

請求金額計算書

1. 債務名義表示の元金		円
2. 利息（年　月　日から　年　月　日まで　年　％　日歩　　銭）		
3. 損害金（年　月　日から　年　月　日まで　年　％　日歩　　銭）		
4. 公正証書作成費用・督促手続費用		
計		
執行準備費用　内訳　仮執行宣言費用		
執行文付与費用・送達証明費用		
登記事項証明書交付費用		
申立書提出費用		
合計		
執行予納金		円
総計		円

〒

住所
申立人　　　　　　　　　　　　　　㊞
（代表者代表取締役）
連絡先☎（　）－（　）－番

〒
住所
代理人　　　　　　　　　　　　　　㊞
（代表者代表取締役）
連絡先☎（　）－（　）－番

〒
住所
（フリガナ）
相手方

執行の場所
イ．
ロ．
ハ．

執行の方法
1. 差押　2. 仮差押　3. 引渡（動産・自動車・不動産）
4. 退去　5. 明渡（土地・建物）　6. 収去　7. 援助・立会
8. 仮処分（執行官保管・使用許可）
9. 破産封印
10. その他

執行の目的物
（差押・仮差押事件は記載要なし）
1. 別紙目録記載の土地・建物
2.

債務名義
1. 簡易地方裁判所　平成　年（　）第　　号　執行力ある正本
2. 平成　年第　号　法務局所属公証人　　　　　　作成の執行証書正本

注
① 相手方の氏名は楷書で書き、必ずフリガナをつけること。住居表示による住所を書くこと。
② 相手方の住所と執行場所が異なるときは、附近の略図を添付すること。

口述動産等執行講義

[資料] 不動産明渡・引渡執行の手順

不動産明渡・引渡執行の手順

① 申立て
- 債務名義（判決正本等）
- 送達証明
- 申立書提出
- 予納金納付

↓ 2週間

② 催告
- 占有認定
- 解錠
- 催告
- 公示（公示書貼付）

↓ 1カ月（引渡期限）

③ 断行
- 搬出
- 保管
- 鍵交換
- 即日売却
- 廃棄

↓ 1カ月以内（保管期限）

④ 保管
- 目的外動産
- 保管場所
- 引き取り
- 売却
- 廃棄

---

① 申立て
(1) 申立書類：申立書1通（債務者ごと）、当事者目録、物件目録各3通。動産執行は、明渡しと同時の申立てでも別途申立書が必要です。
(2) 添付書類：債務名義、送達証明、委任状（代理人）、資格証明（法人等）等1債務者1物件について●●万円（印鑑、郵券不要）です。
(3) 予納金：申立書に使用した印鑑は、予納金手続、保管の搬出、取下等にも必要です。
(4) ご注意：解錠、目的外動産の場合、相手方不在時は立会証人の手配が必要です。
(5) その他：執行場所が不在居の場合、相手方不在時は立会証人が必要です。

② 催告
(1) 占有認定：目的物件を特定後、相手の占有を確認します。
(2) 解錠：合鍵がない場合は、解錠業者の手配が必要です。
(3) 催告：相手方に断行日を告知し、その前日までに引っ越すように伝え、催告書を交付（相手方不在時は掲示または差置き）します。
(4) 公示：目的不動産内に公示書を貼付します。
(5) 引渡期限：催告した日から1カ月後まで、占有者が交替しても明渡執行が可能な期間です。断行日は引渡期限より手前の日を指定します。引渡期限を延長する場合は裁判所の許可が必要です。

③ 断行
(1) 占有移転：断行時に建物内の占有者を搬出し、明渡期限、債権者に占有を取得させます。その後の管理のために鍵の交換が必要です。
(2) 目的外動産：引渡しができなかった場合は、執行場所以外の場所に保管します。
(3) 保管：引渡しの可能性がない場合は即日売却することがあります。
(4) 即日売却：目的外動産の場合、相手方在居の場合は即日売却する場合もあります。
(5) 廃棄：目的外動産を廃棄する場合、廃棄物処理の資格が必要です。

④ 保管
(1) 保管場所（連絡先）：事前に保管人、保管場所、保管期限を書いたことにならないので、原則として認めておりません。
(2) 引取り：目的外動産を引き取る時は身分確認の上、受領書の提出が必要です。
(3) 売却・廃棄：保管（引取）期限経過後は売却（廃棄することもあり）します。
(4) 残置自動車：保管物件が自動車の場合、査定協会による査定が必要です。

当 事 者 目 録

住所

申 立 人

代表者代表取締役

住所

相 手 方

代表者代表取締役

住所

代理人弁護士

債 務 名 義 の 表 示

簡易裁判所 平成　　　年（　）第　　　号

- 判決
- 付言判決
- 仮執行宣言付判決
- 仮執行宣言付支払督促
- 仮執行宣言付支払督促
- 破産手続開始前の保全処分決定
- 再生手続開始前の保全処分決定

- 確定判決
- 確定判決書
- 和解調書
- 調解に代わる決定
- 調停に代わる決定

- 不動産引渡命令
- 少額訴訟判決
- 仮差押処分決定

1

2 法務局所属公証人　　年度第　　号公正証書

3 の平成　　　　　　　作成

24.6.1,000

論説・解説

船舶執行申立て前の船舶国籍証書等引渡（保全処分）執行手続に関する留意点
——外国船籍観光クルーズ客船編——

長崎地方裁判所総括執行官　森　勇

●目　次●

1　はじめに　*105*
2　外国船籍の船舶に対する船舶執行申立て前の船舶国籍証書等引渡（保全処分）命令申立ての管轄裁判所と取上執行地　*106*
　(1)　外国船籍の船舶に対する船舶執行申立て前の船舶国籍証書等引渡（保全処分）命令申立て　*106*
　(2)　取上執行地　*106*
3　発航の準備　*106*
　(1)　発航準備を終えた船舶に対する執行　*106*
　(2)　発航の準備を終えた時点とは　*106*
　(3)　差押えおよび仮差押えの適用除外　*107*
4　取上執行着手までの事前準備　*107*
　(1)　寄港地自治体の港湾管理者（担当部署）　*107*
　(2)　海上保安署　*107*
　(3)　税関署　*108*
　(4)　入国管理局　*108*
　(5)　通関代理店　*108*
　(6)　警察署　*108*
5　取上執行時の留意点　*108*
　(1)　取上対象となる文書　*108*
　(2)　「発航の準備が終えていないこと」の認定　*108*
6　まとめ　*108*
（別紙1）　取上執行の対象となると思われる船舶国籍証書等一覧　*109*
（別紙2）　取上執行手順チェックリスト　*109*

1　はじめに

　平成29年1月17日付けで国土交通省からプレスリリースされた「平成26年の訪日クルーズ旅客数とクルーズ船の寄港実績（速報値）」によると、外国船社が運行するクルーズ船の寄港回数は、中国からのクルーズ船の寄港増加などから過去最高の1,444回（前年比479回増）となり、その寄港地（港湾名）においては、上位から「博多」、「長崎」、「那覇」の順に地方を含む全国各地に及び、今後も増加傾向にある。

　上記状況の中、先般、当庁管内において係属した標記案件を担当した経験をもとに、当該執行手続の留意点およびその他参考になると思われる事項等について論じる。

　なお、標記執行手続については、手続の要領および資料等もあまり多くない。執筆にあたって参考にさせていただいた本誌8号79頁の田岡義和「外国船舶に対する外国船舶国籍証書等の引渡命令（保全処分）の事務手続について」をもとに、本稿では一般的な説明および事務手続の詳細（書式等）については極力省略することとし、専ら、外国船籍観光クルーズ客船を目的船舶とする標記執行（以下、「取上執行」という）手続に係る留意点および問題点等を中心に論じることとしたい。

　本稿が、上記文献とともに標記執行等を担当される執行官の一助になれば幸いである（以下、本稿では民事執行法を「民執」、民事執行規則を「民執規」という）。

2 外国船籍の船舶に対する船舶執行申立て前の船舶国籍証書等引渡（保全処分）命令申立ての管轄裁判所と取上執行地

(1) 外国船籍の船舶に対する船舶執行申立て前の船舶国籍証書等引渡（保全処分）命令申立て

外国船籍の船舶については、「船籍のない船舶」の範疇とされ、その管轄は、最高裁判所が指定する地（室蘭市、仙台市、東京都千代田区、横浜市、新潟市、名古屋市、大阪市、神戸市、広島市、高松市、北九州市、那覇市）を管轄する地方裁判所である（民執115条１項前段、民執規77条）。

なお、急迫の事情があるときは、船舶の所在地を管轄する地方裁判所に申立てをすることもできる（民執115条１項後段）。

(2) 取上執行地

観光クルーズ客船の寄港スケジュールについては、一般に天候および観光ツアー計画自体の変更等から、命令申立て時に予定された寄港地が変更（欠航を含む）されることが多く、必ずしも命令を発した裁判所の管轄内で取上執行するとは限らないことから、変更された寄港地（発令裁判所の管轄地ではない）を管轄する執行官に対して、前記２(1)により発せられた命令をもとに、取上執行の申立てがあることが当然に考えられる。当該取上執行については、保全処分（民執115条７項・55条８項）であることから、取上執行有効期間（命令が債権者に告知されてから２週間経過で失効）内での執行が絶対条件であり、取上執行申立て時までの期間経過日数によっては、取上執行に係る事前準備が十分に取れない状況となることが考えられる。実際、当庁における取上執行申立て事案では、当初、前記２(1)記載の管轄裁判所の管轄地における寄港予定を前提に命令が発付されたが、急遽、対象船舶の寄港スケジュールが変更され、当庁管内の港湾に変更されたことに伴い、取上執行申立てがなされた経緯がある。

3 発航の準備

(1) 発航準備を終えた船舶に対する執行

船舶一般の執行において、発航の準備を終えた船舶に対しては、差押えや仮差押えの執行は原則として禁止される（商法689条本文）。

差押え、仮差押えの執行によってその航行を止めることになると、船舶所有者が運送契約を履行し得ないために著しい損害を被ることとなるのみならず、旅客や荷主等多数の利害関係人が発航の遅延や他船への移乗、積換え等により不測の損害を被る結果が生ずるので、これら利害関係人の利益を保護するためとされる。それに加えて発航の準備を終えるまでの間に船舶の差押えをしなかったことは債権者の懈怠によることが少なくないので、利害関係人の利益を犠牲にしてまでこれを保護する必要がないという趣旨から設けられた規定とされる。

よって、取上執行を含む船舶執行一般において執行するには、執行時において目的船舶の発航の準備を終えていないことが要件となる。

(2) 発航の準備を終えた時点とは

「発航の準備を終えた」というのは、船舶が積荷、荷揚げを終了し、目的地までの航海に必要な燃料、食料、水等を積み込み、艙口を閉鎖し、揚貨機を収納し、税関官吏が下船する等出港のための必要な手続を完了し、客観的にみて即時発航することができるための事実上および法律上の条件が整った時をいうのが通説である。

そこで、外国地を出発港とし、日本を含む各都市を観光目的で航行する外国船籍観光クルーズ客船における発航の準備とは、どの地点における準備をいうのか。

観光クルーズ客船については、出発港を出航し、複数の寄港地を訪れた後、最終港（出発港を含む）に帰港する行程が一般的であり、発航の準備地である出発港および最終港が取上執行地である場合には特に問題となることはないと思われるが、取上執行地が航海途中の一時寄港地（中間港）である場合にどのように解すればよいか。

この点について、「発航の準備を終えた」状態が

一度備わると商法689条本文の差押え等禁止は、「航海の終了するまで」即ちその運送契約が終了するまで継続する（大決昭和15・11・26民集19巻2078頁）が、定期船でも中間港で運送品全部の陸揚げがあったときは差押えをすることができるとする（別冊ジュリスト「海事判例百選」11）。

そこで、当職が担当した事案にあてはめると、当該客船は、観光目的に乗船客全員を船舶から降ろし、観光バスで観光地を巡った後、再度、乗船客全員を船舶内に戻すスケジュールであり、乗船客の移動の混乱を避けるため、乗船客全員が船舶から出て観光バスで巡回している間での取上執行を予定した。この点につき、債権者との事前協議の中で、「当該事案における発航の準備を終了したとは、乗船客の乗り組みと、その渡航手続がともに完了したことをいうのであって、乗船客が観光目的のため船舶外に出ている状況は発航の準備を終えたとは言えないのではないか」、また、「かつての航海とは異なり、現在の商業貨物等運搬航海については、観光クルーズ客船を含み全船貨物等を一箇所に陸揚げする形態は少なく、ループ状の航路を回って、途中の各地で貨物等を荷積または陸揚げする形態が多く、この形態ではすべての航海が連続しており、船舶の航海自体に出発港、中間港、到着港という概念はない」等の主張もなされ、事前協議の内容を踏まえ、当職による執行現場での判断に委ねられた。

(3) 差押えおよび仮差押えの適用除外

発航の準備を終えた船舶であっても、発航をするために生じた債務については、債権者の申立てにより差押えおよび仮差押えができる（商法689条但書）。たとえば、航海継続に必要な物品（燃料等）供給に関して、商法842条6号に基づく先取特権により担保された債権が考えられる。この場合は、当該適用除外事由の有無について、特定の物品供給およびその消費に係る事項について、目的船舶の船長または担当者に対する事情聴取および資料の提出（供給履歴等）等が必要となる。

4 取上執行着手までの事前準備

取上執行に関して、援助もしくは事前調整を要すると思われる関係官署は次のとおりである。

(1) 寄港地自治体の港湾管理者（担当部署）

寄港地自治体は、観光クルーズ船舶が停泊する岸壁を整備し、船舶の入出港予定日時および停泊場所を管理している。観光クルーズ客船は総じて大型であり、接岸岸壁もこれに対応する専用岸壁が設置されている。自治体としても地域の経済振興のため、観光クルーズ客船を積極的に受け入れている状況で、当職から事務担当者に対する取上執行に係る説明をした際も、取上執行により考えられる懸念事項一般に関して敏感であり、丁寧な対応が必要であった。

また、外国船籍観光クルーズ客船を含む国際航海船舶が一定頻度利用する重要港湾の岸壁等に係る港湾管理については、法定の保安対策が取られている。当該保安対策については、平成13年9月の米国同時多発テロ事件を契機として、平成16年7月に施行された「国際航海船舶及び国際港湾施設の保安の確保等に関する法律」によるもので、この法律は、IMO（国際海事機関）における改正SOLAS条約（海上人命安全条約）を受けた国内法で、国際航海船舶や国際港湾施設に自己警備としての保安措置および外国から日本に入港しようとする船舶保安情報の通報等を義務づけする内容である。これにより、港湾管理者（担当部署）は接岸岸壁付近にフェンス等で区分された立入制限区域を設けており、取上執行のために制限区域内に立ち入るためには、事前に港湾管理者（担当部署）の許可が必要（海上保安署員を除く同行者全員）である。

さらに、港湾管理者（担当部署）は、目的船舶に関する詳細な情報を有しており、事前準備における情報収集として有益である。

(2) 海上保安署

海上保安署に対しては、取上執行のため目的船舶内に立ち入る際の立会人および警備要員としての警察上の援助要請を行う。外国船籍観光クルーズ客船には多数の外国人乗客が乗船しており、取上執行前後の不測の事態収拾のために必須である。

また、港湾管理者（担当部署）と同様、目的船舶に関する詳細な情報を有しており、事前準備におけ

る情報収集として有益である。

なお、取上執行後に沖合停泊を要する事情が生じた場合には、海上保安署の許可が必要である。

(3) 税関署

一般に多数の外国人乗客が乗船する外国船籍観光クルーズ客船の停泊地には、専用ターミナル施設内で出入国管理が行われているが、税関署に対しては、出入国管理ゲートの往来および目的船舶までの通行に係る許可（「指定地外交通・船陸交通・本邦と外国との間を往来する船舶または航空機と沿岸通行船等との交通許可申請書」による）が必要（海上保安署員を除く同行者全員）である。

(4) 入国管理局

入国管理局は、外国船籍観光クルーズ客船の乗船外国人に係る入国ビザ（査証）の種類および日本滞在許可期間に係る情報を有する。取上執行後において、当該クルーズ行程が変更された場合、これに伴う乗船外国人の移動等に係るビザ変更手続が生じる場合が予想される。

(5) 通関代理店

一般に外国船の接岸、出入国等に係る諸手続については、日本国内の通関代理店が代理業務として行うことから、目的船舶の詳細情報を有しており、取上執行着手時以後の連携は、適正迅速処理のうえで必要ではあるが、取上執行着手前の事前準備段階における執行官からの接触については、通関代理店から執行債務者およびその関係者へ事件情報が漏れる可能性が高いことから問題がある。

(6) 警察署

外国船籍観光クルーズ客船のツアー行程については、その乗船外国人が一時下船後に市中を観光することが一般的であるが、取上執行後において、当該クルーズ行程が変更された場合、多数の乗船外国人の行動如何によっては、不測の事態が生じる可能性があることから、警察署に対する事前の情報提供が必要である。

5 取上執行時の留意点

(1) 取上対象となる文書

取上執行の対象となる「船舶の国籍を証する文書その他の船舶の航行のために必要な文書」（船舶国籍証書等）（民執114条1項）としては、別紙1の文書が考えられる。

(2) 「発航の準備が終えていないこと」の認定

取上執行申立て時において、その添付書類として「船舶が発航の準備を終えていないことを証する文書」の提出が必要である。これについては、明文の規定はないが、商法689条により、発航の準備を終えた船舶は差押え、仮差押えができないものとされているため、執行の目的とする船舶が少なくとも申立て時にはその要件に該当していないことを証明するために、申立書に添付することを要する。この証明は、自己証明（上申書の提出）の方法による運用が通常である。

ただし、発航の準備が完了したかどうかは、通常は、取上執行のため目的船舶の所在地に臨場した執行官が認定することになるので、申立て時における「発航の準備を終えていないこと」の証明は、比較的ゆるやかなもので足りるとされている。

執行官の執行現場における発航の準備が完了したかどうかの認定については、当該執行の成否そのものに関わる事項であることから、先の3で述べたとおりの問題につき、十分に検討したうえで臨場することが重要である。

6 まとめ

本稿については、当職が実際に担当した事案をもとに寄稿したものであるが、当該事案については、結果的に、事前準備完了後、執行着手直前に取下げで終了したことから、事前に想定した執行完了後の事態（目的船舶の移動および警備、多数の乗船客に対する対処等）に直面することはなく、取上執行後の問題点に触れることはできなかったが、今も寄港が増加傾向にある外国船籍観光クルーズ客船を目的とした同様の事案が生じる可能性があることから、事例およびその対処方法の蓄積を期待したい。

なお、当職が取上執行の臨場にあたってチェックリスト（別紙2）を作成したので、参考として添付する（ただし、取上執行完了時後の事項については、不確定要素が多く、多岐にわたることから省略

する)。

また、先に論じた商法689条の改正手続が、次のとおり論じられている状況がある。

法制審議会「商法（運送・海商関係）等の改正に関する要綱案」（平成28年1月27日決定）によると、「商法689条の規律を次のように改め、発航の準備を終えた停泊中の船舶に対する差押え等を許容することとしてはどうか。『差押えおよび仮差押えの執行（仮差押えの登記をする方法によるものを除く。）は、航海中の船舶（停泊中のものを除く。）に対してはすることはできない。』」とある。

〔参考文献〕
- 岡田義和「外国船舶に対する外国船舶国籍証書等の引渡命令（保全処分）の事務手続について」新民事執行実務8号79頁。
- 深沢利一『民事執行の実務㊥中船舶・自動車・動産・債権等執行・各種担保件実行』。
- 最高裁判所事務総局民事局監修『条解民事執行規則〔第3版〕』。

（もり　いさむ）

（別紙1）　取上執行の対象となると思われる船舶国籍証書等一覧

取上執行の対象となると思われる船舶国籍証書等一覧

1　船舶国籍証書（Certificate of Vessel's Nationality）
2　安全設備証書（Ship Safety Equipment Certificate）
3　安全無線証書（Ship Safety Radio Certificate）
4　安全構造証書（Ship Safety Construction Certificate）
5　国際トン数証書（1969年）（International Tonnage Certificate（1969））
6　国際満載喫水線証書（International Load Line Certificate）
7　安全証書　（Ship Safety Certificate）
8　安全管理証書（Ship Management Certificate）
9　適合書類（Document of Compliance）
10　海上労働条約2006証書（Certificate of Maritime Labour Convention 2006）
11　国際油汚染防止証書　（Intenational Oil Pollution Prevention Certificate）
12　国際大気汚染防止証書（International Air Pollution Prevention Certificate）
13　国際汚水汚染防止証書（International Sewage Pollution Prevention Certificate）
14　船級証書（Certificate of Classification）
15　最小安全定員証書（Minimum Safe Manning Certificate）
その他（and others）

（別紙2）　取上執行手順チェックリスト

取上執行手順チェックリスト（取上執行直前まで）

1　持参品確認
　　□身分証明書　□裁判所腕章　□カメラ　□公印　□私印　□制限区域入場パス
　　□出入国管理パス
2　現地集合（時刻）
　　□債権者代理人　□通訳人　□立会人　□海上保安官（警備担当数名）
3　目的船舶乗込待機（乗船外国人が観光のため全員が下船するのを待って着手）

4 債権者代理人から目的船舶に係る「発航準備未了確認上申書」を提出させる。
5 自治体港湾管理部署に執行着手通告（電話）
6 船長室乗込開始（海上保安官を先頭に執行官ほか））
7 船長室入室（同上）
8 通訳人を介して（以下同じ）の各人自己紹介（執行官身分証明書提示）
9 民事強制執行であることの告知
10 船長特定
　　□船長に対して同人の身分証明書提示要求
　　□船長に係る人物特定事項確認（□氏名　□生年月日　□国籍）
11 送達（引渡（取上）命令正本の同時送達）
　　□命令書朗読および説明
　　□送達書類交付および受領サイン
12 船長から事情聴取（目的船舶発航準備（商法689条本文）認定作業）
　　□航海ルート（□出発港　□寄港先　□到着港）
　　□出発日時　□乗客乗船港　□燃料給油港　□到着港予定日時
　　□乗船客数　□乗員数
13 債務者（所有者）占有確認
　　□船長の雇用者が債務者（所有者）会社であることを確認
　　□債務者（所有者）運航　もしくは　□定期傭船運航であることの確認
　　（船舶賃貸借もしくは裸傭船運航である場合は，第三者占有につき任意提供を除き執行不能）
14 船長に対して執行手続全般説明
　　（連絡が取れれば債務者（所有者）会社に対しても説明）
※ 以下，本執行の原因が航海燃料に係る担保権（先取特権）によるものであることから，商法689条但書規定の本文適用除外認定作業。
15 船長から事情聴取
　　□目的船舶の就航履歴確認　□給油履歴　□燃料タンク容量
　　□今航海のための給油日時と給油容量　□今航海での燃料消費予定量
　　□今航海における寄港地（取上執行地）での発航準備完了予定日時
　　□債権者会社からの供給を受けた燃料の給油状況（先取特権の目的燃料給油日時）
16 以上確認の上，執行要件が整えば，目的文書取上執行遂行（以下省略）

論説・解説

東京地方裁判所（本庁）における平成29年の民事執行事件の概要

東京地方裁判所民事第21部判事　塚原　聡

●目次●

1　はじめに　*111*
2　不動産等執行事件の概況　*111*
　(1)　不動産等執行事件の動向　*111*
　(2)　現況調査事務等の処理状況　*112*
　(3)　不動産の売却状況　*112*
　(4)　競売市場修正率の見直し　*113*
　(5)　引渡命令および保全処分申立ての状況　*113*
　(6)　執行抗告および執行異議申立ての状況　*113*
　(7)　平成15年改正法により創設された制度に係る申立ての状況　*114*
3　債権執行事件の概況　*114*
　(1)　債権等に対する強制執行事件の動向　*114*
　(2)　担保権実行としての債権等執行事件の動向　*114*
　(3)　配当等事件の動向　*114*
　(4)　扶養義務等に係る債権に基づく債権執行事件の動向　*115*
4　動産執行、明渡・引渡執行等事件の概況　*115*
　(1)　新受事件の動向　*115*
　(2)　動産競売開始許可事件の動向　*115*
　(3)　子の引渡しの執行事件の動向　*115*
5　財産開示事件の概況　*116*
6　おわりに　*116*

1　はじめに

例年どおり、平成29年の東京地方裁判所本庁（東京23区および島しょ部の物件を対象とする）における民事執行事件の概況を紹介する。民事執行事件を担当する東京地方裁判所民事第21部は、平成14年2月に目黒区所在の民事執行センターに移転して以来、平成30年2月で16周年を迎えた。この間、民事執行センターにおいて不動産執行、債権執行および財産開示手続等を取り扱い、霞が関庁舎において、執行官が執行機関となる動産執行、不動産明渡・引渡執行および保全執行を取り扱う体制が続いている。

はじめに、本稿で紹介する統計数値は、部内の独自の集計による概数であり、後に訂正される可能性があること、意見にわたる部分は筆者個人の見解にすぎないことをお断りしておく。

2　不動産等執行事件の概況

(1)　不動産等執行事件の動向

不動産等担保権実行事件（事件符号(ケ)）および不動産等強制競売事件（事件符号(ヌ)）の新受、既済および未済の各件数を、各事件別および両事件合計で表した事件数の推移は、【表1】のとおりである。

最近の10年間では、平成20年から平成21年にかけて新受事件の増加がみられたが、その後は、減少を続けている。平成26年に2000件を下回ったが、その後も減少傾向が続き、平成29年は過去10年間で最も少ない1346件となった。既済事件数は、平成20年を除いて、いずれも新受件数を上回っており、未済件数は、平成27年に1000件を下回り、平成29年も前年より減少して786件となった。

(イ) 不動産等担保権実行事件

不動産等担保権実行事件の新受事件数は、平成21年をピークにそれ以降減少が続き、平成29年は過去10年間で最も少ない1007件となった。不動産執行事件全体の事件数の推移は、大きな割合を占める不動産等担保権実行事件数の動向とほぼ一致する。不動産等担保権実行事件の新受事件の減少とともに、不動産執行の新受事件全体に占める不動産等担保権実行事件の割合も低下しており、平成25年には新受事件に占める割合が約86％であったものが、平成29年では約74％になっている。不動産等強制競売事件の新受事件数が年間300～400件とほぼ一定しているのに対し、不動産等担保権実行事件の減少が続いているためである。

不動産等担保権実行事件の新受件数は、時の経済情勢の影響を大きく受けるものとされている。不動産等担保権実行事件は、バブル経済の崩壊によって、平成3年から急増し、平成10年には過去最多の件数を記録したが、その後、不良債権処理の進展に伴い、平成19年まで減少が続いた。平成20年から平成21年にかけて一時的に新受事件の増加がみられたが、これは、平成19年夏以降の米国のいわゆるサブプライムローン問題および平成20年のいわゆるリーマンショックによる景気後退の影響と考えられる。平成22年以降の新受件数は、毎年減少し、その傾向は、平成29年まで変わっていない。この背景の一つとして考えられるのは、中小企業者等に対する金融の円滑化を図るための臨時措置に関する法律が平成21年12月に施行されたことである。この法律は、当初、平成23年3月31日までの時限立法とされていたが、その後に2回延長され、平成25年3月31日に失効した。しかし、その後も、不動産等担保権実行事件の新受件数の減少が続いている。今後も、金融政策、金融機関の選択する債権回収方法いかんによっては、新受事件の動向が影響を受けるものと考えられる。

(ロ) 不動産等強制競売事件

不動産等強制競売事件に限れば、平成25年～平成28年の新受事件数は増加傾向にあったが、平成29年は減少に転じ、339件となった。最近10年間の不動産等強制競売事件の新受件数は、平成23年に400件台となったのを除けば、いずれも毎年約300件台であり、平成29年も同様の傾向である。また、不動産等強制競売事件数の増減は、不動産等担保権実行事件の新受件数の変動と一致していない。

(2) 現況調査事務等の処理状況

不動産執行におけるいわゆるファストトラックとして、平成20年6月から、自用マンション事件の迅速処理が始まって以来、9年余りが経過した。自用マンションとは、所有者または債務者が占有する区分所有建物のことである。このような物件では、権利関係が複雑でないことが多いため、現況調査報告書および評価書の提出期限が通常よりも早くなり、通常の事件について原則として命令の日から現況調査報告書が6週間後、評価書が7週間後とされているところ、自用マンション事件については、いずれも4週間後が期限となる。実際は、平均3週間程度で提出されており、提出が期限に後れることは少ない。自用マンション事件は、ここ数年、不動産執行事件全体の約3割を占めていたが、平成29年6月～同年11月は約26％となっており、若干の減少となった。自用マンション事件の迅速処理は、自用マンション事件だけでなく、不動産執行事件全体の迅速処理にも好ましい影響を与えている。現在のような自用マンション事件の安定した処理は、現況調査および評価が適正迅速に行われていることに基づいており、執行官および評価人が1件1件を着実に処理されたことによるものといえる。

(3) 不動産の売却状況

不動産執行事件の売却実施処分件数、売却実施（開札）件数、売却件数、売却率の推移は、【表2】のとおりである。

売却率は、平成20年および平成21年を除けば、いずれの年も95％を超える高水準で推移している。平成25年以降は97％以上の高い売却率を維持しており、平成29年は99.18％を記録し、史上最高となった。また、1件あたりの入札数は、平成25年以降平均13枚以上であり、入札者も多い。このような高い売却率が維持されているのは、東京地裁本庁などの大都市圏において特にみられる現象であり、担保不

動産競売の新受事件数の減少が続き、競売不動産の供給が減少し、需要のほうが上回っている状態にある。

(4) 競売市場修正率の見直し

売却基準価額は、評価人の評価に基づき、執行裁判所が定めることになっている（民事執行法60条1項）ところ、特に明確な取決めはないが、事実上、民事執行センターの取り扱う東京23区および島しょ部の物件については、売却基準価額を算出する過程で行われる競売市場修正は、一律に修正率を0.7（減価率30％。以下「旧修正率」という）とする運用がされてきた。

しかし、民事執行センターにおける平成25年頃以降の不動産競売の動向をみると、先にみたとおり、売却率が同年以降97％以上という高い水準を維持するとともに、同年以降の買増率（売却価額÷売却基準価額）は160％を超えており平成28年は180％を超える高い水準となった。

このような状況を踏まえ、民事執行センターでは、検討を進めた結果、①競売市場修正の修正率を0.8（減価率20％。以下「新修正率」という）とする、②物件の種類による区別は行わない、③東京23区内の物件（島しょ部については旧修正率のまま）に一律に適用する、④新修正率を適用するのは、評価の年月日（民事執行規則30条1項3号）が平成29年3月1日以降のものとする、との運用を開始した。

上記運用の変更後、民事執行センターにおいては、平成29年6月の開札期日から、新修正率により評価された物件と旧修正率により評価された物件とが混在する状況となり、その後は旧修正率による評価物件の割合が徐々に減少して、新修正率による評価を受けた物件のみが売却される開札期日が多くなっている。この間の売却率は、見直しの前後で、いずれも100％またはそれに近い割合で推移しており、また、新修正率による評価を受けた物件の買増率は平均で約150％との結果が出ている。これによれば、修正率の変更により、売却率はほぼ一定の高水準を維持しながら、買増率は平成25年以降のそれと比較して約10％下落しており、新修正率の実施後、適正な水準を維持しているものといえる。

(5) 引渡命令および保全処分申立ての状況

引渡命令、競売開始決定前の保全処分、売却のための保全処分、買受人等のための保全処分の申立件数の推移は、【表3】のとおりである。

(イ) 引渡命令

平成29年における引渡命令の申立件数は、過去10年間で最も少ない件数だった平成28年よりもさらに少ない304件であった。不動産執行事件の新受件数の減少に伴い、売却件数も減少したことによるものと考えられる。

(ロ) 保全処分

競売開始決定前の保全処分の申立ては、平成28年に引き続き、平成29年も申立てがなかった。売却のための保全処分の申立ても、平成28年と同じく、平成29年は1件にとどまった。買受人等のための保全処分の申立ては、平成28年には6件あったが、平成29年は申立てがなかった。保全処分申立ての合計としてみても、平成29年は、過去10年間で最も少なかった。

(6) 執行抗告および執行異議申立ての状況

不動産執行事件に関する執行抗告および執行異議の申立件数の推移は、【表3】のとおりである。

平成29年は、執行抗告の新受件数が38件、執行異議の新受件数が17件となった。執行抗告は、売却許可決定および引渡命令に対するものが大半を占めるため、売却件数の増減に比例する傾向があり、平成21年以降は減少が続き、平成28年もこの傾向が続いていたが、平成29年は増加をみせた。平成29年の執行抗告のうち、売却許可決定に対するものが16件、引渡命令に対するものが12件であった。また、原審却下となったものが20件あった。

執行異議は、平成29年の新受件数が17件であり、平成28年よりも少なく、過去10年間で最少の記録を更新した。執行異議のうち、執行裁判所の処分に対するものが15件、執行官の処分に対するものが0件、裁判所書記官の処分に対するものが2件である。

(7) 平成15年改正法により創設された制度に係る申立ての状況

平成16年4月1日に施行された「担保物権及び民事執行制度の改善のための民法等の一部を改正する法律」（平成15年法律第134号。以下、「平成15年改正法」という）により創設された制度のうち、内覧、相手方不特定の執行法上の保全処分および担保不動産収益執行の申立件数の推移は、【表5】に記載のとおりである。

　(イ)　内　覧

内覧は、平成23年に2件、平成24年に1件の申立てがあった後、平成25年以降、平成28年までの間、申立てがなかったが、平成29年は1件の申立てがあった。内覧の申立てができるのは、差押債権者に限られており、対抗力のある占有権原を有する占有者がいる場合は、その同意を必要とする反面、BITにより現況調査報告書に添付された物件内部の写真を容易に閲覧することができることから、内覧については活用の機会が乏しいものと思われる。

　(ロ)　相手方不特定の執行法上の保全処分

平成27年以降申立てがなく、平成29年も同様に申立てがなかった。

　(ハ)　担保不動産収益執行

平成29年は、新受件数が2件であり、平成28年よりも1件減少した。制度創設以降、年間の平均申立件数は10件を超えていたが、平成25年、平成26年はいずれも申立件数が8件となり、平成27年に1件、平成28年は3件となっていた。収益執行により債権の回収をするためには、ある程度の期間これを継続する必要があることに鑑みれば、収益執行に適した物件が多かったか否かによる変動とも考えられる。いずれにしても、不動産の売却だけでなく、収益にも着目し、担保不動産収益執行、物上代位に基づく賃料債権差押えが債権回収手段として使い分けられることが望ましい。

3　債権執行事件の概況

(1) 債権等に対する強制執行事件の動向

債権等に対する強制執行事件（事件符号(ル)）の新受、既済および未済の各件数の推移は、【表4】のとおりである。

平成29年は、新受事件数が1万0555件であり、平成28年よりも429件増加している。平成20年以来、年間1万件以上という傾向に変わりはない。債権等に対する強制執行事件の申立ての新受件数の動向は、不動産担保権実行事件と若干異なる様相を示しており、経済情勢の変動に伴って、新受件数の動向が大きく変わるというほどの相関関係は見られない。債権等に対する強制執行事件は、平成2年に年間5290件であったが、その後、増加の一途をたどり、平成7年に1万件の大台を突破し、平成11年には、1万3893件を記録した。平成12年以降は、緩やかな減少に転じ、平成19年の8891件までこれが続いた。しかし、平成20年に再び毎年1万件以上となり、平成22年以降、平成28年まで、緩やかな減少傾向にあったが、平成29年は、上記のとおり、7年振りの増加となった。

(2) 担保権実行としての債権等執行事件の動向

担保権実行としての債権等執行事件（事件符号(ケ)）の新受、既済および未済の各件数の推移は、【表4】のとおりである。

平成29年の新受事件数は、185件であり、平成28年を下回り、同年に引き続き200件以下となった。平成18年および平成19年の新受事件数は、いずれも400件台であったが、その後増加に転じ、平成21年に過去10年間で最多の971件を記録した後、再び減少が続き、平成29年は、過去10年間で最も少ない件数を記録した。

申立ての内容をみると、抵当権に基づく物上代位としての賃料差押えは、平成28年に125件、平成29年に131件と多数を占め、動産売買先取特権に基づく物上代位としての転売代金債権の差押えの申立ては、平成28年に26件、平成29年に12件であった。

(3) 配当等事件の動向

配当等事件（事件符号(リ)）の新受、既済および未済の各件数の動向は、【表4】のとおりである。

平成29年における配当等事件の新受件数は、4228件であり、平成28年よりも104件増加した。新受件数は、平成19年から平成22年までは増加を続けたが、平成23年以降は一転して減少が続き、平成26年

および平成27年には年間4000件を割り込み、同年は過去10年間で最も少ない件数を記録した。配当等事件は、事情届が出されることにより立件されるから、新受事件の増加は、第三債務者による供託が多くなったことを意味し、債権執行における成功率がわずかながら上昇しているのではないかと考えられる。

(4) 扶養義務等に係る債権に基づく債権執行事件の動向

平成15年改正法により創設された制度のうち、扶養義務等に係る債権に基づく債権差押事件に係る申立てについての新受事件の動向は、【表5】のとおりである。

平成29年の扶養義務等に係る債権に基づく債権差押えの新受事件は、282件であり、前年とほぼ同じ件数であった。平成18年から平成20年までは、年間200件未満であったが、平成21年に205件を記録し、平成22年にいったん191件となったものの、その後は、毎年200件以上となり、平成26年には、過去最高の310件を記録した。平成23年以降の新受事件数は、年間200件以上であり、平成26年以降に限ると、年間280件以上という状態が定着している。

4 動産執行、明渡・引渡執行等事件の概況

(1) 新受事件の動向

東京地裁本庁における執行官が執行機関となる執行事件および保全執行事件の新受件数の推移は、【表6】のとおりである。

動産執行事件（事件符号（執イ））は、平成20年以降平成22年まで新受事件の増加が続いたものの、平成23年以降は減少が続き、平成27年に2446件、平成28年に2337件であったところ、平成29年には、これより少ない2093件となり、過去10年間で最少の件数を更新した。

不動産等明渡・引渡執行事件等（事件符号（執ロ））は、平成20年に年間3000件台であったが、平成21年に4000件を超え、平成26年まで4000件台が続いていたところ、平成27年以降は3000件台で推移しており、平成29年も3874件で、3000件台にとどまっ

た。件数では、変動が少ないものの、最近は、解錠困難のため立入りが容易でない事案が増加しており、特に技術力の高い解錠業者の確保が問題となっている。なお、現況調査においても共通の問題がある。

保全執行事件等（事件符号（執ハ））は、平成21年から平成24年までは、800件台が続いていたが、平成25年から減少に転じ、平成27年は、564件となり、過去10年間で最少となっていたところ、平成28年以降やや増加して、平成29年は697件となった。保全執行は、債権者に対して保全命令が送達された日から2週間を経過したときは、これをしてはならないと定められているため（民事保全法43条2項）、迅速に執行に着手しなければならない事件である反面、本案の落着までは時間がかかることが多く、仮処分の執行後、本執行への移行や申立ての取下げがされないまま長期間係属している事件が相当数あり、その円滑な処理が課題となっている。

(2) 動産競売開始許可事件の動向

動産競売開始許可事件の申立件数の推移は、【表5】のとおりである。

平成15年改正法により創設された制度のうち、動産競売開始許可の制度は、債務者の任意の協力がなくても、動産を目的とする担保権実行の開始を可能にするものであるが、年間新受件数は、過去10年間で年間10件に達したことはない。平成29年は1件にとどまった。これは、元々動産を目的とする担保権実行事件が少ないことによるものと推測される。

(3) 子の引渡しの執行事件の動向

平成29年における子の引渡しの執行（立川支部を含む）の新受件数は、平成28年とほぼ同数の11件であった。

周知のとおり、現在、法制審議会民事執行法部会において、民事執行法の改正が審議されており、今般の改正の眼目の一つが国内における子の引渡し債務の執行とされている。今後も、立法の動向も踏まえながら、国内における子の引渡しの強制執行のより良い運用のあり方について、さらに議論を深めていく必要があると思われる。

5　財産開示事件の概況

平成15年改正法によって、財産開示手続が創設された。財産開示事件の新受事件の動向は、【表5】のとおりである。

財産開示事件の新受件数は、平成20年から平成25年まで年々増加して、同年に過去最高の267件を記録した。しかし、平成26年から減少傾向を見せ始め、平成28年に135件となったが、平成29年は再び増加に転じている。

財産開示手続についても、その実効性を高めるため、法制審議会民事執行法部会において、審議が進められている。

6　おわりに

不動産等担保権実行事件の新受事件数の減少は続き、債権執行の新受事件数が横ばいという大きな流れが続いている。このような状況下において、民事執行センターにおいては、不動産執行において競売市場修正の修正率の見直し等を行ったところであるが、引き続き必要な運用の見直し等を着実に行うとともに、近く行われる民事執行法の改正等の環境の変化に備える必要があると思われる。

（つかはら　さとし）

【表1】 不動産執行事件数の推移

年　　度		平成20年	平成21年	平成22年	平成23年	平成24年	平成25年	平成26年	平成27年	平成28年	平成29年
不動産等担保権実行 (ケ)	新受	3,339	3,492	2,488	2,446	2,306	1,966	1,463	1,228	1,124	1,007
	既済	2,583	4,079	2,991	2,463	2,501	2,189	1,749	1,399	1,153	1,079
	未済	2,729	2,142	1,639	1,622	1,427	1,204	918	747	718	646
不動産等強制競売 (ヌ)	新受	330	372	399	425	386	316	337	347	364	339
	既済	303	398	380	433	398	339	357	325	348	367
	未済	200	174	193	185	173	150	130	152	168	140
不動産等計 (ケ)+(ヌ)	新受	3,669	3,864	2,887	2,871	2,692	2,282	1,800	1,575	1,488	1,346
	既済	2,886	4,477	3,371	2,896	2,899	2,528	2,106	1,724	1,501	1,446
	未済	2,929	2,316	1,832	1,807	1,600	1,354	1,048	899	886	786

※　統計数値はいずれも概数である。
※　不動産等担保権実行には収益執行事件を、不動産等強制競売には強制管理を、それぞれ含む。

【表2】 売却の動向

年　　度	平成20年	平成21年	平成22年	平成23年	平成24年	平成25年	平成26年	平成27年	平成28年	平成29年
売却実施処分	2,732	4,033	3,052	2,569	2,531	2,391	1,585	1,367	1,140	1,009
売 却 実 施	1,963	2,948	2,197	1,915	1,931	1,694	1,266	974	838	734
売　　　却	1,772	2,589	2,106	1,851	1,870	1,660	1,253	956	831	728
売却率（％）	90.27%	87.82%	95.86%	96.66%	96.84%	97.99%	98.97%	98.15%	99.16%	99.18%

※　統計数値はいずれも概数である。

【表3】 引渡命令、保全処分等の申立件数の推移

年　　度	平成20年	平成21年	平成22年	平成23年	平成24年	平成25年	平成26年	平成27年	平成28年	平成29年
引 渡 命 令	809	1,121	1,041	888	815	701	602	471	327	304
競売開始決定前の保全処分	0	1	0	0	0	0	2	0	0	0
売却のための保全処分	4	10	2	0	2	4	0	1	1	1
買受人等のための保全処分	4	5	12	13	11	6	9	2	6	0
執 行 抗 告	113	221	210	144	136	117	86	40	29	38
執 行 異 議	41	69	57	62	51	54	50	22	20	17

※　統計数値はいずれも概数である。
※　執行抗告、執行異議は不動産執行事件に関する数値である。

【表4】 債権執行事件数の推移

年度		平成20年	平成21年	平成22年	平成23年	平成24年	平成25年	平成26年	平成27年	平成28年	平成29年
債権等強制執行 (ル)	新受	13,728	11,758	13,306	11,835	11,257	11,080	10,834	10,719	10,126	10,555
	既済	11,773	11,108	11,535	10,869	10,317	11,486	10,674	11,919	14,695	10,794
	未済	13,351	14,001	15,772	16,738	17,678	17,272	17,432	16,232	11,663	11,424
債権等担保権実行 (ナ)	新受	790	971	768	576	439	427	311	275	195	185
	既済	601	1,179	661	530	528	650	438	372	991	313
	未済	1,957	1,749	1,856	1,902	1,813	1,590	1,463	1,366	570	442
配当等事件 (リ)	新受	4,864	5,548	5,775	5,054	4,736	4,143	3,965	3,957	4,124	4,228
	既済	4,691	5,274	5,883	5,093	4,764	4,285	3,817	3,828	4,106	4,080
	未済	1,735	2,009	1,901	1,862	1,834	1,692	1,840	1,969	1,987	2,135

※ 統計数値はいずれも概数である。

【表5】 平成15年改正法により創設された制度に係る申立ての状況

年度	平成20年	平成21年	平成22年	平成23年	平成24年	平成25年	平成26年	平成27年	平成28年	平成29年
内覧	0	0	0	2	1	0	0	0	0	1
相手方不特定の執行法上の保全処分	0	3	5	4	6	4	1	0	0	0
担保不動産収益執行	14	18	10	8	12	8	8	1	3	2
扶養義務等に係る債権に基づく差押え	178	205	191	222	222	231	310	287	280	282
動産競売開始許可	8	5	3	3	1	2	5	7	5	1
財産開示	154	180	193	197	235	267	205	153	135	157

※ 統計数値はいずれも概数である。

【表6】 執行官が執行機関となる執行事件

年度	平成20年	平成21年	平成22年	平成23年	平成24年	平成25年	平成26年	平成27年	平成28年	平成29年
動産執行事件等（執イ）	3,917	4,138	5,069	4,117	3,351	2,794	2,443	2,446	2,337	2,093
不動産等明渡・引渡執行事件（執ロ）	3,543	4,190	4,758	4,620	4,310	4,445	4,118	3,776	3,867	3,874
保全執行事件等（執ハ）	770	833	869	839	852	776	720	564	622	697
執行事件合計	8,230	9,161	10,696	9,576	8,513	8,015	7,281	6,786	6,826	6,664

※ 統計数値はいずれも概数である。

論説・解説

大阪地方裁判所（本庁）における平成29年の民事執行事件の概要

大阪地方裁判所第14民事部判事　上田　元和

● 目　次 ●

1　はじめに　119
2　不動産競売（強制競売〔事件符号(ヌ)〕、担保不動産競売〔事件符号(ケ)〕）　119
　(1)　新受件数の動向等　119
　(2)　売却率の動向等　120
　(3)　ファストトラックの運用状況　120
　(4)　現況調査報告書の早期提出　120
3　担保不動産収益執行等　121
　(1)　新受事件の動向等　121
　(2)　事件の傾向等　121
　(3)　収益執行管理人との勉強会等　121
4　動産執行、明渡・引渡執行等（事件符号（執イ）（執ロ）（執ハ））　121
　(1)　新受事件の動向等　121
　(2)　子の引渡しの動向　121
5　債権執行（事件符号(ル)、(ナ)）および債権配当（事件符号(リ)）　122
　(1)　債権執行事件の新受件数の動向等　122
　(2)　債権配当事件の新受件数の動向等　123
6　財産開示　123
　(1)　新受事件の動向等　123
　(2)　事件の傾向等　123
7　その他　123
　(1)　保全事件　123
　(2)　引渡命令申立事件　123
　(3)　代替執行、間接強制申立事件　123
8　新たな立法への対応　123
9　終わりに　124

1　はじめに

本稿は、平成29年の大阪地方裁判所第14民事部（執行部）における民事執行事件の概要について説明するものである。平成28年と同様、新大阪（大阪市淀川区三国本町）にある民事執行センターにおける執行裁判所および執行官（現況調査担当）の事件処理の状況等のほか、中之島（大阪市北区西天満）の本庁舎における執行官（執イ、執ロ、執ハ担当）の事件処理の状況等について紹介する。

なお、本稿で紹介する統計数値は部内の集計による概数であり、正規のものではない。また、意見にわたる部分は筆者の個人的見解である。

2　不動産競売（強制競売〔事件符号(ヌ)〕、担保不動産競売〔事件符号(ケ)〕）

(1)　新受件数の動向等

平成29年の不動産競売の新受件数は、【表1】のとおり、合計1294件（強制競売250件、担保不動産競売1044件）であり、平成28年の合計1458件（強制競売274件、担保不動産競売1184件）に比べて約11.2％減少した。新受件数は、平成22年以降、減少傾向が続いている。

中小企業者等に対する金融の円滑化を図るための臨時措置に関する法律（以下、「金融円滑化法」という）が平成21年12月4日施行され、翌年の平成22

年以降、担保不動産競売事件の新受件数は減少傾向に転じた。金融円滑化法は平成25年3月31日に失効したが、その後も金融庁により各種の激変緩和措置が講じられているようである。その影響か否かは必ずしも明らかではないが、担保不動産競売事件の新受件数の減少傾向は、上記失効以後も依然継続している状況にある。

これに対して、強制競売事件の新受件数は、平成20年以降に大きな変動は見られなかったが、平成27年以降は増加傾向にある。今後の傾向を予測することは困難であるが、新受件数の動向を注視していく必要があると考えられる。

(2) 売却率の動向等

平成29年の期間入札（開札期日が平成29年1月24日から平成30年1月12日まで。本庁のみ）は22回実施されたが、その平均売却率は【表2】のとおり、96.4％である。

新受件数が減少したため、平成29年の売却実施指定件数は1062件となり、平成28年より121件減少しているが、依然として売却率は高い水準にある。売却基準価額以下での買受件数の総売却件数に対する割合は約4.9％で、平成28年の約6.1％から減少した。

また、各回ごとに算出した乖離率（売却基準価額に対する売却価額の割合）は、おおむね150％から160％の間で推移している。

以上から、平成29年は、不動産競売の新受件数および売却件数は減少したものの、売却の状況は順調であったといえる。

(3) ファストトラックの運用状況

居住用の自用（空室を含む）のマンションの一室を目的物件とする競売申立事件につき、申立てから配当終了までを6カ月とすることを目標とする運用（ファストトラック。この運用の対象事件を「F事件」と称している）による迅速処理は、平成29年も実施されている。

F事件について、平成29年に受理した事件の平均処理日数は、開始決定日から配当終結日までが224日であった。このうち、執行官における受理日（現況調査命令の正本交付日）から現況調査報告書提出

日までは約30日であり、おおむねF事件の趣旨に沿った処理がされている。

もっとも、平成24年は、申立日から配当終結日までの日数が215日、平成25年が213日であったことと比較すると、F事件の処理に要した日数は少しずつ長期化の傾向にある。その要因として、F事件として処理される事件数そのものが減少傾向にあることに加え、F事件の一部に、補正や予納が遅れる場合があること、競売開始決定の送達に時間を要する場合が増えていること、管理費等の支払状況に関する管理会社の回答が遅れて長期化する場合があること、代金納付期限間近に代金納付がされる案件の割合が増えていることなど、種々の要因が相まっているように思われる。

当部では、執行官と執行官監督官との間で、F事件およびそれ以外の事件処理の状況を報告する機会を設けており、その際に、迅速な事件処理を図るための対応策を検討・確認している。また、不動産執行を担当する書記官においても、F事件を適正迅速に処理するという認識を共有し、F事件の事件処理の状況等を適宜確認して、対応策を検討している。

F事件が長期化する要因の中には裁判所の運用だけでは対応が困難な事由も存するが、当部では、F事件を含めた不動産競売事件全体の適正迅速な処理を図るべく、不断に運用の改善に努めているところである。

(4) 現況調査報告書の早期提出

当部では、現況調査報告書の早期提出を確保するため、現況調査未済月報で未済状況を把握し、現況調査報告書の提出が現況調査命令受理後2カ月を経過してからになることが見込まれる場合には、執行官に遅延理由と提出見込み時期を記載した書面の提出を求めている。

平成29年をみると、目的不動産が共同住宅で多数の占有者の調査を要するなどの事情があるものは別として、多くの事件で、現況調査命令の受理日から1カ月以内に現況調査報告書が提出されている。

3　担保不動産収益執行等

(1)　新受事件の動向等

担保不動産収益執行事件（以下、「収益執行事件」という）の新受件数は【表3】、強制管理事件の新受件数は【表4】のとおりである。

収益執行事件の新受件数は、平成27年は7件、平成28年は4件、平成29年は3件であった。

強制管理事件の新受件数は、平成26年は1件、平成27年以降は0件であった。

(2)　事件の傾向等

担保不動産競売の申立てが併用されていない収益執行事件のうち、継続的に収益が上がっており、債権者が一定額の配当を受けている場合は、目的不動産の管理が長期的に継続する見通しとなる。このような場合、管理人においては、管理会社との連携を保ち、目的不動産の状況をよく把握しながら管理を継続することが肝要であり、執行裁判所としても、管理人とよく連携して、管理状況を把握するように努めているところである。これに対し、事件の長期化に伴い賃借人の所在不明または退去によって収益性が低下する、物件の維持管理費用の負担が生じる、といった事態が生じると、管理人による対応も困難な場合があるとともに、収益により費用を賄えなくなる事態に陥る可能性もある。このような場合には、事案に応じ、債権者と面談して収益執行事件の取下げや担保不動産競売の申立てを促すなど、事件の終局を目指した対応も検討している。

担保不動産競売の申立てが併用されている事件では、収益執行事件は、競売事件における目的不動産の代金納付があると、担保権が消滅するため、取消しで終了することになる。このようなことから、担保不動産競売事件と収益執行事件との連携を適切に図っていく必要があり、執行裁判所および管理人において、競売事件の進行状況を確認しながら、収益執行事件における対応を適宜検討している。また、競売事件の代金納付後の配当と収益執行事件の取下し後の清算配当については、従前から、各担当者間で事前に十分に協議し、一方の配当および充当後の請求債権の整理を確認し合いながら、各配当の時期等を調整して行っている。

近年は、収益執行事件の新受件数自体が減少していることと、比較的多数を占めてきた、担保不動産競売申立てを併用している事件が競売事件の代金納付により終了したこととが相まって、収益執行事件の未済件数は、相当に減少化している傾向にある。

(3)　収益執行管理人との勉強会等

当部では、収益執行担当の裁判官および書記官とで定期的にミーティングを開いて、事件の進行状況を把握するとともに、問題案件等について対応方法を検討しているほか、管理人（執行官）も交えた勉強会を適宜実施し、管理業務に伴い生じまたは生じうる問題への対応を検討することにしている。

4　動産執行、明渡・引渡執行等（事件符号（執イ）（執ロ）（執ハ））

(1)　新受事件の動向等

平成29年における動産執行・動産競売（執イ）、不動産引渡・動産引渡・代替執行等（執ロ）、仮差押え・仮処分等（執ハ）の新受件数は【表5】のとおりである。（執イ）と（執ロ）の新受件数は、長期にわたり減少傾向が続いているが、平成29年は、（執イ）については昨年並み、（執ロ）については増加した。

(2)　子の引渡しの動向

(イ)　強制執行実施件数

大阪地方裁判所本庁における、平成29年の子の引渡しに関する強制執行事件（保全事件を含む）は4件であり、うち2件が完了、1件が不能、1件が取下げで終了した。また、「国際的な子の奪取の民事上の側面に関する条約の実施に関する法律」（以下、「ハーグ条約実施法」という）に基づく解放実施の件数は0件であった。

(ロ)　大阪家庭裁判所との連携

ハーグ条約実施法およびその規則が平成26年4月1日から施行されたことから、大阪地方裁判所管内の執行官に解放実施が申し立てられた場合に備えて、ハーグ条約実施法およびその規則の運用のあり方を検討する必要がある。国内の子の引渡しに関する強制執行事件についても、ハーグ条約実施法およびその規則の規律の趣旨を考慮した場合の運用のあ

り方を検討する必要がある。また、両者に関し、大阪家庭裁判所との連携のあり方についても検討する必要がある。大阪地方裁判所では、以上の各点について継続的に検討を行っているところであり、大阪家庭裁判所の裁判官、書記官との間では、平成29年も、引き続き、当部の裁判官、書記官および執行官を交えた協議会を定期的に実施して意見交換等を行うことにより、連携体制の構築およびその確認を行っている。

（ハ）　大阪地方裁判所の取組み

国内の子の引渡しに関する強制執行事件について、大阪地方裁判所では、前記(ロ)のとおり、ハーグ条約実施法の施行に伴い、その規律の趣旨を考慮する必要があるとの認識を前提に、債務者に対して子の引渡しをどのように説得するか、子が拒絶した場合にどのように任意の同行を促すか、債権者と子との面会、引渡しに向けた手続をどのように進めるかなど、子の引渡し事案の強制執行の各場面において生じ得る点につき、事案が係属するごとに担当執行官と執行裁判所との間でミーティングを重ねることにより、ノウハウの蓄積を行っているところである。

また、大阪地方裁判所では、国内の子の引渡し事案において、原則として、執行現場に児童福祉・心理の専門家が協力者として立ち会うこととしている（ハーグ条約実施法の適用事案では、中央当局職員として、外務省領事局ハーグ条約室に所属する児童福祉・心理に関する専門家が立ち会うこととされている）。この専門家について、従前は、執行官の職務執行の適正を確保する観点から、立会人（民事執行法7条）として選任してきたところであるが、執行現場で専門家の担う役割（債務者や子に対する説得等）に照らし、近時は、執行補助者（執行官規則12条）として選任する事例がほとんどである。

5　債権執行（事件符号(ル)、(ナ)）および債権配当（事件符号(リ)）

(1)　債権執行事件の新受件数の動向等

（イ）　新受件数

平成29年の債権執行の新受件数は【表7】のとおり、合計7249件であり、うち、強制執行（事件符号(ル)）が7193件、担保権実行（事件符号(ナ)）が56件である。

強制執行は、平成28年より139件減少した。もっとも、このうち、扶養義務等に係る債権に基づく差押事件は、平成29年が145件であり、昨年並みの件数であった【表6】。

（ロ）　当事者多数事件

平成29年も、当事者多数事件（債務者数と第三債務者数との合計が6名以上の事件）が多く申し立てられた（担当者限りではあるが、おおむね全申立件数の1割程度がこれに該当するとのことである）。平成29年は、債務者の財産状況を把握できなかったためか、多数の金融機関の支店を第三債務者として一度に申し立てる事案が増加したように思われる。なお、過払金返還請求権を請求債権とする申立てについては、初回の事案が減少する一方、前回の執行で満足を得られなかったため再度の申立てを重ねている事案が増加したように思われる。

（ハ）　動売事件

担保権実行のうち、動産売買先取特権に基づく物上代位としての転売代金に対する債権差押命令申立事件（いわゆる動売事件）の平成29年の新受件数は3件であった。平成28年が52件であったことと比較すると大幅に減少したが、動売事件は、特定の債務者が倒産状態になると多数の事件が一時期に係属する傾向にあり、平成29年はそのような状況が生じなかったことに原因があると考えられる。動売事件は、債務者が倒産状態になった場合の有力な債権回収の手段であるとともに、債権者が、動売事件で第三債務者から優先弁済を受けることにより、確実な債権回収を図ろうとする意識が高いことに変わりはないと推察される。

もっとも、動売事件では、債権者→債務者→第三債務者と当該商品に係る売買の流れが主張立証できているか、第三債務者に動産の引渡しがされているかなどについて、裁判所からの求釈明、これに対する釈明、補正等が何度か行われ、ようやく発令に至る場合が多い。さらに、上記の釈明・補正等によっても担保権の存在を証する文書（民事執行法193条

1項)の提出が結局できなかったために、申立ての取下げの促しにより取り下げられ、または、申立てが却下される例も見られるところである。

当部では、動売事件の申立てについて、申立書作成時の注意点のほか、通常必要となる証明文書や添付文書(詳細な証拠説明書、事案の理解に役立つ取引関係図、書証対照表など)をあげ、各目録の記載例を紹介した書面を準備して、必要とする申立人に交付するなどしているところであり、申立人においても、上記のような各書面の内容および趣旨を十分理解し、必要十分な準備をしたうえで申立てを行うことが望まれる。

(2) 債権配当事件の新受件数の動向等

平成29年の債権配当の新受件数は、2802件であり、平成28年より149件増加した【表7】。

前年と比較して、債権執行事件の申立件数が減少した一方、債権配当の新受件数が増加した理由としては、債務者の給料を差し押さえた事案が増加したことで、執行供託が毎月される事案が増加したことや、給料の差押え後も債務者が勤務先を退職しない傾向が以前より強まっているように思われることなどが考えられる。平成27年以降、債権配当の新受件数が毎年150件前後ずつ増加しており、今後の新受件数の動向を注視していく必要があると考えられる。

6 財産開示

(1) 新受事件の動向等

【表6】のとおり、財産開示の新受件数は、平成23年は129件であったが、平成25年には70件まで減少し、平成26年は85件に増加したが、平成27年以降は再び減少に転じ、平成29年は43件であった。このような数字の変動は、過払金返還請求権を債務名義とする申立ての割合が減少したことによるものとみられる。

(2) 事件の傾向等

部内で集計した統計数値によるものではなく、担当者限りで確認した概要は、以下のとおりである。

平成29年に財産開示期日が開かれた事件は、申立件数の7割程度であり、開示義務者が出頭したものは、財産開示期日が開かれた件数の4割程度である。

期日が開かれなかった事件は、いずれも取下げで終了している。取り下げられた事件については、実施決定送達後の任意弁済や手続外で合意が成立したことを理由とするものが相当数あると考えられ、財産開示手続の係属が任意弁済の一つの契機となっていることが窺われる。

過料事件についてみると、平成29年に過料の制裁の上申があった事件は14件であった。このうち10件について過料の決定がされた。その余の4件は審理中である。

7 その他

(1) 保全事件

【表8】のとおり、平成29年における新受件数は0件であった。

(2) 引渡命令申立事件

平成29年における新受件数は【表9】のとおりである。平成22年から平成24年までは600件台を維持していたが、その後減少し、平成28年は287件、平成29年は273件であった。この数年の減少の原因は、主に不動産競売の新受件数および売却件数の減少によるものとみられる。

(3) 代替執行、間接強制申立事件

代替執行申立事件は、平成29年の新受件数が41件であり、その大半が建物収去の代替執行を申し立てたものであった。

間接強制申立事件は、平成29年の新受件数が7件であった。

8 新たな立法への対応

「消費者の財産的被害の集団的な回復のための民事の裁判手続の特例に関する法律」(消費者裁判手続特例法)が平成28年10月1日に施行された。大阪地方裁判所では、同法の施行前から、東京地方裁判所とともに同法により取得された債務名義に基づく執行手続上の問題点に関する検討を重ねたうえ、その概要を公表したところである(近藤昌昭ほか「消費者裁判手続特例法の運用について(保全・執行手

続）」判タ1431号5頁）。現在、強制執行の申立てはないが、あった場合に備え、さらなる検討等を不断に進めていく必要がある。

また、現在、債務者財産の開示制度の実効性の向上、不動産競売における暴力団員の買受け防止の方策、子の引渡しの強制執行に関する規律の明確化、債権執行事件の終了をめぐる規律の見直し等を内容とする民事執行法の改正の検討が続いている。その動向を把握し、改正法の適正・円滑な運用に向けた検討等も今後の課題となる。

9 終わりに

末尾に掲げた各表のとおり、民事執行事件は全体として減少傾向にあるが、個々にみれば複雑困難な事件が少なくないうえ、新たな立法への対応などの検討課題も多い。

当部の裁判官室・書記官室では、事件処理上の疑問等があれば、他の裁判官や書記官との間で、事実上、法律上の問題点について随時相談・議論をすることにより、互いの識見を深めようと努めている。

さらに、適切な事件処理を行うにあたっては、不動産執行においては、執行官および評価人と連携したうえでの検討を要する問題も多く、常日頃から裁判官、書記官と執行官、評価人との間で意見を交換するとともに、検討会、研究会等において検討を深めることが重要である。

当部では、このような機会も利用しながら、常に迅速かつ適正な執行を目指していきたいと考えている。

（うえだ　もとかず）

【表1】　不動産執行事件推移表

年度	不動産強制競売(ヌ)			不動産担保競売(ケ)		
	新受件数	既済件数	未済件数	新受件数	既済件数	未済件数
18	273	293	147	3,000	3,366	1,922
19	228	261	114	2,684	2,780	1,826
20	188	191	111	3,176	2,526	2,476
21	190	190	111	3,170	3,702	1,944
22	205	201	115	2,627	2,873	1,698
23	191	224	82	2,399	2,709	1,388
24	193	199	76	2,286	2,502	1,172
25	231	184	123	1,841	1,977	1,036
26	184	225	82	1,417	1,597	856
27	214	197	99	1,363	1,371	850
28	274	265	108	1,184	1,301	733
29	250	239	119	1,044	1,088	689

【表2】 不動産売却率推移表（物件単位）

年度	指定件数	実施件数	売却件数	売却率
18	2,985	2,478	2,354	95.0%
19	2,171	1,807	1,710	94.6%
20	2,454	2,214	1,941	87.7%
21	3,250	2,869	2,519	87.8%
22	2,646	2,254	2,147	95.3%
23	2,583	2,183	2,093	95.9%
24	2,483	2,170	2,032	93.6%
25	1,722	1,517	1,455	95.9%
26	1,552	1,373	1,308	95.3%
27	1,311	1,121	1,066	95.1%
28	1,183	1,041	999	96.0%
29	1,062	925	892	96.4%

【表3】 収益執行事件新受推移表

年度	18	19	20	21	22	23	24	25	26	27	28	29
件数	10	20	45	58	30	12	17	12	4	7	4	3

【表4】 強制管理事件新受推移表

年度	18	19	20	21	22	23	24	25	26	27	28	29
件数	0	1	1	0	2	0	1	2	1	0	0	0

【表5】 執行事件年度別新受件数の推移（なお統計数値はいずれも概数である）

年度	平成18年	平成19年	平成20年	平成21年	平成22年	平成23年	平成24年	平成25年	平成26年	平成27年	平成28年	平成29年
動産執行事件等（執イ）	6,719	6,050	5,532	5,653	5,290	4,194	3,380	2,489	2,230	2,207	1,902	1,904
不動産明渡執行事件等（執ロ）	2,873	2,819	3,072	3,216	3,169	2,939	2,669	2,496	2,461	2,455	2,267	2,522
保全執行事件等（執ハ）	301	256	269	289	286	259	239	196	233	180	212	164
執行事件合計	9,893	9,125	8,873	9,158	8,745	7,392	6,288	5,181	4,924	4,842	4,381	4,586

【表6】 平成15年改正法によって創設されたその他の制度に係る申立ての状況

申立て事項 \ 年度	18	19	20	21	22	23	24	25	26	27	28	29
扶養義務等に係る債権に基づく差押え	107	112	114	128	135	116	143	185	155	183	149	145
内覧	0	0	0	0	0	0	0	0	0	0	0	1
財産開示	62	37	45	94	115	129	120	70	85	74	60	43
動産競売開始許可	3	1	11	3	6	4	3	2	9	4	5	2

【表7】 債権執行事件推移表

年度	事件	新受件数	既済件数	未済件数	年度	事件	新受件数	既済件数	未済件数
18	(ハ)	7,191	8,283	6,745	24	(ハ)	7,583	7,907	6,838
	(ナ)	213	501	1,725		(ナ)	194	185	1,431
	(リ)	3,324	3,552	1,353		(リ)	2,833	3,064	1,103
19	(ハ)	6,038	7,030	5,753	25	(ハ)	7,413	7,482	6,769
	(ナ)	277	521	1,481		(ナ)	135	250	1,316
	(リ)	2,910	2,840	1,423		(リ)	2,502	2,489	1,116
20	(ハ)	6,735	6,592	5,896	26	(ハ)	7,831	8,261	6,339
	(ナ)	315	493	1,303		(ナ)	130	214	1,232
	(リ)	2,931	3,023	1,331		(リ)	2,549	2,600	1,065
21	(ハ)	7,286	6,806	6,376	27	(ハ)	7,090	7,031	6,398
	(ナ)	324	219	1,408		(ナ)	129	234	1,127
	(リ)	3,166	3,091	1,406		(リ)	2,492	2,334	1,223
22	(ハ)	8,588	7,990	6,974	28	(ハ)	7,332	6,946	6,784
	(ナ)	229	226	1,411		(ナ)	117	117	1,127
	(リ)	3,208	3,107	1,507		(リ)	2,653	2,514	1,362
23	(ハ)	7,832	7,644	7,162	29	(ハ)	7,193	7,004	6,973
	(ナ)	182	171	1,422		(ナ)	56	65	1,118
	(リ)	3,156	3,329	1,334		(リ)	2,802	2,964	1,200

【表8】 保全処分申立事件推移表

年度	18	19	20	21	22	23	24	25	26	27	28	29
55条	1	3	0	7	3	3	1	1	1	0	1	0
77条	3	0	2	6	3	8	3	1	11	0	3	0
187条	0	1	0	2	0	0	0	0	0	0	0	0
68条の2	0	0	0	0	0	0	0	0	0	0	0	0

【表9】 引渡命令申立事件推移表

年度	18	19	20	21	22	23	24	25	26	27	28	29
件数	671	533	540	840	664	684	683	494	422	320	287	273

重要判例解説

民事執行関係重要判例の回顧（平成29年）

大阪大学大学院高等司法研究科教授　下村　眞美

目次

1 はじめに　*128*
2 民事執行関係判例　*128*
　(1) 総則　*128*
　　① 東京高判平成29・5・18（LLI／DB・判例番号L07220135）――執行決定が確定した外国（ロシア）の仲裁裁判所の仲裁判断について、請求異議の訴えにおける債務名義の成立についての異議事由として、仲裁合意の不存在による仲裁判断の無効を主張することはできないとした事例（第一審：東京地判平成28・7・13判時2320号64頁、判タ1437号200頁）　*128*
　　② 最一小決平成29・7・20民集71巻6号952頁――すでにした執行処分の取消し等により強制執行が目的を達せずに終了した場合における執行費用の負担の決定方法（原審：東京高決平成28・11・29金商1527号33頁）　*129*
　(2) 不動産執行関係　*130*
　　③ 名古屋高決平成28・6・17判タ1431号117頁――一つの不動産競売事件の同一期日における複数の売却単位の買受申出保証金を合算して提供した入札が有効とされた事例　*130*
　　④ 東京地判平成28・12・27金法2072号101頁――差押えによる時効中断効と民事執行法68条の3第3項の規定による競売手続の取消し（売却の見込みのない場合の取消し）　*131*
　　⑤ 大阪高判平成29・1・27判時2348号24頁――収益物件である競売建物の現況調査報告書において、契約書記載の賃料額と実際に支払われている賃料額とに齟齬があることが記載されていなかった場合において、現況調査の違法を理由とする買受人の国家賠償請求が認容された事例（第一審：大阪地判平成28・4・15判時2348号48頁）　*132*
　(3) 債権執行関係　*134*
　　⑥ 東京地判平成28・11・28（LLI／DB・判例番号L07132548）――取立訴訟において、被告第三債務者と執行債務者との間の絵画販売委託契約の成立を認め、委託販売代金債権の支払を命じた事例　*134*
　　⑦－1　東京高判平成29・3・28金法2078号91頁、⑦－2　東京高決平成29・4・20金法2078号94頁――株式差押命令に係る株券未発行の株式につき売却命令による売却がされたが、配当異議の訴えの提起による配当留保供託がされた後、当該株式差押命令の債務者が破産手続開始決定を受けた場合には、破産法42条1項および2項の適用があるとされた事例　*134*
　　⑧ 最三小決平成29・10・10裁時1685号23頁、金商1529号8頁（原々審：東京地決平成28・5・17金商1529号15頁、原審：東京高決平成28・8・10金商1529号14頁）――執行裁判所の取扱いどおり、債権差押命令の申立書には請求債権中の遅延損害金について申立日までの確定金額を記載して債権差押命令の申立て

をした債権者が差押債権の取立てとして金員の支払を受けた場合に充当される遅延損害金の範囲（原審：東京高決平成28・8・10金商1529号14頁、第一審：東京地決平成28・5・17金商1529号15頁）　*136*

(4) **間接強制関係**　*138*

⑨　東京高決平成29・2・8（LLI／DB・判例番号L07220358）第一審の決定した間接強制金が過大で相当でないとして、その金額を変更した事例（第一審：東京家決平成28・10・4判時2323号135頁）　*138*

3　**おわりに**　*139*

1　はじめに

今期は、執行費用の負担と債権執行における遅延損害金の充当について最高裁の判断が示された（②、⑧）。執行裁判所の実務には大きな影響があると思われる。また、執行官の職務に関する裁判例（③、⑤）もあり、今後の職務遂行において参考になる。外国仲裁判断についての無効原因を請求異議訴訟では主張できないとした裁判例（①）は、今後増えると予想される同種事件の参考となろう。

2　民事執行関係判例

(1) 総則

① 東京高判平成29・5・18（LLI／DB・判例番号L07220135）——執行決定が確定した外国（ロシア）の仲裁裁判所の仲裁判断について、請求異議の訴えにおける債務名義の成立についての異議事由として、仲裁合意の不存在による仲裁判断の無効を主張することはできないとした事例（第一審：東京地判平成28・7・13判時2320号64頁、判タ1437号200頁）

執行決定が確定したロシア連邦商工会議所付属国際商事仲裁裁判所（以下、「本件仲裁廷」という）の仲裁判断（民事執行法22条6号の2）について、債務者であるXが債権者であるYに対し、債務名義の成立についての異議（同法35条1項後段）として仲裁合意の不存在（仲裁合意文書の偽造）による仲裁判断の無効を主張した事案である。

Xは、「確定した執行決定のある仲裁判断」に対する請求異議において、それ自体は裁判とはいえない仲裁判断の成立に仲裁合意の不存在等の瑕疵があれば、民事執行法35条1項後段の「裁判以外の債務名義の成立」についての異議として主張できる旨を主張した。

しかし、東京高裁は、「確定した執行決定のある仲裁判断」（民事執行法22条6号の2）は、仲裁判断と執行決定が結び付いた複合的債務名義である（**注1**）との理解を前提として、仲裁判断自体は請求異議訴訟の対象とならないことを確認したうえで、次のとおり判断した。

「民事執行法35条1項後段が『裁判以外の債務名義』について、その成立を請求異議訴訟で争えることとしたのは、裁判である債務名義および裁判によって完成する債務名義は上訴、異議又は再審によってその成立を裁判手続の過程において争う手段が与えられているのに対して、裁判以外の債務名義についてはその成立を争うこれらの手段が通常存在しないために請求異議の訴えをもって争うことを認めたものと解される。そして、ここでいう『裁判』は、判決に限らず、決定や命令（同法22条3号）を当然に含むものである。

したがって、『確定した執行決定のある仲裁判断』は、文理上も『裁判以外の債務名義』には該当しないし、控訴人が問題とする仲裁判断の成立の瑕疵は執行決定を求める申立ての手続において争うことができ、執行決定に対して即時抗告をすることもできる（仲裁法46条10項、44条8項）のであるから、上記民事執行法35条1項後段の趣旨からしても、請求異議訴訟において、『確定した執行決定のある仲裁判断』の成立についての異議を主張することは許されないというべきである」。

Xは、上記以外に執行決定手続が公開されず、同手続においては手続保障もないなどと主張して、請求異議の訴えが認められるべきであると主張したが、東京高裁は、いずれの主張も排斥して、Xの請求を棄却した第一審判決を支持した。

仲裁判断は、私人による判断であり、司法機関が

する裁判とは異なるため、仲裁判断に基づき直ちに国家権力を発動することはできない。そのため、国家の裁判所に仲裁判断の成立手続や内容について、一定の要件を定め、仲裁判断に基づく民事執行を実施してよいかどうかを審理・判断させることとした。執行決定の裁判の性質については、仲裁判断に執行力を獲得させるための訴訟法上の形成の裁判とみるのが判例・通説（**注2**）である。

この執行決定手続では、口頭弁論または当事者双方の立ち会い得る審尋期日を経なければならず（仲裁法46条10項・44条5項）、また、執行決定または執行決定の申立て却下決定に対しては即時抗告もできる（同法46条10項・44条8項）。執行決定手続においては、仲裁判断が適法かつ適式の成立、仲裁判断の承認・執行拒絶事由の存否が審理される（**注3**）。したがって、執行決定手続においては、当事者への手続保障にも十分配慮されており、Xの主張が排斥されたのは当然である。

なお、執行決定手続において、仲裁判断成立後の請求異議事由を審理・判断することができるかどうかについて、見解は分かれている（**注4**）。しかし、本件でXが主張しているのは、仲裁判断の成立についての異議事由であり、仲裁判断成立後の事由ではない。

仲裁判断の成立を争うのであれば、少なくとも執行決定手続の段階で主張・立証することが必要であることを示した裁判例である。

② **最一小決平成29・7・20民集71巻6号952頁——すでにした執行処分の取消し等により強制執行が目的を達せずに終了した場合における執行費用の負担の決定方法（原審：東京高決平成28・11・29金商1527号33頁）**

債権者Xは、債務者Yの有する不動産の共有持分について強制競売を申し立て、手続が開始された（以下、「本件強制競売」という）。本件強制競売手続において、現況調査命令および評価命令が発せられ、裁判所書記官による売却実施処分がされた後、Yは、請求異議の訴えを提起し、Xの執行債権がYの弁済供託により消滅したと主張した。Yの請求が認容され、確定したため、本件強制競売手続が取り消された。そこで、Xは民事執行法20条が準用する民事訴訟法73条1項の規定に基づき、本件強制競売の執行費用をYの負担とすることを申し立てた。

原審は、強制執行が債権者による申立ての取下げ、強制執行の基本となる債務名義を遡及的に取り消す旨の裁判の確定等により終了した場合を除き、債務者が執行費用を負担すべきものと解するのが相当であるとの一般論を述べた。そのうえで、本件は、上記例外の場合にはあたらないとして、本件強制競売手続の執行費用は債務者であるYが負担すべきものと判断した。Yが許可抗告を申し立て、原審がこれを許可した。

最高裁は、次のとおり述べて、結論において原審の判断を是認した。

「1　民事執行法42条1項は、強制執行の費用で必要なものを執行費用として債務者の負担とする旨を定めているところ、強制執行が目的を達して終了した場合に同項の規定により執行費用が債務者の負担とされることは明らかである。これに対して、既にした執行処分の取消し（同法40条1項）等により強制執行がその目的を達せずに終了した場合に、当該強制執行が終了するに至った事情を考慮することなく、一律にその執行費用を債権者又は債務者のいずれか一方が負担すべきものと解するのは、衡平の見地に照らし相当とはいえない。そうすると、同法42条1項は、強制執行がその目的を達せずに終了した場合について定めるものではないと解されるから、同法には上記の場合の執行費用の負担についての『特別の定め』（同法20条）は設けられていないといえる。

したがって、既にした執行処分の取消し等により強制執行が目的を達せずに終了した場合における執行費用の負担は、執行裁判所が、民事執行法20条において準用する民訴法73条の規定に基づいて定めるべきものと解するのが相当である。

2　本件についてこれをみると、Xの申立てに係る強制競売の手続は、Yが提起した請求異議の訴えに係る請求を認容する確定判決の正本が執行裁判所に提出されたことにより取り消されたものであるところ、上記請求が認容された理由は、上

記強制競売の開始決定後に抗告人が弁済供託をしたことにより同強制競売に係る請求債権が消滅したというものである。

したがって、Xから民事執行法20条において準用する民事訴訟法73条1項の裁判の申立てを受けた執行裁判所は、上記強制競売が終了するに至った事情を考慮して、同条2項において準用する同法62条の規定に基づき、同強制競売の執行費用をYの負担とする旨の裁判をすることができる」。

強制執行が申立ての取下げや手続の取消しにより、その目的を達することなく終了した場合に執行費用を誰が負担するかについて、見解は分かれている。そもそも債務者がその債務を任意に履行しないために債権者としては強制執行を行わざるを得なかったから、執行費用（強制執行の費用で必要なもの（注5））は、債務者が負担すべきものであるとする見解（注6）がある。他方、民事執行法42条1項は、上記のような場合については規定しておらず、強制執行がその目的を達せずに終了したときには常に債権者の負担とする、とする見解（注7）、強制執行が終了するに至った事情を踏まえて負担について定める、とする見解（注8）がある。

最高裁は、上記のとおり、強制執行が目的を達することなく終了した場合の執行費用の負担については、民事執行法42条1項が定めるところではないから、同法20条の準用する民事訴訟法73条の規定に基づいて定めるべきと判断した。そうすると、同条2項において同法61条から66条までが準用されており、強制執行の申立ての取下げや手続の取消しに至った事情を考慮して決定されることになる。本件でも、本件強制競売手続が取り消された事情を考慮して、債務者であるYに負担させるべきと判断した。民事訴訟法62条などと比較して、強制執行が目的を達することなく終了した場合に、執行費用を債権者または債務者のいずれか一方に負担させることは衡平の観点から相当でないとの考慮がある。

しかし、強制執行の申立てがされた原因は、債務者が債務を履行しないことにあるから、原則は、適式に開始された強制執行が債権者の満足に至らなかった場合でも、本件のように強制執行手続が開始された後に債務者が弁済した場合でも、債務者に執行費用を負担させるべきである。これが衡平の観点から不相当であるという場合には、民事執行法42条1項の「必要なもの」に該当しないとすることで、同じ結論は得られる。すでに債務名義を有して権利実現を図る強制執行手続について、権利確定を求める訴訟手続における訴訟費用の負担と同じと考える必要はないように思われる。

(2) 不動産執行関係

③ 名古屋高決平成28・6・17判タ1431号117頁——一つの不動産競売事件の同一期日における複数の売却単位の買受申出保証金を合算して提供した入札が有効とされた事例

執行裁判所は、担保不動産競売事件の対象不動産17の不動産について、複数の売却単位に分けて売却することとした。上記対象不動産のうち本件1ないし3物件を一括売却し、売却基準価額を35万円（買受申出保証金7万円）と定めた。また、本件13物件の売却基準価額を15万円（買受申出保証金3万円）と定めた。執行裁判所では、「入札保証金振込証明書の書き方」と題する書面、「期間入札についての注意」と題する書面を配布しており、そこでは、入札書ごとに保証金の振込みが必要であり、一括納付はできないこと、買受けの保証を売却単位ごとに提供しなければならないことなどが記載されている。

ところで、Xは、本件1ないし3物件および本件13物件の両方に入札することとした。Xは、買受申出保証金を振り込む際に本件1ないし3物件の保証金と本件13物件の保証金を合計した10万円をまとめて振り込んだ。そのため、執行官に提出した入札保証金振込証明書は1通であったが、物件番号として「公告書記載の番号　第1～3、13号」と記載されていた。

執行官は、買受申出保証金が売却単位ごとに振り込まれず、入札保証金振込証明書も売却単位ごとに提出されなかったため、Xの入札を無効として開封しなかった。執行官は、本件1ないし3物件についてはYを最高価買受申出人とし、本件13物件については不売とした。Xは、執行官の各処分に対し、執行異議を申し立てたが、原審裁判所はこれを却下

し、本件1ないし3物件についてYに対する本件売却許可決定をした。そこで、Xが本件売却許可決定に対して執行抗告を申し立てた。

名古屋高裁は、以下のとおり判断して、本件売却許可決定を取り消し、本件1ないし3不動産について、Yに対する売却を不許可とした。名古屋高裁は、担保不動産競売事件手続における買受申出の保証の提供（民事執行法188条・66条）およびその証明文書等の提出方法（民事執行規則173条1項・48条）について確認したうえ、次のとおり判断し、Xの入札を有効と認めた。

「民執規48条は、入札保証金振込証明書等を、入札書を入れた封筒と共に執行官に提出しなければならないことを定めているのみであって、同条が、少なくとも一つの事件の複数の売却単位の開札期日が同一の場合において、入札保証金振込証明書を売却単位ごとに個別に提出すべきことまで義務付けているとは、文言上は直ちに解し得ない」。

「また、買受申出保証金額は売却単位ごとに個別に定められるものであり、買受申出保証金の提供は入札の有効要件であるから、買受申出保証金が合算提供されることによって、その額の内訳が一義的に確定できず、当該売却単位について定められた買受申出保証金が提供されたことを確認できない場合には、そのような入札は無効であると解さざるを得ない。例えば、合算提供された金額が、各売却単位について定められた買受申出保証金の合計額に不足したり超過したりした場合には、その額の内訳を一義的に確定できないことになると考えられる」。

「しかしながら、本件においては、入札保証金振込証明書に物件番号が『第1～3、13号』と記載され、振り込まれた買受申出保証金の金額は、本件1ないし3物件の保証金7万円と本件13物件の保証金3万円を合計した金額と同額の10万円であったのであるから、入札者としては、各売却単位について定められた7万円と3万円の保証金を提供する意思であったことが明らかであり、それ以外の意思解釈は成り立ち難い。したがって、本件の事実関係の下では、各売却単位についての買受申出保証金の提供が確認できないとは認められない」。

そのうえで、保証金の一部返還事務の支障、配布書面の記載をもってしても上記判断を覆すことができないとした。

確かに民事執行規則48条は、入札保証金振込証明書等を、入札書を入れた封筒と共に執行官に提出しなければならないことを定めているだけである。しかし、買受申出保証金額は売却単位ごとに個別に定められるから、通常は、売却単位ごとに入札保証金振込証明書等が提出されるはずである。本件では、たまたま一つの事件の複数の売却単位が同一の開札期日に指定されたが、一つの事件であっても売却単位ごとに開札期日が異なっている場合や開札期日が同じであっても事件が異なっていれば、合算提供が有効とされることはないと考えられる。

したがって、本裁判例の射程は、一つの事件の複数の売却単位の開札期日が同一の場合に限られるであろう。特に、同一の開札期日に何百、ときには千を超える入札書を処理しなければならない大規模庁であれば、合算額が過不足ないかどうかまで確認するのは困難と思われる。買受申出保証金が合算されている場合にも、例外的に有効とするかどうかは、開札期日ではなく、その後の執行異議や売却期日における審理で確認することで足りるであろう。

④　東京地判平成28・12・27金法2072号101頁──差押えによる時効中断効と民事執行法68条の3第3項の規定による競売手続の取消し（売却の見込みのない場合の取消し）

A社（代表者Z）は、平成元年10月に山林等を取得し、C信用組合は、この山林等を目的としてA社を債務者、極度額1億円、担保される債権の範囲を信用組合取引、手形債権、小切手債権とする根抵当権設定契約を締結し、その旨の登記がされた。C信用組合は、平成2年3月26日、A社を債務者とする信用取引約定書を締結し、ZとB社の代表者であるYがその連帯保証人となった（本件約定書）。A社とB社（代表者Y）は、共同して不動産取引を行うことを合意していたところ、平成3年5月29日に

は、C信用組合は、A社とB社が共同で取得した田を目的として、C信用組合を根抵当権者、A社とB社を債務者、極度額を3000万円、担保される債権の範囲を信用組合取引、手形債権、小切手債権とする根抵当権設定契約が締結され、その旨の登記がされた。

A社は、C信用組合から平成9年から11年にかけて3回にわたり合計3200万円を借り入れた（以下、「本件貸付債権」という）が、その後、期限の利益を喪失した。C信用組合は、本件貸付債権の残元金、利息および遅延損害金並びに一切の権利を整理回収機構に譲渡した。整理回収機構は、平成15年3月26日、請求債権を本件貸付債権の元本のうち3000万円としてA社らが所有する不動産を差し押さえた。しかし、この競売手続は、平成16年12月4日、民事執行法188条、68条の3第3項の規定によって取り消された（以下、「本件取消し」という）。その後、整理回収機構は、本件貸付債権およびこれに附随する権利をXに譲渡した。

Yは、①本件貸付債権がYが連帯保証したことを約した範囲に含まれない、②錯誤無効や権利濫用などを理由として本件約定書の効力はない、③根抵当権の被担保債権と本件貸付債権は同一でなく、本件貸付債権について時効中断効は生じていない、また、④本件取消しによって時効中断の効力が生じなかったことになると主張して、Xの請求を争った。

東京地裁は、①～③について、詳細な事実認定によりYの主張を退けた。また、④については、以下のとおり判断した。

「本件取消しは、民事執行法188条、68条の3第3項に基づくものであるところ、同法68条の3の規定による競売手続の取消しについては、目的物件について売却の見込みがないために取り消されるものであって、差押債権者が法律の規定に従わないことを理由とするものではないことからすれば、同項の規定によって競売手続が取り消されても、消滅時効中断の効力が失われることはないと解するのが相当である。したがって、民法154条の場合に当たり、時効中断の効力が生じなかったことになるとする被告の主張は採用できない」。

民事執行法188条は、同法68条の3を準用しているところ、同条は、平成10年の改正により追加された規定である。同条3項による執行手続の取消しは、法律の規定に従わないことによる取消しではないので、民法154条には該当しない。したがって、差押えによる時効中断効（民法147条2号）は失われず、取消しの時点から新たに時効期間が進行する（**注9**）。本裁判例は、上記のとおり判断し、Yの主張を退け、Xの請求を認容した。異論はないと思われる。

⑤ 大阪高判平成29・1・27判時2348号24頁——収益物件である競売建物の現況調査報告書において、契約書記載の賃料額と実際に支払われている賃料額とに齟齬があることが記載されていなかった場合において、現況調査の違法を理由とする買受人の国家賠償請求が認容された事例（第一審：大阪地判平成28・4・15判時2348号48頁）

Xは、担保不動産競売事件において、収益物件である対象不動産（以下、「本件不動産」と、建物だけを指す場合には「本件建物」という）を買い受けた。Xは、賃貸借契約書記載の賃料額と実際に支払われている賃料額とに齟齬があるのに、その事実が現況調査報告書に記載されていなかった、そのため、高額の収益が見込めると信じて、本件不動産を買い受けて損害を被ったと主張して、Y（国）に対し、国家賠償法1条1項に基づき、損害賠償を求める訴えを提起した。Xは、本件訴訟において、①執行官が目的不動産の現況をできる限り正確に調査すべき注意義務に違反したこと、②執行裁判所が、その処分を是正すべき義務があったのにこれを怠ったこと、③抗告裁判所が、執行裁判所の売却許可決定に対する一審原告の執行抗告について職務上の義務に違反して誤った棄却決定をしたことによって損害が発生したと主張した。

本件建物の住戸は、特定優良賃貸住宅の供給の促進に関する法律並びに大阪府特定優良賃貸住宅供給促進事業制度要綱および大阪府特定優良賃貸住宅供給促進事業費補助金交付要領に基づく家賃減額にかかる補助金交付制度（以下、「特優賃制度」という）の適用を受けるものとされた。平成24年2月時点で

は、22戸の住戸のうち6戸のみ特優賃制度により管理されていたが、実際に補助金の交付を受けていたのは3戸だけであった。

大阪高裁は、現況調査・評価からXの代金納付までの事実について詳細に認定を行った。次に、執行官の現況調査における注意義務については、最三小判平成9・7・15民集51巻号2645頁を引用して、同旨を述べ、

「執行官は、収益物件について現況調査報告書に賃料額を記載するに当たっては、調査した実際支払賃料額を正確に記載すべきであり、仮に、賃貸借契約の賃料額として契約書記載の賃料額を記載する場合において、実際支払賃料額が何らかの理由によりこれより下回っている事実があるときは、その理由が判明しているときにはこれを含めて明示するなどし、現況調査報告書を読む者が実際支払賃料額につき契約書記載の賃料額と同額であると誤認することのないようにすべきである」。

「(中略)本件現況調査報告書に記載された本件不動産の実際支払賃料額(年額3129万6000円)と、実際の本件不動産の実際支払賃料額(年額2336万4000円)を比較すると、前者は後者の約1.3倍であり、前者と後者には年額で793万2000円の違いがあるのであるから、本件現況調査報告書の上記記載は、上記のように重要性の高い事実である実際支払賃料額について、実際の状況より著しく高い誤った額を記載したものといえる。

したがって、上記のとおり実際支払賃料額につき、本件現況調査報告書の記載内容と本件不動産の実際の状況との間に看過し難い相違が生じたというべきである」。

とする。そのうえで現況調査を担当した執行官(以下、「本件執行官」という)が本件建物の賃借人からの回答について、賃貸借契約書記載の賃料より少ない額を回答したものがあったことについて、十分な評価検討をし、実際支払賃料額を調査することを怠ったかどうかの点について、次のとおり述べる。

「本件執行官は、(中略)調査結果の十分な評価、検討をしていれば、本件不動産において賃貸人が賃借人から支払を受けていた賃料の額(特優賃制度により補助金が交付されていた場合には、その補助金を加えた額)、すなわち、本件不動産の実際支払賃料額は、賃貸借契約書記載の賃料額(月額260万8000円)より相当低い額である可能性があることを認識し得たものである。そして、上記調査結果を踏まえて更に本件不動産の実際支払賃料額についての調査をしなければ、本件不動産の実際支払賃料額につき、(中略)本件現況調査報告書の記載内容と本件不動産の実際の状況との間に看過し難い相違が生じることを知り得たというべきであり、本件執行官には、そのような相違が生じないよう上記調査結果を踏まえて本件不動産の実際支払賃料額について更に調査すべき義務があったというべきである。

ところが、本件執行官は、本件現況調査において、上記調査結果の十分な評価、検討をして上記のとおり本件不動産の実際支払賃料額について調査することを怠ったばかりか、本件覚書による賃料減額がされている賃借人の存在を知りながら、その事実すら記載せず、賃貸借契約書記載の賃料額のみを記載した本件現況調査報告書を作成したため、(中略)本件不動産の実際支払賃料額につき、本件現況調査報告書の記載内容と本件不動産の実際の状況との間に看過し難い相違が生じたものということができる」。

このように判断して、本件執行官が現況調査を行うにあたり、目的不動産の現況をできる限り正確に調査すべき注意義務に違反したと判断した。

大阪高裁は、本件執行官の注意義務違反によってXに損害が生じたこと、その損害は、性質上その額を立証することが極めて困難であるとして民事訴訟法248条を適用して相当な損害額を認定すべきであると判断して、Yに対し、国家賠償法1条1項に基づき第一審より高額の1500万円の損害賠償金および遅延損害金の支払を命じた。

本件は、大阪高裁が引用する平成9年判例の事案(競売対象土地の誤認)と異なり、収益物件における実際の賃料額が問題となった事案である。裁判例が指摘するとおり、収益物件の競売においては、実際の賃料額は入札額を決定する重要な指標となる。

したがって、賃借人の賃料額についての回答が賃貸借契約書と異なっていたという事実が判明した段階で、時間や費用の制約があるにしても、さらに調査をすべきであったし、少なくとも契約書と実際の賃料額に齟齬があるということは現況調査報告書に記載されるべきであるという本裁判例の指摘は、当然のことといえよう。平成9年判例のいう「調査および判断の過程が合理性を欠き、その結果現況調査報告書の記載内容と目的不動産の実際の状況との間に看過しがたい相違が生じた場合」の事例の一つとして注目される。

(3) 債権執行関係

⑥ 東京地判平成28・11・28(LLI／DB・判例番号L07132548)──取立訴訟において、被告第三債務者と執行債務者との間の絵画販売委託契約の成立を認め、委託販売代金債権の支払を命じた事例

本件は、差押債権者であるXが、民事執行法155条1項の取立権に基づき、第三債務者であるYに対し、被差押債権およびその支払期日の翌日から支払済みまで年6分の割合による遅延損害金の支払を求める事案である。

Xは、C(執行債務者)に対して、損害賠償債権1億0500万円を有しており、債務名義も取得していた。Xは、本件請求債権(残元金9500万円および執行費用1万3348円の合計9501万3348円)の弁済に充てるため、CがYに本件絵画の販売を委託する契約(以下、「本件販売委託契約」という)に基づき、Yが本件絵画を販売したことにより受け取り、Cに交付するために保管中の売上金(以下、「本件差押債権」という)の差押命令を申し立て、平成28年1月12日、東京地裁は、差押命令を発した。Yが本件差押債権の弁済をしないため、Xは、Yに対して、取立訴訟を提起した。Yは、本件販売委託契約は、Cとの間ではなく、Gとの間で締結されたものであると主張し、Xの請求を争った。

東京地裁は、事実経過や当事者の認識等について詳細に認定したうえ、次のとおり判断し、Xの請求を認容した。

「遅くとも10月26日には、YとCとの間で、本件絵画を含む本件ビュッフェ展に出展された絵画の販売委託契約(したがって、本件販売委託契約もこの中に含まれることになる。)が成立していたことが認められる」。

「(中略)絵画が実際に販売されるまでは、展示会を担当する画商側がYに対して代金を請求しないとの取引実態が存在していたにすぎず、それは、絵画が販売されるよりも前の時点で絵画の販売委託契約が成立することを妨げる事情とはいえない。そもそも、絵画の販売委託契約は、当事者の一方(本件ではC)が絵画の販売という法律行為を相手方(本件ではY)に委託し、相手方(Y)がこれを承諾することによって、その効力を生ずるものであり(民法643条)、本件絵画の委託販売代金の交付は、委任事務を処理するに当たって受け取った金銭の引渡義務の履行にすぎない(民法646条)。したがって、本件絵画の委託販売代金の交付義務は、委任事務としての本件絵画の販売がされ、Yの顧客である買主から本件絵画の対価である販売代金をYが受け取った後に、発生する義務であるから、本件絵画が実際に販売されるまで、委任者であるCが受任者であるYに対して本件絵画の委託販売代金を請求しないということは当然のことであり、本件絵画の販売委託契約の成立を妨げるような事情とはいえない」。

取引の実態に即した判断であり、異論はないものと思われる。

⑦-1 東京高決平成29・3・28金法2078号91頁、
⑦-2 東京高決平成29・4・20金法2078号94頁──株式差押命令に係る株券未発行の株式につき売却命令による売却がされたが、配当異議の訴えの提起による配当留保供託がされた後、当該株式差押命令の債務者が破産手続開始決定を受けた場合には、破産法42条1項および2項の適用があるとされた事例

①事件：X_1(抗告人)は、債務名義に基づき、X_1の債務者甲(以下、「甲」という)に対する貸金返還債務履行請求権等を請求債権として、甲が有する第三債務者株式会社Zの普通株式10株(以下、「本件株式」という)について差押命令を申し立て、平成27年12月25日、本件株式の差押命令が発せられ

た(以下、「本件差押命令1」という)。

②事件：X₂(抗告人)は、債務名義に基づき、甲に対する貸付金債権を請求債権として、本件株式について差押命令を申し立て、平成28年2月2日、本件株式の差押命令が発せられた(以下、「本件差押命令2」という)。

平成28年11月17日午前10時30分、本件株式の売却代金8314万9836円について配当期日が開かれ、債権者株式会社Aは、配当表に記載されたX₁およびX₂に対する配当額について異議の申出をして、後日、X₁およびX₂を被告として配当異議訴訟を提起した。執行裁判所は、配当表中、上記異議のない部分について、配当を実施し、異議の申出がされた配当額について、配当留保供託がされた。

ところで、甲は、平成29年1月11日午後5時、破産手続開始決定を受け、破産管財人Yが選任された。Yは、同月13日、執行裁判所に対し、本件差押命令1および同2を取り消すよう上申し、同裁判所は、同月16日、本件差押命令1および同2を取り消す決定をした。そこで、X₁およびX₂が、上記取消決定の取消しを求めて執行抗告を申し立てた。

東京高裁は、①事件について、次のように述べて、X₁の抗告を棄却した。

「破産法42条1項及び2項は、破産手続開始の決定があった場合、破産財団に属する財産に対する強制執行で破産債権等に基づくものは、失効する旨定めているところ、上記の対象となる強制執行とは、破産手続開始の決定までに、執行手続が終了していないものをいい、売却命令に基づく換価が実施された場合の執行終了時期は、債権者に対する配当又は弁済金交付が終了したときである。本件差押命令1に基づく執行手続は、甲に対する破産手続開始決定時、配当留保供託がされ、その手続は終了していなかったから、上記各条項の対象となるというべきである」。

「配当留保供託では、権利確定等に伴う配当等の実施が予定されていること(民事執行法92条)、破産法42条1項の場合は、同条2項により、破産管財人が当該財産又は当該財産が換価され代金に変わっている場合にはその代金についての管理処分権を行使できると解されること、配当異議訴訟の結果によっては、配当留保供託された代金の一部が債務者に交付されることからすると、当該財産が換価され配当留保された金員は破産財団に属する財産に当たるというべきである」。

また、②事件について、次のとおり述べて、同じくX₂の抗告を棄却した。

「破産法42条1項及び2項は、破産手続が破産者の総財産を対象とする包括執行であることから、破産手続開始の決定後は、破産者の財産に対して、個別債権者が破産債権又は財団債権に基づいて別個に強制執行等の権利行使することを禁止し、かつ、既になされている未終了の個別執行等を破産財団との関係において失効させることにより、破産手続の円滑な進行を確保する趣旨のものと解される。そうすると、本件においては、(中略)本件株式の売却代金のうちX₂及びX₁に対する配当実施額に相当する部分は配当留保供託されており、配当が終了しておらず、債権者が換価財産から未だ満足を得ていないのであるから、本件差押命令に基づく執行手続は終了していないというべきであり、破産法42条1項及び2項に該当するとの原決定は是認できる」。

包括執行である破産手続が開始されれば、破産手続を円滑に進行させるため、債権者が個別に権利行使することは禁止され、すでにされている個別執行等についても破産財団との関係で効力を失うとされている(破産法42条1項・2項)。債権差押命令発令後に債務者について破産開始決定がされた場合、破産開始決定の取消しまたは破産廃止の決定が確定した際の執行手続復活の余地を残しておくために、直ちに執行手続を取り消さず、職権により手続を停止するのが原則であるとされる(注10)。手続停止にとどめる(注11)か、取消処分まですべき(注12)かについては、見解が分かれている。東京地裁の実務では、破産管財人から執行取消しの上申書が提出された場合には、職権で債権差押命令を取り消している(注13)。大阪地裁では、破産管財人に対して、続行の意向があるかどうかを確認し、続行の意向がない場合には、当事者に対し、当該債権に対する強

制執行手続は破産により失効した旨を通知して、事件を終了させている(**注14**)。

なお、破産手続開始決定時までに強制執行が終了している場合には、同条項は適用されず、執行行為の否認(破産法65条)が問題となるだけである(**注15**)。

本裁判例は、配当異議訴訟が係属したため、X_1、X_2に対する配当実施額に相当する部分は配当留保されているので、配当が終了していないから、破産法42条1項および2項に該当すると判断したうえ、東京地裁の実務を是認したものである。配当期日が終了しても、配当実施がない以上、X_1、X_2について強制執行手続が終了していないという結論には異論はないと思われる。

本裁判例については、X_1およびX_2から許可抗告の申立てがされ、東京高裁はこれらについて許可決定をしたので、いずれも最高裁に係属している。最高裁の判断が注目される。

⑧ 最三小決平成29・10・10裁時1685号23頁、金商1529号8頁(原々審:東京地決平成28・5・17金商1529号15頁、原審:東京高決平成28・8・10金商1529号14頁)——執行裁判所の取扱いどおり、債権差押命令の申立書には請求債権中の遅延損害金について申立日までの確定金額を記載して債権差押命令の申立てをした債権者が差押債権の取立てとして金員の支払を受けた場合に充当される遅延損害金の範囲(原審:東京高決平成28・8・10金商1529号14頁、第一審:東京地決平成28・5・17金商1529号15頁)

Xは、平成28年1月12日、東京地裁に対し、Yを債務者、Zを第三債務者として差押命令を申し立て、同月20日、次のとおりの債権差押命令が発せられた(以下、「前件差押命令」という)。

「(1) 請求債権　以下の合計117万9934円
　　ア　元金109万7743円〔報酬等請求事件の確定判決の正本(以下「本件債務名義」という)に表示されたXのYに対する報酬等の合計〕
　　イ　遅延損害金7万3803円〔元金のうち106万4318円に対する平成26年8月30日から平成28年1月12日まで年5分の割合による金員7万3039円と元金のうち3万3425円に対する平成27年7月30日から平成28年1月12日まで年5分の割合による金員764円の合計〕
　ウ　執行費用8388円
(2) 差押債権
　　YがZから支払を受ける介護給付費等に係る債権のうち、請求債権の金額に満つるまでの部分」。

Xは、前件差押命令に基づいてZから117万9934円の支払を受けた(以下、「本件取立金」という)。Xは、本件取立金について、1番目に執行費用の全額に、2番目に本件債務名義に表示された始期から前件差押命令の申立ての日までの遅延損害金に加えて、その翌日から最終の取立日である平成28年3月31日を終期として、その間の各取立日の残元本に対する遅延損害金の全額に、さらに元金に対して本件取立金から執行費用および遅延損害金を控除した117万2042円を充当した。その結果、元金7892円分が回収できなかった。そこで、Xは、平成28年4月11日、執行裁判所に対して、Yを債務者、Zを第三債務者として、再度の債権差押命令の申立てをした(以下、「本件申立て」という)。

「(1) 請求債権　1万6797円
　　ア　元金7892円(本件債務名義に表示された報酬等のうち、前件差押命令に基づく本件取立金を充当した後の残元金)
　　イ　遅延損害金　11円(残元金に対する前件差押命令に基づく最終の取立日の翌日である平成28年4月1日を始期とし、本件申立日を終期として計算した年5分の割合による金員)
　ウ　執行費用　8894円
(2) 差押債権
　　YがZから支払を受ける介護給付費等に係る債権のうち、請求債権の金額に満つるまでの部分」。

東京地裁では、債務名義が附帯請求の終期を「支払済みまで」と表示する場合に、債権差押命令の申

立書には、あえて申立日までの確定金額を記載させる取扱い（以下、「本件取扱い」という）をしていた。この取扱いは、第三債務者が遅延損害金の額を計算する負担を負うことがないようにする利点がある（注16）。Xは、本件取扱いに従い、前件差押命令の申立てにおいて、請求債権のうち遅延損害金の終期を申立日までとして確定金額を記載し、同額をZから取り立てた。その金額について、いわば遅延損害金額を拡張して充当し、残元金についてさらに債権差押命令の申立てができるかどうかが問題となった。

執行裁判所は、前件差押命令の申立書に記載した請求債権中の遅延損害金を申立日までの確定金額とした以上、取立金の充当もその範囲に限られる、また、債務者も請求債権目録記載の債権の満足が得られたと信頼するのが通常であるとしてXの本件申立てを却下した。Xは、執行抗告を申し立てたが、原決定も、請求債権を確定金額とした以上、手続中に元金や損害金が変動することは予定していないとして、第一審の決定を支持し、執行抗告を棄却した。これに対して、Xが許可抗告の申立てをし、抗告が許可された。

最高裁は、次のとおり判断して、原決定を破棄し、原々決定を取り消して、執行裁判所に差し戻した。

「(1) 金銭債権に対する強制執行は、本来債務者に弁済すれば足りた第三債務者に対して、差押えによって、債務者への弁済を禁じ、差押債権者への弁済又は供託をする等の義務を課すものであるから、手続上、第三債務者の負担にも配慮がされなければならない。本件取扱いは、請求債権の金額を確定することによって、第三債務者自らが請求債権中の遅延損害金の金額を計算しなければ、差押債権者の取立てに応ずべき金額が分からないという事態が生ずることのないようにするための配慮として、合理性を有するものである（最高裁平成20年（受）第1134号同21年7月14日第三小法廷判決・民集63巻6号1227頁参照）。そして、元金及びこれに対する支払済みまでの遅延損害金の支払を内容とする債務名義を有する債権者は、本来、請求債権中の遅延損害金を元金の支払済みまでとする債権差押命令の発令を求め、債務名義に表示された元金及びこれに対する支払済みまでの遅延損害金相当額の支払を受けることができるのであるから、本件取扱いに従って債権差押命令の申立てをした債権者は、第三債務者の負担について上記のような配慮をする限度で、請求債権中の遅延損害金を申立日までの確定金額とすることを受け入れたものと解される。

そうすると、本件取扱いに従って債権差押命令の申立てをした債権者は、債権差押命令に基づく差押債権の取立てに係る金員の充当の場面では、もはや第三債務者の負担に配慮をする必要がないのであるから、上記金員が支払済みまでの遅延損害金に充当されることについて合理的期待を有していると解するのが相当であり、債権者が本件取扱いに従って債権差押命令の申立てをしたからといって、直ちに申立日の翌日以降の遅延損害金を上記金員の充当の対象から除外すべき理由はないというべきである。

したがって、本件取扱いに従って債権差押命令の申立てをした債権者が当該債権差押命令に基づく差押債権の取立てとして第三債務者から金員の支払を受けた場合、申立日の翌日以降の遅延損害金も上記金員の充当の対象となると解するのが相当である。

(2) これを本件についてみると、Xは、本件取扱いに従って前件差押命令を申し立てたものであるから、前件申立日の翌日以降の遅延損害金も本件取立金の充当の対象となる」。

最高裁は、第三債務者が被差押債権の全額に相当する金銭を供託した場合には、第三債務者の負担を考慮する必要がないから、本件取扱いに従った債権差押命令の申立てをした債権者であっても、通常は、債務名義の金額に基づく配当を求める意思を有していると解するのが相当である、したがって、本件取扱いに従って債権差押命令の申立てをした債権者については、計算書で請求債権中の遅延損害金を申立日までの確定金額として配当を受けることを求める意思を明らかにしたなどの特段の事情のない限

り、配当手続において、債務名義の金額に基づく配当を求める意思を有するものとして取り扱われるべきであり、計算書提出の有無を問わず、債務名義の金額に基づく配当を受けることができるというべきであるとの判断を示していた（最三小判平成21・7・14民集63巻6号1227頁）。

本件は、第三債務者による供託があった場合ではなく、前件差押命令に基づく全額の取立てが完了した場合である。最高裁は、この場合にも、差押債権者が債務名義記載の全額を受領する意思を有している以上、全額についての権利実現を保障すべきであると判断したものである。

債務名義成立後に任意弁済を受ける場合には、支払日までの全額を受領できる。これに対して、債権差押命令の申立て時と取立て時には間隔があり、これを埋めることはできないから、申立て日までの確定金額を記載して、これが限度であるとされれば、任意弁済に比べて不公平が生ずる。また、本件取扱いに従った債権差押命令に基づき確定金額を取り立てた後、その充当について計算し直すのは債権者であり、第三債務者に負担をかけるものでもない。本判例は、このような点から債権者の権利実現を重視したものといえよう。

ただ、手続的には、本件取扱いに従った債権差押命令に基づく差押え・取立て後に遅延損害金から充当してゆけば、何度も債権差押命令の申立てを繰り返さなければならなくなる。そのたびに執行費用も嵩むことになり、実際、本件申立てにおいても元金および遅延損害金より執行費用の方が高額になっている。最高裁は、本判例においても、本件取扱い自体については合理性を有するとしており、第三債務者への配慮が後退することはないと考えられるが、債権差押命令の申立てを繰り返すことをどこまで許すかについては、事案ごとに異なるであろう。また、既に債権差押命令による取立てを完了していた債権者が本判例を知って、さらに強制執行を申し立てることも考えられるが、債務者あるいは第三債務者にとっては寝耳に水とならないであろうか。最終的には信義則や権利濫用で決着をつけるしかないのではないか。

(4) 間接強制関係

⑨　東京高決平成29・2・8（LLI／DB・判例番号L07220358）第一審の決定した間接強制金が過大で相当でないとして、その金額を変更した事例（第一審：東京家決平成28・10・4判時2323号135頁）

Y（抗告人）は、面会交流審判に対する抗告事件において、X（相手方）に対し、Xと未成年者とが毎月1回面会交流することを認めなければならない旨命じられた（以下、「本件義務」という）。しかし、Yは、5年以上（Xが未成年者との面会交流を求めて調停の申立てをしてからでも4年以上）にわたりXと未成年者との面会交流を認めなかった。そこで、Xは、間接強制を申し立て、原審は、Yに対し、Xと未成年者との面会交流をさせることおよび本件義務を履行しないときは、Yは、Xに対し、不履行1回につき100万円の割合による金員を支払えと命じた。

Yは、原決定を不服として執行抗告を申し立てた。

東京高裁は、次のとおり判断して、強制金の額を変更した。

「Xとの面会交流を拒否する未成年者の意向にはYの影響が相当程度及んでいることが認められるから、Yは自ら積極的にその言動を改善し、未成年者に適切な働き掛けを行って、Xと未成年者との面会交流を実現すべきであるが、従前の経緯やYの原審及び当審における主張からすると、Yに対し少額の間接強制金の支払を命ずるだけではそれが困難であると解されること、Yが年額2640万円の収入を得ていること、その他本件に現れた一切の事情を考慮すると、本件における間接強制金を不履行1回につき30万円と定めるのが相当である（原決定は、本件における間接強制金を不履行1回につき100万円と定めたが、Yの原決定前の不履行の態様等に照らして、そのような判断にも理由のないものではないものの、その金額は、上記事情を考慮しても余りにも過大であり相当でない。）」。

「（中略）他方、Xは、原決定が不履行1回につき100万円の間接強制金を定めたからこそXと未

成年者との面会交流が実現したのであり、原決定がなければ面会交流は実現しなかったから、上記間接強制金は相当であり、原決定は維持されるべきであると主張するが、上記間接強制金が余りにも過大であり相当でないことは前記説示のとおりであり、不履行1回につき30万円の間接強制金ではYによる本件義務の履行が期待できないと直ちに認めるべき事情はないから、Xの上記主張は採用することができない」。

面会交流の義務が履行されない場合の間接強制金について、原決定を変更した事例である。強制金の額は、執行裁判所が債務者の義務違反を阻止して、債務名義上の執行債権の実現に必要・十分と考える額を合理的裁量によって決する。その際の決定要素としては、金銭による満足に代えることができるかどうかといった執行債権の性質、不履行によって債権者が被る損害、債務者の不履行の態度、履行の難易、不履行が続くことによる債務者の利益、不履行の社会的影響などがある(注17)。

本件は、面会交流義務を長期間履行しない債務者に対して申し立てられた間接強制事件である。東京高裁は、Yの不履行の態様、Yの収入等諸般の事情からみても、不履行1回につき100万円の強制金は過大であり、強制金額としては30万円が相当であるとした。30万円では心理的強制が働かない場合には、強制金の変更があり得ることは、東京高裁も述べている。具体的な強制金額が問題となった事例として紹介しておく。

3 おわりに

IT化の進展、AIの活用など社会システムが大きく変わろうとしている。また、国際化も避けては通れない時代となってきた。そのような中で民事執行のあるべき姿を見失わないようにしたいものである。民事執行法の改正もいよいよ近づいてきた。財産開示制度の拡充、子の引渡しの執行など新たな展開に期待するとともに、これまで当然と考えられてきたルーティーンについても、趣旨に立ち返って見直すことも必要となろう。

(しもむら　まさみ)

(注1)　小島武司＝猪俣孝史『仲裁法』549頁、中野貞一郎＝下村正明『民事執行法』179頁など。
(注2)　旧法下の執行判決ではあるが、大判明治39・10・26民録12輯1353頁、東京地裁昭和34・4・30下民集10巻4号886頁など。また、中田淳一『特別訴訟手続第三編仲裁手続』159頁、中野＝下村・前掲（注1）187頁など。これに対して、兼子一『強制執行法』82頁は、執行力の存在の確定を求める確認訴訟であるとし、三ヶ月章『民事執行法』85頁は、確認機能と形成機能を併せ持つ救済訴訟であるとする。また、小島＝猪俣・前掲注(1)550頁は、仲裁判断に執行力が内在しているとみて、ただ、執行決定という形成の裁判の形式を採用したに過ぎないとする。
(注3)　小島＝猪俣・前掲（注1）556頁、中野＝下村・前掲（注1）188頁など。
(注4)　小島＝猪俣・前掲（注1）557頁〜562頁は、仲裁判断成立後の弁済や相殺などの請求異議事由を主張できるとする。中野＝下村・前掲（注1）188頁は、仲裁判断成立後の請求権の実体的変動事由については、請求異議訴訟によるべきであるとする。なお、第一審判決（東京地判平成28・7・13判時2320号64頁、判タ1437号200頁）について、河崎祐子「判批」新・判例解説Watct21号167頁、渡部美由紀「判批」私法判例リマークス56号134頁がある。
(注5)　理由なく強制執行の申立てを取り下げた場合、取立権を放棄した場合、強制執行を開始または続行すべきでないのに、強制執行の申立てをし、またはそのまま続行したが結局手続が取り消された場合には、不必要な費用とみる。
(注6)　兼子一『増補強制執行法』151頁、菊井維大『強制執行法（総論）』304頁〜305頁、三ヶ月章『民事執行法』158頁、中野＝下村・前掲（注1）102頁など。
(注7)　鈴木忠一＝三ヶ月章編『注解民事執行法(1)』722頁〔大橋寛明〕、山本和彦ほか編『別冊法学セミナー227号　新基本法コンメンタール民事執行法』124頁〔武村重樹〕など。
(注8)　松岡義正『強制執行要論中巻〔訂正第4版〕』808頁、宮尾成明「判例解説」判タ790号213頁など。
(注9)　法務省民事局参事官室編『平成10年改正Q&A新競売・根抵当制度』93頁、山本和彦ほか編・前掲（注7）219頁〔伊東智和〕、中野＝下村・前掲（注1）498頁など。

(注10) 中野＝下村・前掲（注１）151頁、153頁〜154頁。強制執行手続が停止した際には、執行裁判所の裁判所書記官は、差押債権者や第三債務者に対して、手続が停止されたことおよび差押債権者は取立ができないこと、第三債務者は支払をしてはならないことを通知する必要がある（民事執行規則136条２項の類推適用）。

(注11) 鈴木忠＝三ヶ月章編・前掲（注７）518頁〔近藤崇晴〕。

(注12) 香川保一監修『注釈民事執行法(2)』597頁以下〔田中康久〕。

(注13) 伊藤眞ほか『条解破産法〔第２版〕』347頁など。東京高決平成21・1・8金法1868号59頁は、債権差押命令を当然に取り消すべきであるとはいえないが、破産管財人が執行手続の取消しを上申した場合に限り債権差押命令を取り消すという処分も是認できる」と判断した。

(注14) 田原睦夫＝山本和彦監修『注釈破産法(上)』292頁〔関端広輝〕。

(注15) 伊藤眞ほか・前掲（注13）343頁、1124頁。

(注16) 小室直人＝中野貞一郎編『小野木常・齋藤秀夫先生還暦記念・抵当権の実行(上)』140頁〔戸根住夫〕は、債務名義の表示が附帯請求の終期を「支払済みまで」とする場合には、理論上、元本債権の期限が到来してさえいれば、期限未到来の附帯請求についても債権執行手続を開始できると解すべきであるとする。

(注17) 青山善充「間接強制における損害賠償の性質およびその額の定め方」ジュリスト632号138頁、中野＝下村・前掲（注１）815頁・822頁。

執行官室だより〔第6回〕

山城の国、丹波の国、丹後の国の執行官室から

京都地方裁判所執行官　小坂由人

●目　次●

1　はじめに　141
2　京都地方裁判所執行官室の体制　141
　(1)　本庁および園部支部　141
　(2)　舞鶴支部、宮津支部および福知山支部　142
3　地域の特色　142
　(1)　本　庁　142
　(2)　管内支部　143
4　特徴的な事件　143
　(1)　本　庁　143
　(2)　管内支部　143
5　おわりに　144

1　はじめに

千年の都と呼ばれる京都は、長い歴史をもち、金閣寺、銀閣寺などの名刹や多くの名所旧跡が古くからの街並みの中に点在し、世界中から観光客が訪れる観光都市である。

京都府は近畿地方の中央付近から北西方向に日本海まで延びた長細い形をしており、南北の長さは約120キロメートル、東西の長さは約107キロメートル、面積は約4,613平方キロメートルである。

また、自然条件等から、南部の山城盆地に広がる山城地方、中部の丹波高原と呼ばれる山地が横たわる丹波地方、北部日本海側のリアス式海岸が続く丹後地方に大別されている。

京都市は山城盆地と丹波高原にまたがっており、南は市街地であるが、北には山間部が広がっている。京都府の推計によれば、京都府の人口約260万人のうち、京都市の人口は約147万人と、京都府の人口の半分以上を占めている。

2　京都地方裁判所執行官室の体制

京都地方裁判所管内には、京都市にある京都地方裁判所本庁の他、丹波地方に福知山支部および園部支部があり、丹後地方に舞鶴支部および宮津支部がある。山城地方に支部はなく、本庁の管轄区域に含まれている。

京都地方裁判所執行官室は、本庁並びに舞鶴支部、宮津支部、福知山支部および園部支部の各支部に置かれている。

(1)　本庁および園部支部

本庁執行官室には6名の執行官が配置されており（平成29年10月現在）、3名の事務員が勤務している。

園部支部には執行官が常駐しておらず、週1日火曜日に本庁の執行官が塡補しており、福知山支部と

京都地裁本庁西側に面する柳馬場通に咲く桜

園部支部を兼務する事務員1名が勤務している。

また、園部支部の不動産競売事件は本庁に集約されているので、本庁の執行官が本庁および園部支部の管轄区域の事件を担当している。

管轄区域の面積は約2,528平方キロメートル、人口は約231万人である。管轄区域の広さや公共交通機関の事情から各執行官は、執務のための移動に自動車を使用しなければならないのが実情である。

(2) 舞鶴支部、宮津支部および福知山支部

舞鶴支部に執行官1名が配置されており、宮津支部および福知山支部の執行官を兼務し、月曜日および火曜日に宮津支部、水曜日に舞鶴支部、木曜日および金曜日に福知山支部で執務している。また、舞鶴支部と宮津支部を兼務する事務員1名、先に述べたとおり、園部支部と福知山支部を兼務する事務員1名が勤務している。

管轄区域の面積は約2,085平方キロメートル、人口は約29万人である。京都府の半分の地域の事件を執行官1名で担当するため、執務のための移動には自動車の使用が不可欠である。

3 地域の特色

(1) 本庁

京都の中心部は街路が南北に碁盤の目のように通っており、その街路は一方通行が指定されている狭隘な道路が多く、五十日（毎月五と十のつく日を集金日とする古くからの商習慣）などには市街地を行き交う自動車で道路は大変混雑する。また、京都市街に出入りするための幹線道路も市街の混雑の影響を受けたり、朝夕の時間帯に交通量が増えたりして渋滞することが多い。

しかも、東山界隈、清水寺、伏見稲荷など観光客が多く訪れる割には付近の道路が狭い場所も多く、また、「祇園祭」などの日には交通規制が実施されるので、時期や場所によっては全く自動車が進まない渋滞が発生することもある。

そのため、上記のような事情を考慮し、現場から現場への移動時間を想定して、現況調査の日時や強制執行期日を決めることになる。特に交通規制には注意が必要である。「葵祭」の日には下賀茂神社や

祇園祭の山鉾巡行のために交通規制される御池通

京都御所付近には近づかず、「祇園祭」の日には堀川通より西の通りを使い、「五山の送り火」の日には午後から期日を入れないという具合である。

移動時間を短縮するために、近くの現場の現況調査等を固めて処理するように工夫しているが、最近の事件数では、同じ地域の現況調査が固まって配てんされないこともあり、思うように日程調整ができず、時には、京都市の南の京田辺市、木津川市などで現況調査をしてから、京都市に戻り、そのまま京都市街を北に抜けて亀岡市や南丹市に移動するという往復100キロ以上の強行軍になることもある。

また、先に述べたとおり、京都市街地には狭隘な道路が多いことから、自動車を停める場所については、コインパーキングの位置を事前に調べたりするなど、近隣住民の迷惑にならないように配慮しているが、建物明渡しの強制執行で使用するトラックが執行現場付近に停められないことがある。やむを得ず、執行現場から離れた場所にトラックを停め、目的外動産等を積み込むときだけ執行現場にトラックを移動させて作業することになる。作業中はトラックで道路を塞ぐ状態になるため、他の車が通るときは、直ちに作業の手を止めて、いったんトラックを移動させ、また、作業に戻るという繰り返しになり、執行補助業者の作業員にも大変な負担をかける。

その反面、京都の街を自動車で移動していると、しばしば美しい景色を目にすることができる。春の桜や秋の紅葉に彩られた遠くの比叡山や嵐山を眺め

ながら、同じように桜や紅葉に彩られる鴨川や桂川沿いの道を自動車で走っていると、現場に向かう緊張や渋滞で苛立つ気持を和ませてくれる。

(2) 管内支部

舞鶴支部や宮津支部がある丹後地方は日本海に面しているが、海から少し離れれば福知山支部や園部支部がある丹波地方と同じく山間部が広がっている。そもそも京都府の約75パーセントは山林である。

管内の事件を担当する執行官は、幾つもの峠を越えながら、山間部に拓かれた幹線道路を移動することになる。特に、舞鶴支部の執行官は、曜日ごとに舞鶴支部から約20キロメートル離れた宮津支部や約30キロメートル離れた福知山支部に出勤しなければならない。

また、京都府の北中部では、冬場には積雪や道路の凍結に備えてスタッドレスタイヤは必需品であるし、夏場には台風の大雨による水害など自然災害等のリスクも多々ある。

しかし、京都市内に比べて不便な環境で執務をすることになるが、丹後地方には舞鶴湾や伊根湾のような良港や宮津の天橋立に代表される景勝地があり、そんな美しい海岸線を眺めながら移動できるという恵まれた部分もある。

4 特徴的な事件

(1) 本 庁

京都の旧市街地に古くから建っている建物の現況調査を担当したときのことである。目的建物の建物図面、目的建物が建っている目的外土地の地積測量図、土地所在図等は存在せず、資料は目的外土地の公図のみであった。公図と住宅地図を比較すると、目的建物が建っているはずの目的外土地上には登記された建物が三つ存在し、三つの建物はいずれも現況床面積や構造が目的建物の公簿と異なっており、どの建物が目的建物に該当するかわからなかった。しかも調査を進めた結果、目的外土地の隣地に建っている建物が目的建物ではないかという可能性も出てきた。結局、目的建物を特定する決め手となる客観的資料がなく、目的建物の特定は不能として現況調査報告書を提出した。

このように京都の旧市街地では地積測量図や建物図面が整備されておらず、また、公図や公簿の地番が一致せず、公簿の地番と住所の地番も異なるという地区がある。

そのような地区では、現況調査にしろ、建物明渡しの強制執行にしろ、慎重に目的物件を特定するといった相当の注意が必要である。

先輩執行官が経験した事件では、建物明渡しの判決に表示されていた建物と明渡しの対象になっていた建物が異なっていたというケースもあったそうである。

また、先輩執行官から聞いた話では、現況調査のときに、目的土地の所有者から「目的土地には応仁の乱のときの遺物が埋まっている」と言われ、眉唾な話であるが、現況調査報告書に記載するか悩んだそうである。

特徴的な事件ではないが、印象に残る事件として、暴力団事務所の使用差止めの仮処分命令に基づき、仮処分の命令事項を暴力団事務所に公示するという事件を担当した。

この仮処分命令の主文には執行官への目的建物の引渡しや執行官保管がなく、目的建物への公示だけを命令する主文だったので、そもそも公示をするだけの執行を保全執行といえるのか、目的建物に解錠して立ち入ることができるのか、公示書に刑罰の制裁等の警告を記載することができるのかなど、当庁の先輩執行官だけでなく、東京地裁、大阪地裁および神戸地裁の執行官の意見も伺いながら、執行方法を検討する機会に恵まれた。

(2) 管内支部

京都市郊外や管内支部の管轄区域には農地が多く、農地を対象とした競売事件の現況調査をすることがある。

農地の競売で散見されるのが、公簿の地目は農地のままであるが、現況は目的土地の全部または一部が宅地化され、その上に建物が存在するというケースである。そのような目的土地が農業振興地域内に存在することもあり、地元農業委員会からの意見聴取等に時間がかかることもある。

また、昔からの農村地域の建物は、母屋の他に離れや別棟のトイレや風呂が存在することがある。その後、さらに敷地内に建物を建てて建物の数を増やしたり、母屋を増築して離れと合棟したり、別棟のトイレや風呂を取り壊したりして建物の数が変わっても、公簿はそのままのため、公簿の附属建物を含めた建物の数と現況の建物の数が合致しない物件の現況調査をすることがある。

　しかも、主である建物より大きな建物が存在したり、附属建物が隣地の目的外土地に建てられていたり、逆に、隣地の附属建物が本件土地に建っていたりすることもあり、課税状況の調査や関係人の陳述等を参考に、主である建物、附属建物および目的外建物を慎重に認定する必要がある。

　また、それ以外にも、目的外建物の相続登記がなされず、相続人がわからないという事案が増加しているように感じられる。何世代も相続されているときなど、どこまで相続人を追いかけていくべきか悩ましく思う。

5　おわりに

　京都の大まかな地理的事情と私が見聞きした事件は、以上のとおりである。取りとめもなく紹介しただけになったことをご容赦いただきたい。

　全国的な傾向ではあるが、京都地方裁判所でも不動産競売事件の現況調査命令の発令件数が減少しており、それに伴い売却実施命令件数も減少している。適正迅速に事件処理をするためには、最低何人の執行官が必要かを判断するのに、京都の地理的条件を考慮せざるを得ないのが現状での課題である。

　　　　　　　　　　　（こさか　よしと）

新任執行官になっての感想

札幌地方裁判所執行官　石村　好広

1　はじめに

今回、大変恐縮ながら、表題について寄稿させていただく機会をいただいた。微力ながら、これから執行官任官を志そうという方々の参考になることを願って、本稿を書かせていただく。

私は昭和63年4月に裁判所職員に採用されて以来、高・地・家・簡裁勤務を経て、総務・人事および会計の事務局部門並びに民事（執行・非訟含む）・刑事および家事のほぼすべての種類の事件を担当させていただいた。このように幅の広い職務経験を得ることができたのは、裁判所ならではのことではなかったかと大変感謝している。

私は、これらの職務経験を最大限に活かしつつ、さらに自らの成長のために、残りの職業人生において裁判所書記官の職域を超えた経験を積みたいと考え、執行官任官を志した。

任官前には、強制執行を受ける相手が自然人であるならば、「血の通った執行」を心がけたいということを、漠然と考えていた。

2　任官後研修

任官後は、約3ヵ月にわたり、概略、次のような充実した研修を受けることができた。

① 導入研修　執行官の辞令をいただいた当日から、約3日間、執行官として必要な基礎知識について講義を受ける。

② 実務研修　庁によって異なるが、札幌では、すべての種類の執行事件が、新任執行官を含めた各執行官に配てんされ、本格的な事件処理が任官直後に始まるのである。

最初の1ヵ月程度は、現実の事件について、指導担当執行官の事件に同行させていただき、また、自己に配てんされた事件について、指導担当執行官に同行していただきながら指導を受ける。

5月に入ってからは、指導担当執行官にアドバイスをいただきながら、執行場所に単独で臨場するようになる。

③ 中央研修　6月、全国から新任執行官が東京に会し、約3日半の日程で、より中身に立ち入った講義を受けた。これは、同じ悩みを抱える仲間や日本執行官連盟の方々とお会いできる貴重な機会でもあった。

これらの研修は、新任執行官にとっては大変ありがたく、研修を準備・実施していただいた事務局、研修講師、総括執行官や指導を担当してくださった執行官並びに日本執行官連盟のみなさまに、深く感謝申し上げる。

3　この半年を振り返って

(1)　時間と空間

執行開始時刻が早朝6時になることや夜の7時以降になることもあった。また、執行に要する時間は、10分程度で終わるものもあれば、断行のため、火の気のない執行場所に、朝から夜まで立ち会うことも珍しくはなかった。

札幌地裁の管轄は広域にわたっており、1日の移動距離が100キロ以上になることもよくある。また、現況調査の対象不動産は、広大な農地や10数戸も入った数階建ての共同住宅もある。

執行官は、より効率的に執行を行うために、移動や執行に要する時間を計算しながら、かつ、多数関係者の都合と法律上の時間の制約を加味し、時間と

空間の四次元パズルを組み立てていく。これは、自らは1カ所にとどまって、相手方を呼び出すのとは違い、より困難な作業ではあるが、自らの権限で、より効率的な組み立てを考えるという楽しさもあると感じた。

(2) 強制力とアサーション

執行官になって、職務を遂行するにあたり、強制力に裏打ちはされているものの、強制力を行使したという感覚がほとんどないことに気づいた。

債務者と出会えたときには、そもそもの事の始まりから、裁判に対する苦情まで、さまざまなことを聴かせていただける。それらに対して、執行官の立場から、応えられることとそうではないことを選別し、今後、どうなっていくのかについて場合分けをして説明を尽くす。その末に、ようやく結果を受け入れていただける。一口に言えばこのようなことだが、債務者と出会うため、そして、その結果を受け入れていただくために、相当な時間と労力を費やしているのである。決して、「債務名義に基づき強制執行を行います」で、済むことはない。それが、教科書には載っていない現実であり、そういった努力をどこまで尽くすかは別として、債権者、債務者双方の利益のために、これまでの執行実務が積み上げてきた姿なのではないだろうか。

動産執行のために、ある債務者宅に立ち入ったときのことである。居室には、母親と3歳ほどの男の子が在室していた。私は10分ほど滞在し、債務者への説明と用務を済ませ帰ろうとしたところ、それまで、母親の隣でニコニコ笑っていた男の子が、突然、大声で泣きだしてしまったことがある。どうやら、私が帰ってしまうことへの淋しさからであったようなのである。私は、その男の子に「行かなきゃいけないところがあるんだよ、ごめんね」と謝りながら、その債務者宅を後にした。

人と接するとき、話す内容は、もちろん重要だが、それ以上に、話すときの声の調子や表情、態度のすべてが重要であるということは、前職においても、常に心がけてきたことである。その男の子は、まず間違いなく私が話していた内容を理解していないはずである。しかし、子どもの豊かな感受性で、私から受けた印象を、大人以上に敏感に感じ取ったのではないだろうか。私は、内心、ほんのわずかな時間を共にしただけではあるが、微笑ましい気持にさせてくれたその男の子に感謝するとともに、これも前職において積み重ねてきたアサーショントレーニングのおかげではないかと考えていた。

(3) 個と連帯

基本的に、執行官は単独で職務にあたり、その全責任を担っているが、評価人や立会人との連携および解錠技術者や運送会社の方々の助力があって、初めて職務を敢行できる場合がほとんどである。

また、事務室に戻れば、先輩執行官からの心強いアドバイスや事務員のみなさんのバックアップを得ることもできる。さらに全国的には、日本執行官連盟といった組織体制が整っていることを知り、執行官は、1人であって、独りではないことを、心強く感じた。

(4) 想像と現実

執行官の職務がどのようなものであるかについては、前職の経験もあって、頭の中では想像できていたし、現実に執行官になってみて、その内容も文面上はそのとおりであった。

しかし、それは、机上あるいは頭の中のものにすぎない。紙に書かれた権利の実現の難しさや厳しさについて、あれこれ、ここに書いてみても、やはりそれは机上のものとなってしまう。あえて、一言で言ってしまえば、執行官の職責の重さと困難性ということなのであろう。

(5) 苦悩と喜び

前述のように執行官の苦悩は大きい。しかし、決して、苦悩ばかりではないことを知った。たった半年の間にも、たくさんの債務者と出会った。その中で感じたことは、債務者がここに至るその前の、もっと早い段階で、相談できる人や機会を得ていれば、今日のこの現実は回避できていたのではないかということである。債務者が抱えているさまざまな問題に対する法的解決方法に関する手続に関しては、前職での知識を役立たせていただける。立場上、どうしたらよいかということは言えなくても、解決のためのきっかけや糸口を示唆することはでき

るのである。

　建物明渡しの断行によって、住む家や多くの家財道具を失ってしまうという、債務者にとっては大きな打撃を負ってしまう結果になったにもかかわらず、債務者が、深々とお礼を言ってくださる場面が幾度となくあった。私はその光景を不思議に思いながらも、それは、債務者に、私の立場や職務を理解していただけたとともに、明日への希望をもっていただけたということなのかと思い、大変ありがたかった。

4　おわりに

　「執行官として、10年以上経った今でも、債務者の家の呼び鈴を鳴らすとき、非常に緊張します。執行官だって生身の人間ですから」。これは、東京で行われた集合研修において、講師の先輩執行官からいただいた、私が最も感銘を受けた言葉であった。この一言の中には、実にさまざまな意味が込められていると考えたのと同時に、新任執行官に対する最大のエールと感じたからである。私は、その言葉を胸に刻み、これからも初心を忘れることなく、一つひとつの執行を慎重に、そして真心を込めて担当していきたい。

　最後に、読み返せば返すほどに、手を入れなければならない駄文ではあるが、本文を読まれた多くの方が、執行官採用試験の門戸を叩かれることを願って、筆を置くこととする。

　　　　　　　　　　（いしむら　よしひろ）

●参考資料●

【平成30年度】
全国執行官取扱区域一覧表

(平成30年4月1日現在)

(事務の集約等で変更が生じる場合があるので、ご留意ください。)

東京地方裁判所

【本庁】
東京都23区（三宅村、御蔵島村、小笠原村を含む。）伊豆大島簡裁管轄区域（大島町、利島村）新島簡裁管轄区域（新島村、神津島村）八丈島簡裁管轄区域（八丈町、青ヶ島村）（ただし、**上記簡裁の管轄区域は執行官事務取扱書記官が担当する。**）

〒100-8920
千代田区霞が関1-1-4
電(03)3581-5411(代)
（執行部）電(03)3581-5028(直)
Fax(03)3581-6270
〒152-8527
目黒区目黒本町2-26-14
東京地方裁判所民事執行センター
（総括）電(03)5721-6392(直)
（総務部）電(03)5721-6038(直)
（不動産部）電(03)5721-6395(直)
Fax(03)5721-6046
（日本執行官連盟）電(03)3791-4547(直)
Fax(03)5721-6082

【立川支部】
東京都のうち
八王子市、町田市、日野市、立川市、府中市、昭島市、調布市、国分寺市、国立市、狛江市、東大和市、武蔵村山市、武蔵野市、三鷹市、小金井市、小平市、東村山市、西東京市、清瀬市、東久留米市、青梅市、福生市、多摩市、稲城市、あきる野市、瑞穂町、羽村市、奥多摩町、日の出町、檜原村

〒190-8571
立川市緑町10-4
電(042)845-0365(代)
電(042)845-0249(直)
電(042)529-2853(直)
Fax(042)529-2852

横浜地方裁判所

【本庁】
神奈川県のうち
横浜市、鎌倉市、藤沢市、茅ヶ崎市、大和市、海老名市、綾瀬市、高座郡

〒231-8502
横浜市中区日本大通9番地
電(045)201-9631(代)
（受付）電(045)201-3003(直)
（総括）電(045)212-2041(直)
（執行官執務室）電(045)201-9280(直)
Fax(045)201-8384

【川崎支部】
川崎市
〒210-8559
川崎市川崎区富士見1-1-3
電(044)222-5692(直)
Fax(044)233-8292

【相模原支部】
相模原市、座間市
〒252-0236
相模原市中央区富士見6-10-1
電(042)755-5070(直)
Fax(042)755-4682

【横須賀支部】
横須賀市、逗子市、三浦市、三浦郡
〒238-8510
横須賀市新港町1-9
電(046)812-3152(直)
Fax(046)825-0903

【小田原支部】
小田原市、平塚市、秦野市、中郡、足柄上郡、足柄下郡、厚木市、伊勢原市、南足柄市、愛甲郡

〒250-0012
小田原市本町1-7-9
電(0465)22-8227(直)
Fax(0465)22-6200

さいたま地方裁判所

【本庁】
埼玉県のうち
さいたま市、蕨市、戸田市、朝霞市、志木市、和光市、新座市、川口市、蓮田市、鴻巣市、上尾市、桶川市、北本市、加須市、幸手市、久喜市、白岡市、北足立郡、南埼玉郡
〒330-0063
さいたま市浦和区高砂3-16-45
電(048)863-4111(代)
電(048)863-5253(直)
Fax(048)864-8302

【越谷支部】
越谷市、春日部市、草加市、三郷市、八潮市、吉川市、北葛飾郡
〒343-0023
越谷市東越谷9-34-2
電(048)964-2811(代)
電(048)966-1838(直)
Fax(048)962-7102

【川越支部】
川越市、富士見市、ふじみ野市、所沢市、狭山市、入間市、飯能市、日高市、坂戸市、鶴ヶ島市、入間郡、比企郡のうち川島町、鳩山町

〒350-8531
川越市宮下町2-1-3
電(049)225-3500(代)
電(049)222-0213(直)
Fax(049)225-0065

【熊谷支部】
熊谷市、行田市、羽生市、深谷市、東松山市、本庄市、大里郡、比企郡のうち小川町、ときがわ町、嵐山町、滑川町、吉見町、児玉郡、秩父郡のうち東秩父村
〒360-8589
熊谷市宮町1-68
電(048)521-4821(代)
電(048)521-2275(直)
Fax(048)527-3021

【秩父支部】
秩父市、秩父郡のうち横瀬町、皆野町、長瀞町、小鹿野町
(熊谷支部執行官が兼務)
〒368-0035
秩父市上町2-9-12
電(0494)22-2319(代)

千葉地方裁判所

【本庁】
千葉県のうち
千葉市、習志野市、市原市、八千代市、市川市、船橋市、浦安市
〒260-0013
千葉市中央区中央4-11-27
電(043)222-0165(代)
電(043)222-7233(直)
Fax(043)222-0363

【佐倉支部】
佐倉市、成田市、四街道市、八街市、印西市、印旛郡、富里市、白井市
〒285-0038
佐倉市弥勒町92
電(043)484-1215(代)
電(043)484-3168(直)
Fax(043)484-3168

【一宮支部】
茂原市、勝浦市、いすみ市、長生郡、夷隅郡
〒299-4397
千葉県長生郡一宮町一宮2791
電(0475)42-3531(代)
電(0475)42-5980(直)
Fax(0475)42-5980

【松戸支部】
松戸市、野田市、柏市、流山市、鎌ヶ谷市、我孫子市
〒271-8522
松戸市岩瀬無番地
電(047)368-5141(代)
電(047)361-1505(直)
Fax(047)361-1527

【木更津支部】
　木更津市、君津市、富津市、袖ヶ浦市
　　　　〒292-0832
　　　　　　木更津市新田2-5-1
　　　　　　　　電(0438)22-3774(代)
　　　　　　　　電(0438)23-6279(直)
　　　　　　　　Fax(0438)23-6279

【館山支部】
　館山市、鴨川市、南房総市、安房郡
　(一宮支部執行官が兼務)
　　　　〒294-0045
　　　　　　館山市北条1073
　　　　　　　　電(0470)22-2273(代)
　　　　　　　　電(0470)23-5961(直)
　　　　　　　　Fax(0470)23-5961

【八日市場支部】
　匝瑳市、銚子市、東金市、山武市、山武郡、大網白里市、香取郡のうち多古町、旭市のうち旧干潟町以外
　　　　〒289-2144
　　　　　　匝瑳市八日市場イ2760
　　　　　　　　電(0479)72-1300(代)
　　　　　　　　電(0479)72-1732(直)
　　　　　　　　Fax(0479)72-1731

【佐原支部】
　香取市、香取郡のうち神崎町・東庄町、旭市のうち旧干潟町
　(佐倉支部執行官が兼務)
　　　　〒287-0003
　　　　　　香取市佐原イ3375
　　　　　　　　電(0478)52-3040(代)
　　　　　　　　電(0478)54-1722(直)
　　　　　　　　Fax(0478)54-1722

水戸地方裁判所

【本庁】
　茨城県のうち
　水戸市、ひたちなか市、那珂市、鉾田市、笠間市、常陸大宮市、常陸太田市、小美玉市のうち旧小川町、美野里町、桜川市のうち旧岩瀬町、東茨城郡、那珂郡、久慈郡
　　　　〒310-0062
　　　　　　水戸市大町1-1-38
　　　　　　　　電(029)224-8084(直)
　　　　　　　　Fax(029)224-3671

【日立支部】
　日立市、高萩市、北茨城市
　(不動産は本庁に集約)
　(本庁執行官が兼務)
　　　　〒317-0073
　　　　　　日立市幸町2-10-12
　　　　　　　　電(0294)23-1982(直)
　　　　　　　　Fax(0294)23-1983

【土浦支部】
　土浦市、つくば市、かすみがうら市、つくばみらい市、石岡市、小美玉市のうち旧玉里村、稲敷郡のうち阿見町、美浦村
　　　　〒300-0043
　　　　　　土浦市中央1-13-12
　　　　　　　　電(029)826-8710(直)
　　　　　　　　Fax(029)821-9719

【龍ヶ崎支部】
　龍ヶ崎市、牛久市、守谷市、稲敷市、取手市、稲敷郡のうち河内町、北相馬郡
　　　　〒301-0824
　　　　　　龍ヶ崎市4918
　　　　　　　　電(0297)64-6196(直)
　　　　　　　　Fax(0297)64-6196

【麻生支部】
　行方市、鹿嶋市、潮来市、神栖市
　(不動産は本庁に集約)
　(本庁執行官が兼務)
　　　　〒311-3832
　　　　　　行方市麻生143
　　　　　　　　電(0299)72-1200(直)
　　　　　　　　Fax(0299)72-1200

【下妻支部】
　下妻市、古河市、常総市、筑西市、坂東市、結城市、桜川市のうち旧真壁町、大和村、猿島郡、結城郡
　　　　〒304-0067
　　　　　　下妻市下妻乙99
　　　　　　　　電(0296)45-0488(直)
　　　　　　　　Fax(0296)43-2589

宇都宮地方裁判所

【本庁】
　栃木県のうち
　宇都宮市、鹿沼市、日光市、さくら市のうち旧氏家町、下野市のうち旧南河内町、那須烏山市、河内郡、塩谷郡のうち高根沢町
　　　〒320-8505
　　　　宇都宮市小幡1-1-38
　　　　　電(028)621-2111(代)
　　　　　電(028)621-3809(直)
　　　　　Fax(028)621-2243

【真岡支部】
　真岡市、芳賀郡（不動産は本庁に集約）
　（本庁及び大田原支部執行官が兼務）
　　　〒321-4305
　　　　真岡市荒町5117-2
　　　　　電(0285)82-2076(代)

【大田原支部】
　大田原市、矢板市、那須塩原市、さくら市のうち旧喜連川町、那須郡、塩谷郡のうち塩谷町
　　　〒324-0056
　　　　大田原市中央2-3-25
　　　　　電(0287)22-2112(代)
　　　　　電(0287)23-1734(直)
　　　　　Fax(0287)23-1941

【栃木支部】
　栃木市、小山市、下野市のうち旧石橋町、旧国分寺町、下都賀郡（不動産は本庁に集約）
　（本庁及び足利支部執行官が兼務）
　　　〒328-0035
　　　　栃木市旭町16-31
　　　　　電(0282)23-0225(代)
　　　　　電(0284)24-1706(直)→本庁へ転送
　　　　　Fax(0282)24-1729

【足利支部】
　足利市、佐野市
　　　〒326-0057
　　　　足利市丸山町621
　　　　　電(0284)41-3118(代)
　　　　　電(0284)41-6457(直)
　　　　　Fax(0284)41-6462

前橋地方裁判所

【本庁】
　群馬県のうち
　前橋市、渋川市、北群馬郡、伊勢崎市、佐波郡、吾妻郡
　　　〒371-8531
　　　　前橋市大手町3-1-34
　　　　　電(027)231-4275(代)
　　　　　電(027)231-4014(直)
　　　　　Fax(027)233-7326

【高崎支部】
　高崎市、安中市、藤岡市、多野郡、富岡市、甘楽郡
　　　〒370-8531
　　　　高崎市高松町26-2
　　　　　電(027)322-3541(代)
　　　　　電(027)326-2792(直)
　　　　　Fax(027)322-3592

【桐生支部】
　桐生市、みどり市
　　　〒376-8531
　　　　桐生市相生町2-371-5
　　　　　電(0277)53-2391(代)
　　　　　電(0277)53-8421(直)
　　　　　Fax(0277)53-8423

【太田支部】
　太田市、館林市、邑楽郡
　　　〒373-8531
　　　　太田市浜町17-5
　　　　　電(0276)45-7751(代)
　　　　　電(0276)48-8638(直)
　　　　　Fax(0276)48-7783

【沼田支部】
　沼田市、利根郡
　（本庁執行官が兼務）
　　　〒378-0045
　　　　沼田市材木町甲150
　　　　　電(0278)22-2709(代)
　　　　　Fax(0278)23-0879

静岡地方裁判所

【本庁】
静岡県のうち
静岡市、島田市、焼津市、藤枝市、牧之原市、御前崎市のうち旧御前崎町、榛原郡
〒420-8633
静岡市葵区追手町10-80
電(054)252-6111(代)
電(054)255-8534(直)
Fax(054)271-1167

【沼津支部】
沼津市、御殿場市、裾野市、駿東郡、熱海市、伊東市、三島市、伊豆市、伊豆の国市、田方郡
〒410-8550
沼津市御幸町21-1
電(055)931-6000(代)
電(055)932-5161(直)
Fax(055)932-6063

【富士支部】
富士市、富士宮市
〒417-8511
富士市中央町2-7-1
電(0545)52-0159(代)
電(0545)53-1273(直)
Fax(0545)53-1273

【下田支部】
下田市、賀茂郡
(沼津支部執行官が兼務)
〒415-8520
下田市4-7-34
電(0558)22-0161(代)
電(0558)22-3790(直)
Fax(0558)22-3790

【浜松支部】
浜松市、磐田市、袋井市、湖西市
〒430-8520
浜松市中区中央1-12-5
電(053)453-7155(代)
電(053)453-3735(直)
Fax(053)453-3735

【掛川支部】
掛川市、御前崎市のうち旧浜岡町、菊川市、周智郡
(浜松支部執行官が兼務)
〒436-0028
掛川市亀の甲2-16-1
電(0537)22-3036(代)
電(0537)23-1309(直)
Fax(0537)23-1309

甲府地方裁判所

【本庁】
山梨県のうち
甲府市、韮崎市、南アルプス市、甲斐市、中央市、中巨摩郡、北杜市、甲州市、山梨市、笛吹市、南巨摩郡、西八代郡、北都留郡のうち丹波山村
〒400-0032
甲府市中央1-10-7
電(055)235-1131(代)
電(055)237-5833(直)
Fax(055)237-8668

【都留支部】
上野原市、都留市、南都留郡、大月市、富士吉田市、北都留郡のうち小菅村
〒402-0052
都留市中央2-1-1
電(0554)43-2185(代)
電(0554)45-0769(直)
Fax(0554)45-7600

長野地方裁判所

【本庁】
長野県のうち
長野市、須坂市、上水内郡、上高井郡、飯山市、中野市、下水内郡、下高井郡

〒380-0846
長野市旭町1108
電(026)232-4991(代)
電(026)235-2488(直)
電(026)403-2013(直)
Fax(026)232-8802

【上田支部】
　上田市、千曲市、東御市、小県郡、埴科郡
　（本庁執行官が兼務）
　　　　　　　　〒386-0023
　　　　　　　　上田市中央西2-3-3
　　　　　　　　　電(0268)22-0003(代)
　　　　　　　　　電(0268)25-3655(直)
　　　　　　　　　Fax(0268)25-3655

【佐久支部】
　佐久市、小諸市、南佐久郡、北佐久郡
　　　　　　　　〒385-0022
　　　　　　　　佐久市岩村田1161
　　　　　　　　　電(0267)67-2077(代)
　　　　　　　　　電(0267)67-7383(直)
　　　　　　　　　Fax(0267)67-7383

【松本支部】
　松本市、塩尻市、安曇野市、東筑摩郡、木曽郡、大町市、北安曇郡
　　　　　　　　〒390-0873
　　　　　　　　松本市丸の内10-35
　　　　　　　　　電(0263)32-3043(代)
　　　　　　　　　電(0263)33-7837(直)
　　　　　　　　　Fax(0263)32-1156

【諏訪支部】
　諏訪市、茅野市、諏訪郡、岡谷市
　（松本支部執行官が兼務）
　　　　　　　　〒392-0004
　　　　　　　　諏訪市諏訪1-24-22
　　　　　　　　　電(0266)52-1670(代)
　　　　　　　　　電(0266)53-6700(直)
　　　　　　　　　Fax(0266)53-6700

【飯田支部】
　飯田市、下伊那郡
　　　　　　　　〒395-0015
　　　　　　　　飯田市江戸町1-21
　　　　　　　　　電(0265)22-0003(代)
　　　　　　　　　電(0265)52-3019(直)
　　　　　　　　　Fax(0265)52-3019

【伊那支部】
　伊那市、駒ヶ根市、上伊那郡
　（飯田支部執行官が兼務）
　　　　　　　　〒396-0026
　　　　　　　　伊那市西町4841
　　　　　　　　　電(0265)72-2201(代)
　　　　　　　　　電(0265)76-2386(直)
　　　　　　　　　Fax(0265)76-2386

新潟地方裁判所

【本庁】
　新潟県のうち
　新潟市、燕市のうち旧西蒲原郡吉田町、西蒲原郡（弥彦村）、五泉市、東蒲原郡（阿賀町）
　　　　　　　　〒951-8511
　　　　　　　　新潟市中央区学校町通1-1
　　　　　　　　　電(025)222-4131(代)
　　　　　　　　　電(025)222-4279(直)
　　　　　　　　　電(025)222-0981(直)
　　　　　　　　　Fax(025)222-0981

【三条支部】
　三条市、加茂市、燕市のうち旧燕市及び旧西蒲原郡分水町、南蒲原郡（田上町）
　（長岡支部執行官が兼務）
　　　　　　　　〒955-0047
　　　　　　　　三条市東三条2-2-2
　　　　　　　　　電(0256)32-1758(代)
　　　　　　　　　電(0256)34-2784(直)
　　　　　　　　　Fax(0256)34-2784

【新発田支部】
　新発田市、阿賀野市、胎内市、北蒲原郡（聖籠町）、村上市、岩船郡（関川村、粟島浦村）
　（不動産執行事件は本庁に集約）
　（本庁執行官が兼務）
　　　　　　　　〒957-0053
　　　　　　　　新発田市中央町4-3-27
　　　　　　　　　電(0254)24-0121(代)
　　　　　　　　　電(0254)22-0813(直)

【長岡支部】
　長岡市、小千谷市、見附市、魚沼市、三島郡（出雲崎町）、十日町市のうち旧十日町市、旧中魚沼郡川西町及び旧中魚沼郡中里村、中魚沼郡（津南町）、柏崎市、刈羽郡（刈羽村）、南魚沼市、南魚沼郡（湯沢町）
　　　　　　　　〒940-1151
　　　　　　　　長岡市三和3-9-28
　　　　　　　　　電(0258)35-2141(代)
　　　　　　　　　電(0258)35-2276(直)
　　　　　　　　　電(0258)36-6734(直)
　　　　　　　　　Fax(0258)36-6734

【高田支部】
上越市、妙高市、十日町市のうち旧東頸城郡松代町及び旧東頸城郡松之山町、糸魚川市
〒943-0838
上越市大手町1-26
電(025)524-5160(代)
電(025)524-5196(直)
電(025)523-9141(直)
Fax(025)523-9141

【佐渡支部】
佐渡市
(本庁執行官が兼務)
〒952-1324
佐渡市中原356-2
電(0259)52-3151(代)

大阪地方裁判所

【本庁】
大阪府のうち
大阪市、池田市、箕面市、豊能郡、摂津市、豊中市、吹田市、茨木市、高槻市、三島郡、東大阪市、八尾市、枚方市、守口市、寝屋川市、大東市、門真市、四條畷市、交野市
(第二執行官室、動産部門)
〒530-0047
大阪市北区西天満2-1-10
電(06)6361-0690(直)
Fax(06)6313-0885

【本庁】
管轄区域は本庁動産部門に同じ
(第一執行官室、現況調査及び不動産売却部門)
〒532-8503
大阪市淀川区三国本町1-13-27
民事執行センター
電(06)4807-6434(直)
Fax(06)4807-6440

【堺支部】
堺市、高石市、大阪狭山市、南河内郡、富田林市、河内長野市、羽曳野市、松原市、柏原市、藤井寺市
〒590-0078
堺市堺区南瓦町2-28
電(072)233-1078(直)
Fax(072)233-1031

【岸和田支部】
岸和田市、泉大津市、貝塚市、和泉市、泉北郡、泉佐野市、泉南市、阪南市、泉南郡
〒596-0042
岸和田市加守町4-27-2
電(072)441-8355(直)
Fax(072)441-8356

京都地方裁判所

【本庁】
京都府のうち
京都市、乙訓郡、長岡京市、向日市、木津川市、相楽郡、綴喜郡、八幡市、京田辺市、宇治市、城陽市、久世郡、南丹市美山町
〒604-8550
京都市中央区菊屋町
電(075)231-3236(直)
電(075)256-0982(直)
Fax(075)211-4126

【園部支部】
南丹市(美山町を除く)、京丹波町、亀岡市、
(不動産執行事件は本庁に集約)
(本庁執行官が兼務)

〒622-0004
南丹市園部町小桜町30
電(0771)62-0237(代)
電(0771)62-1974(直)
Fax(0771)62-1974

【宮津支部】
宮津市、与謝郡、京丹後市
(舞鶴支部執行官が兼務)
〒626-0017
宮津市字島崎2043-1
電(0772)22-2074(代)
電(0772)22-8708(直)
Fax(0772)22-8708

【舞鶴支部】
　舞鶴市
　　　　〒624-0853
　　　　　舞鶴市字南田辺小字南裏町149
　　　　　　電(0773)75-2332(代)
　　　　　　電(0773)77-2101(直)
　　　　　　Fax(0773)77-2101

【福知山支部】
　福知山市、綾部市（舞鶴支部執行官が兼務）
　　　　〒620-0035
　　　　　福知山市字内記9
　　　　　　電(0773)22-2209(代)
　　　　　　電(0773)22-4081(直)
　　　　　　Fax(0773)22-4082

神戸地方裁判所

【本庁】
　兵庫県のうち
　神戸市（うち西区を除く）、三木市、三田市
　　　　〒650-8575
　　　　　神戸市中央区橘通2-2-1
　　　　　　電(078)341-7521(代)
　　　　　　電(078)341-2130(直)
　　　　　　電(078)341-2146(直)
　　　　　　Fax(078)362-6967

【洲本支部】
　洲本市、淡路市、南あわじ市
　（不動産執行事件は本庁に集約）
　（本庁執行官が兼務）
　　　　〒656-0024
　　　　　洲本市山手1-1-18
　　　　　　電(0799)22-3024(代)

【明石支部】
　明石市、神戸市のうち西区
　（不動産執行事件は本庁に集約）
　（本庁執行官が兼務）
　　　　〒673-0881
　　　　　明石市天文町2-2-18
　　　　　　電(078)912-3231(代)

【尼崎支部】
　尼崎市、西宮市、芦屋市
　　　　〒661-0026
　　　　　尼崎市水堂町3-2-34
　　　　　　電(06)6438-3781(代)
　　　　　　電(06)6438-1869(直)
　　　　　　Fax(06)6438-4306

【柏原支部】
　丹波市、篠山市
　（不動産執行事件は尼崎支部に集約）
　（尼崎支部執行官が兼務）
　　　　〒669-3309
　　　　　丹波市柏原町柏原439
　　　　　　電(0795)72-0155(代)

【伊丹支部】
　伊丹市、宝塚市、川西市、川辺郡
　（不動産執行事件は尼崎支部に集約）
　（尼崎支部執行官が兼務）
　　　　〒664-0898
　　　　　伊丹市千僧1-47-1
　　　　　　電(072)779-3071(代)

【姫路支部】
　姫路市、相生市、赤穂市、加古川市、高砂市、朝来市
　のうち生野町、赤穂郡、神崎郡、加古郡
　　　　〒670-0947
　　　　　姫路市北条1丁目250
　　　　　　電(079)223-2721(代)
　　　　　　電(079)281-3505(直)
　　　　　　Fax(079)288-8219

【龍野支部】
　たつの市、宍粟市、揖保郡、佐用郡
　（不動産執行事件は姫路支部に集約）
　（姫路支部執行官が兼務）
　　　　〒679-4179
　　　　　たつの市龍野町上霞城131
　　　　　　電(0791)63-3919(代)

【社支部】
　西脇市、小野市、加東市、加西市、多可郡
　（不動産執行事件は姫路支部に集約）
　（姫路支部執行官が兼務）
　　　　〒673-1431
　　　　　加東市社490-2
　　　　　　電(0795)42-0123(代)

【豊岡支部】
　豊岡市、養父市、朝来市（うち生野町を除く）、美方郡
　　　　〒668-0042
　　　　　豊岡市京町12-81
　　　　　　電(0796)22-2304(代)
　　　　　　電(0796)24-1977(直)
　　　　　　Fax(0796)24-2032

奈良地方裁判所

【本庁】
奈良県のうち
奈良市、大和郡山市、天理市、桜井市、生駒市、山辺郡、生駒郡
〒630-8213
奈良市登大路町35
電(0742)26-1271(代)
電(0742)22-7092(直)
Fax(0742)26-1318

【葛城支部】
大和高田市、橿原市、御所市、香芝市、葛城市、北葛城郡、高市郡、磯城郡、宇陀市、宇陀郡、吉野郡のうち東吉野村
〒635-8502
大和高田市大中101-4
電(0745)53-1012(代)
電(0745)22-2101(直)
Fax(0745)52-8266

【五條支部】
五條市、吉野郡のうち十津川村、野迫川村、大淀町、下市町、黒滝村、天川村、吉野町、川上村、上北山村、下北山村
(不動産執行事件は葛城支部に集約)
(本庁及び葛城支部執行官が兼務)
〒637-0043
五條市新町3-3-1
電(0747)23-0261(代)

大津地方裁判所

【本庁】
滋賀県のうち
大津市、草津市、守山市、栗東市、野洲市、高島市、甲賀市、湖南市
〒520-0044
大津市京町3-1-2
電(077)522-4281(代)
電(077)522-7190(直)
Fax(077)522-4288

【彦根支部】
彦根市、犬上郡、愛知郡、蒲生郡、東近江市、近江八幡市
〒522-0061
彦根市金亀町5-50
電(0749)26-7712(直)
Fax(0749)22-0600

【長浜支部】
長浜市、米原市
(彦根支部執行官が兼務)
〒526-0058
長浜市南呉服町6-22
電(0749)62-0240(代)

和歌山地方裁判所

【本庁】
和歌山県のうち
和歌山市、岩出市、紀の川市、橋本市、海南市、有田市、伊都郡、海草郡、有田郡
〒640-8143
和歌山市二番丁1
電(073)422-4191(代)
電(073)425-7700(直)
Fax(073)425-7702

【田辺支部】
田辺市、西牟婁郡、日高郡のうちみなべ町、東牟婁郡のうち串本町・古座川町
〒646-0033
田辺市新屋敷町5
電(0739)22-8450(直)
Fax(0739)22-9970

【御坊支部】
御坊市、日高郡のうち美浜町・日高町・由良町・日高川町・印南町
(不動産執行事件につき田辺支部執行官が兼務)
(その余の事件につき本庁執行官が兼務)
〒644-0011
御坊市湯川町財部515-2
電(0738)23-4412(直)
Fax(0738)23-4412

【新宮支部】
新宮市、田辺市のうち本宮町、東牟婁郡のうち那智勝浦町・太地町・北山村
(田辺支部執行官が兼務)
〒647-0015
新宮市千穂3-7-13
電(0735)21-5036(直)
Fax(0735)21-5036

名古屋地方裁判所

【本庁】
愛知県のうち
名古屋市、春日井市、小牧市、瀬戸市、北名古屋市、尾張旭市、日進市、豊明市、愛西市、津島市、清須市、弥富市、愛知郡、海部郡、西春日井郡、あま市、長久手市
〒460-8509
名古屋市中区三の丸1-7-4
電(052)203-1611(代)
電(052)201-8927(直)
Fax(052)201-8970

【一宮支部】
一宮市、稲沢市、犬山市、江南市、岩倉市、丹羽郡
〒491-0842
愛知県一宮市公園通4-17
電(0586)24-1303(直)
Fax(0586)24-1303

【半田支部】
半田市、知多郡、常滑市、東海市、大府市、知多市
(不動産執行事件は本庁に集約)
〒475-0902
半田市宮路町200-2
電(0569)23-3147(直)
Fax(0569)23-3147

【岡崎支部】
岡崎市、額田郡、安城市、碧南市、刈谷市、知立市、高浜市、西尾市、豊田市、みよし市
〒444-8554
岡崎市明大寺町奈良井3
電(0564)51-2488(直)
Fax(0564)51-2515

【豊橋支部】
豊橋市、豊川市、蒲郡市、新城市、田原市、北設楽郡
〒440-0884
豊橋市大国町110
電(0532)54-2146(直)
Fax(0532)52-3147

津地方裁判所

【本庁】
　三重県のうち
　津市、鈴鹿市、亀山市、松阪市のうち嬉野地域振興局
　及び三雲地域振興局の各所管区域
　　　　　〒514-8526
　　　　　　津市中央3-1
　　　　　　　電(059)226-4785(直)
　　　　　　　電(059)226-0934(直)
　　　　　　　Fax(059)229-3781

【松阪支部】
　松阪市（嬉野地域振興局及び三雲地域振興局の各所管
　区域を除く）、多気郡（多気町、明和町、大台町）、度
　会郡のうち大紀町
　（不動産執行事件は本庁に集約）
　　　　　〒515-8525
　　　　　　松阪市中央町36-1
　　　　　　　電(0598)51-0542(代)
　　　　　　　電(0598)51-0626(直)
　　　　　　　Fax(0598)51-0644

【伊賀支部】
　伊賀市、名張市
　　　　　〒518-0873
　　　　　　伊賀市上野丸之内130-1
　　　　　　　電(0595)21-0002(代)
　　　　　　　電(0595)24-1059(直)
　　　　　　　Fax(0595)41-0718

【四日市支部】
　四日市市、桑名市、いなべ市、三重郡（菰野町、朝日
　町、川越町）、桑名郡（木曽岬町）、員弁郡（東員町）
　　　　　〒510-8526
　　　　　　四日市市三栄町1-22
　　　　　　　電(059)352-7151(代)
　　　　　　　電(059)354-5137(直)
　　　　　　　Fax(059)340-8139

【伊勢支部】
　伊勢市、鳥羽市、志摩市、度会郡のうち南伊勢町、玉
　城町、度会町
　　　　　〒516-8533
　　　　　　伊勢市岡本1-2-6
　　　　　　　電(0596)28-3135(代)
　　　　　　　電(0596)28-5932(直)
　　　　　　　Fax(0596)28-5936

【熊野支部】
　熊野市、尾鷲市、南牟婁郡（御浜町、紀宝町）、北牟
　婁郡（紀北町）
　（不動産執行事件は本庁に集約）
　　　　　〒519-4396
　　　　　　熊野市井戸町784
　　　　　　　電(05978)5-2145(代)
　　　　　　　Fax(05978)5-2143

岐阜地方裁判所

【本庁】
　岐阜県のうち
　岐阜市、羽島市、各務原市、山県市、関市、美濃市、
　瑞穂市、本巣市、本巣郡、下呂市のうち金山振興事務
　所の所管区域、郡上市、羽島郡
　　　　　〒500-8710
　　　　　　岐阜市美江寺町2-4-1
　　　　　　　電(058)262-5121(代)
　　　　　　　電(058)263-4222(直)
　　　　　　　電(058)263-4231(直)
　　　　　　　Fax(058)264-0106

【大垣支部】
　大垣市、海津市、養老郡、不破郡、安八郡、揖斐郡
　（不動産執行事件は本庁に集約）
　　　　　〒503-0888
　　　　　　大垣市丸ノ内1-22
　　　　　　　電(0584)78-6184(代)
　　　　　　　電(0584)75-3980(直)
　　　　　　　Fax(0584)75-3980

【多治見支部】
　多治見市、瑞浪市、土岐市、中津川市、恵那市
　　　　　〒507-0023
　　　　　　多治見市小田町1-22-1
　　　　　　　電(0572)22-0698(代)
　　　　　　　電(0572)22-2435(直)
　　　　　　　Fax(0572)22-2435

【御嵩支部】
　美濃加茂市、可児市、可児郡、加茂郡
　　〒505-0116
　　　可児郡御嵩町御嵩1177
　　　　電(0574)67-3111(代)
　　　　電(0574)67-7901(直)
　　　　Fax(0574)67-7901

【高山支部】
　高山市、下呂市（金山振興事務所の所管区域を除く）、飛騨市、大野郡
　　〒506-0009
　　　高山市花岡町2-63-3
　　　　電(0577)32-1140(代)
　　　　電(0577)33-4007(直)
　　　　Fax(0577)33-4007

福井地方裁判所

【本庁】
　福井県のうち
　福井市、あわら市、吉田郡、坂井市、大野市、勝山市
　　〒910-8524
　　　福井市春山1-1-1
　　　　電(0776)22-5000(代)
　　　　電(0776)25-0012(直)
　　　　Fax(0776)25-4355

【敦賀支部】
　敦賀市、三方郡、三方上中郡、小浜市、大飯郡
　　〒914-8524
　　　敦賀市松栄町6-10
　　　　電(0770)22-0812(代)
　　　　電(0770)22-6782(直)
　　　　Fax(0770)22-6782

【武生支部】
　越前市、鯖江市、南条郡、今立郡、丹生郡
　（不動産執行事件は本庁に集約）
　　〒915-8524
　　　越前市日野美2-6
　　　　電(0778)23-0050(代)

金沢地方裁判所

【本庁】
　石川県のうち
　金沢市、白山市、野々市市、かほく市、河北郡
　　〒920-8655
　　　金沢市丸の内7-1
　　　　電(076)262-3221(代)
　　　　電(076)262-4745(直)
　　　　電(076)222-7608(直)
　　　　Fax(076)262-3304

【七尾支部】
　七尾市、鹿島郡、羽咋市、羽咋郡
　（本庁執行官塡補）
　　〒926-8541
　　　七尾市馬出町ハ部1-2
　　　　電(0767)52-3135(代)
　　　　電(0767)52-2081(直)
　　　　Fax(0767)52-2081

【小松支部】
　小松市、加賀市、能美市、能美郡
　（不動産執行事件は本庁に集約）
　　〒923-8541
　　　小松市小馬出町11
　　　　電(0761)22-8541(代)
　　　　電(0761)24-3592(直)
　　　　Fax(0761)24-3592

【輪島支部】
　輪島市、珠洲市、鳳珠郡
　（不動産執行事件は七尾支部に集約）
　　〒928-8541
　　　輪島市河井町15部49-2
　　　　電(0768)22-0054(代)
　　　　電(0768)22-7803(直)
　　　　Fax(0768)22-7803

富山地方裁判所

【本庁】
富山県のうち
富山市、滑川市、中新川郡
〒939-8502
富山市西田地方町2-9-1
電(076)421-6131(代)
電(076)425-8503(直)
Fax(076)421-6148

【魚津支部】
魚津市、黒部市、下新川郡
(不動産執行事件は本庁に集約)
〒937-0866
魚津市本町1-10-60
電(0765)22-0160(代)

【高岡支部】
高岡市、射水市、氷見市、小矢部市、南砺市、砺波市
〒933-8546
高岡市中川本町10-6
電(0766)22-5151(代)
電(0766)23-8338(直)
Fax(0766)23-8338

広島地方裁判所

【本庁】
広島県のうち
広島市、廿日市市、東広島市、大竹市、三原市のうち大和町、安芸高田市のうち八千代町、安芸郡全域、山県郡全域
〒730-0012
広島市中区上八丁堀2-43
電(082)228-0421(代)
電(082)228-7786(直)
Fax(082)228-7879

【呉支部】
呉市、江田島市、竹原市、豊田郡のうち大崎上島町
(不動産競売事件を除く)
(本庁執行官が兼務)
〒737-0811
呉市西中央4-1-46
電(0823)21-4991(代)

【尾道支部】
尾道市、三原市のうち大和町を除く区域、世羅郡世羅町のうち青近、赤屋、伊尾、宇津戸、小世良、小谷、川尻、甲山、西上原、東上原、別迫、青水、青山、井折、賀茂、京丸、黒渕、三郎丸、重永、津口、寺町、田打、徳市、戸張、中原、西神崎、東神崎、堀越、本郷、安田
(不動産競売事件を除く)
(福山支部執行官が兼務)
〒722-0014
尾道市新浜1-12-4
電(0848)22-5285(代)

【福山支部】
福山市、府中市、三次市のうち甲奴町、庄原市のうち総領町、神石郡全域
〒720-0031
福山市三吉町1-7-1
電(084)923-2890(代)
電(084)921-6792(直)
Fax(084)924-8227

【三次支部】
三次市のうち甲奴町を除く区域、安芸高田市のうち甲田町、高宮町、美土里町、向原町、吉田町、庄原市のうち総領町を除く区域、世羅郡世羅町のうち小国、上津田、黒川、下津田、中、長田、山中福田、吉原
(不動産競売事件を除く)
(本庁執行官が兼務)
〒728-0021
三次市三次町1725-1
電(0824)63-5141(代)

山口地方裁判所

【本庁】
　山口県のうち
　山口市、防府市、美祢市のうち美東町、秋芳町
　　　　〒753-0048
　　　　　　山口市駅通り1-6-1
　　　　　　　電(083)922-1330(代)
　　　　　　　電(083)922-1201(直)
　　　　　　　Fax(083)920-6695

【周南支部】
　周南市、下松市、光市
　（本庁執行官が兼務）
　　　　〒745-0071
　　　　　　周南市岐山通2-5
　　　　　　　電(0834)21-2610(代)

【萩支部】
　萩市、阿武郡、長門市
　（不動産執行事件は本庁に集約）
　（本庁執行官が兼務）
　　　　〒758-0041
　　　　　　萩市大字江向469
　　　　　　　電(0838)22-0047(代)

【岩国支部】
　岩国市、玖珂郡、柳井市、熊毛郡、大島郡
　　　　〒741-0061
　　　　　　岩国市錦見1-16-45
　　　　　　　電(0827)41-0161(代)
　　　　　　　電(0827)41-1244(直)
　　　　　　　Fax(0827)41-1244

【下関支部】
　下関市
　　　　〒750-0009
　　　　　　下関市上田中町8-2-2
　　　　　　　電(083)222-4076(代)
　　　　　　　電(083)222-0491(直)
　　　　　　　Fax(083)222-0491

【宇部支部】
　宇部市、山陽小野田市、
　美祢市のうち美東町、秋芳町を除く区域
　（不動産執行事件は本庁に集約）
　（本庁執行官が兼務）
　　　　〒755-0033
　　　　　　宇部市琴芝町2-2-35
　　　　　　　電(0836)21-3197(代)

岡山地方裁判所

【本庁】
　岡山県のうち
　岡山市、瀬戸内市、玉野市、倉敷市のうち児島支所の
　所管区域、備前市、和気郡、高梁市、加賀郡、真庭市
　のうち旧北房町、赤磐市
　　　　〒700-0807
　　　　　　岡山市北区南方1-8-42
　　　　　　　電(086)222-6771(代)
　　　　　　　電(086)231-9092(直)
　　　　　　　Fax(086)234-1759

【倉敷支部】
　倉敷市（児島支所の所管区域を除く）、総社市、都窪
　郡、浅口郡、笠岡市、井原市、小田郡、浅口市
　（不動産執行部門は本庁に集約）
　　　　〒710-0051
　　　　　　倉敷市幸町3-33
　　　　　　　電(086)422-1038(代)
　　　　　　　電(086)422-5471(直)
　　　　　　　Fax(086)422-3634

【新見支部】
　新見市
　（不動産執行部門は本庁に集約）
　（本庁執行官が兼務）
　　　　〒718-0011
　　　　　　新見市新見1222
　　　　　　　電(0867)72-0042(代)
　　　　　　　Fax(0867)72-7240

【津山支部】
　津山市、苫田郡、久米郡、勝田郡、英田郡、真庭郡、
　美作市、真庭市（旧北房町を除く）
　（本庁執行官が兼務）
　　　　〒708-0051
　　　　　　津山市椿高下52
　　　　　　　電(0868)22-9326(代)
　　　　　　　電(0868)25-1663(直)
　　　　　　　Fax(0868)25-1664

鳥取地方裁判所

【本庁】
　鳥取県のうち
　　鳥取市、岩美郡、八頭郡
　　　〒680-0011
　　　　鳥取市東町2-223
　　　　　電(0857)22-2171(代)
　　　　　電(0857)27-1929(直)
　　　　　Fax(0857)24-3330

【倉吉支部】
　倉吉市、東伯郡
　（不動産執行部門は本庁に集約）
　　　〒682-0824
　　　　倉吉市仲ノ町734
　　　　　電(0858)22-2911(代)
　　　　　電(0858)22-1551(直)
　　　　　Fax(0858)22-1551

【米子支部】
　米子市、境港市、西伯郡、日野郡
　　　〒683-0826
　　　　米子市西町62
　　　　　電(0859)22-2205(代)
　　　　　電(050)1390-0688(直)
　　　　　Fax(0859)33-0688

松江地方裁判所

【本庁】
　島根県のうち
　　松江市、安来市、雲南市、仁多郡、飯石郡
　　　〒690-8523
　　　　松江市母衣町68
　　　　　電(0852)23-1701(代)
　　　　　電(0852)21-7530(直)
　　　　　Fax(0852)25-2802

【出雲支部】
　出雲市、大田市
　（不動産執行部門は本庁に集約）
　（本庁及び浜田支部執行官が兼務）
　　　〒693-8523
　　　　出雲市今市町797-2
　　　　　電(0853)21-2114(代)

【浜田支部】
　浜田市、江津市、邑智郡
　　　〒697-0027
　　　　浜田市殿町980
　　　　　電(0855)22-0678(代)
　　　　　電(0855)22-4858(直)
　　　　　Fax(0855)22-4858

【益田支部】
　益田市、鹿足郡
　（不動産執行部門は浜田支部に集約）
　（浜田支部執行官が兼務）
　　　〒698-0021
　　　　益田市幸町6-60
　　　　　電(0856)22-0365(代)

【西郷支部】
　隠岐郡
　（本庁執行官が兼務）
　　　〒685-0015
　　　　隠岐郡西郷町大字港町字指向5-1
　　　　　電(08512)2-0005(代)

福岡地方裁判所

【本庁】
　福岡県のうち
　　福岡市、筑紫野市、春日市、大野城市、太宰府市、古賀市、宗像市、糟屋郡、筑紫郡、福津市、糸島市、朝倉市、朝倉郡
　　　〒810-8653
　　　　福岡市中央区城内1-1
　　　　　電(092)781-3141(代)
　　　　　電(092)721-6052(直)
　　　　　電(092)771-3301(直)
　　　　　Fax(092)781-8434

【飯塚支部】
　飯塚市、嘉麻市、嘉穂郡
　　　〒820-8506
　　　　飯塚市新立岩10-29
　　　　　電(0948)22-1215(直)
　　　　　Fax(0948)28-6885

【直方支部】
　直方市、宮若市、鞍手郡
　（小倉支部執行官が兼務）
　　　　　　〒822-0014
　　　　　　　直方市丸山町1-4
　　　　　　　　電(0949)22-2519(直)
　　　　　　　　Fax(0949)22-2551

【久留米支部】
　久留米市、小郡市、三井郡、うきは市
　　　　　　〒830-8530
　　　　　　　久留米市篠山町21
　　　　　　　　電(0942)32-3134(直)
　　　　　　　　Fax(0942)32-5401

【柳川支部】
　柳川市、大川市、みやま市のうち瀬高町、山川町、三潴郡のうち大木町
　（久留米支部執行官が兼務）
　　　　　　〒832-0045
　　　　　　　柳川市本町4
　　　　　　　　電(0944)72-4028(直)
　　　　　　　　Fax(0944)74-1426

【大牟田支部】
　大牟田市、みやま市のうち高田町
　（久留米支部執行官が兼務）
　　　　　　〒836-0052
　　　　　　　大牟田市白金町101
　　　　　　　　電(0944)53-4204(直)
　　　　　　　　Fax(0944)54-4589

【八女支部】
　八女市、筑後市、八女郡
　（久留米支部執行官が兼務）
　　　　　　〒834-0031
　　　　　　　八女市本町537-4
　　　　　　　　電(0943)22-2689(直)
　　　　　　　　Fax(0943)24-1527

【小倉支部】
　北九州市、中間市、遠賀郡
　　　　　　〒803-8531
　　　　　　　北九州市小倉北区金田1-4-1
　　　　　　　　電(093)561-1305(直)
　　　　　　　　電(093)592-5079(直)
　　　　　　　　Fax(093)561-3539

【行橋支部】
　行橋市、京都郡、豊前市、築上郡
　（小倉支部執行官が兼務）
　　　　　　〒824-0001
　　　　　　　行橋市行事1-8-23
　　　　　　　　電(0930)22-4124(直)
　　　　　　　　Fax(0930)22-0096

【田川支部】
　田川市、田川郡
　（小倉支部執行官が兼務）
　　　　　　〒826-8567
　　　　　　　田川市千代町1-5
　　　　　　　　電(0947)44-1778(直)
　　　　　　　　Fax(0947)42-2519

佐賀地方裁判所

【本庁】
　佐賀県のうち
　佐賀市、神埼市、神埼郡、多久市、小城市、鳥栖市、三養基郡
　　　　　　〒840-0833
　　　　　　　佐賀市中の小路3-22
　　　　　　　　電(0952)23-3161(代)
　　　　　　　　電(0952)26-7176(直)
　　　　　　　　Fax(0952)28-2519

【武雄支部】
　武雄市、杵島郡、鹿島市、嬉野市、藤津郡、伊万里市、西松浦郡
　（本庁執行官塡補）
　　　　　　〒843-0022
　　　　　　　武雄市武雄町大字武雄5660
　　　　　　　　電(0954)23-3397(直)
　　　　　　　　Fax(0954)23-3505

【唐津支部】
　唐津市、東松浦郡
　（本庁執行官塡補）
　　　　　　〒847-0012
　　　　　　　唐津市大名小路1-1
　　　　　　　　電(0955)73-5298(直)
　　　　　　　　Fax(0955)73-5306

長崎地方裁判所

【本庁】
　長崎県のうち
　長崎市、西彼杵郡、西海市のうち大瀬戸町と西彼町
　　　　〒850-0033
　　　　　長崎市万才町9-26
　　　　　　電(095)822-6151(代)
　　　　　　電(095)823-3215(直)
　　　　　　Fax(095)825-9173

【大村支部】
　大村市、諫早市、東彼杵郡のうち東彼杵町
　(本庁執行官が兼務)
　　　　〒856-0831
　　　　　大村市東本町287
　　　　　　電(0957)52-3501(代)
　　　　　　電(0957)52-2064(直)
　　　　　　Fax(0957)54-0062

【島原支部】
　島原市、南島原市、雲仙市
　(本庁執行官が兼務)
　　　　〒855-0036
　　　　　島原市城内1-1195-1
　　　　　　電(0957)62-3151(代)
　　　　　　電(0957)62-6480(直)
　　　　　　Fax(0957)62-6480

【佐世保支部】
　佐世保市、東彼杵郡のうち波佐見町、川棚町、北松浦郡、
　西海市のうち西海町、大島町、崎戸町(平島を除く)
　(本庁執行官が兼務)
　　　　〒857-0805
　　　　　佐世保市光月町9-4
　　　　　　電(0956)22-9175(代)
　　　　　　電(0956)23-0358(直)
　　　　　　Fax(0956)22-6446

【平戸支部】
　平戸市、松浦市
　(本庁執行官が兼務)
　　　　〒859-5153
　　　　　平戸市戸石川町460
　　　　　　電(0950)22-2004(代)
　　　　　　電(0950)23-2736(直)
　　　　　　Fax(0950)23-2736

【壱岐支部】
　壱岐市
　(本庁執行官が兼務)
　　　　〒811-5133
　　　　　壱岐市郷ノ浦町本村触624-1
　　　　　　電(0920)47-1019(代)

【五島支部】
　五島市、新上五島町、西海市のうち崎戸町平島
　(本庁執行官が兼務)
　　　　〒853-0001
　　　　　五島市栄町1-7
　　　　　　電(0959)72-3315(代)

【巖原支部】
　対馬市
　(本庁執行官が兼務)
　　　　〒817-0013
　　　　　対馬市巌原町中村642-1
　　　　　　電(0920)52-0067(代)

大分地方裁判所

【本庁】
　大分県のうち
　大分市、別府市、由布市、豊後大野市のうち旧千歳村、旧犬飼町、臼杵市、津久見市
　　　　〒870-8564
　　　　　大分市荷揚町7-15
　　　　　　電(097)532-7161(代)
　　　　　　電(097)533-0008(直)
　　　　　　Fax(097)532-7181

【杵築支部】
　杵築市、国東市のうち旧国東町、旧武蔵町、旧安岐町
　(本庁執行官が兼務)
　　　　〒873-0001
　　　　　杵築市大字杵築1180
　　　　　　電(0978)62-2052(代)
　　　　　　電(0978)63-3220(直)
　　　　　　Fax(0978)63-3220

【佐伯支部】
佐伯市
（本庁執行官が兼務）
〒876-0815
佐伯市野岡町2-13-2
電(0972)22-0168(代)
電(0972)23-8480(直)
Fax(0972)23-8480

【竹田支部】
竹田市、豊後大野のうち旧三重町、旧清川村、旧緒方町、旧朝地町、旧大野町
（本庁執行官が兼務）
〒878-0013
竹田市大字竹田2065-1
電(0974)63-2040(代)
電(0974)63-3801(直)
Fax(0974)63-3801

【中津支部】
中津市、宇佐市、豊後高田市、国東市のうち旧国見町、姫島村、杵築市のうち旧大田村
（本庁執行官が兼務）
〒871-0058
中津市二ノ丁1261
電(0979)22-2115(代)
電(0979)22-2156(直)
Fax(0979)22-2156

【日田支部】
日田市、玖珠郡
（本庁執行官が兼務）
〒877-0012
日田市淡窓1-1-53
電(0973)23-3145(代)
電(0973)23-8061(直)
Fax(0973)23-8061

熊本地方裁判所

【本庁】
熊本県のうち
熊本市、宇土市、宇城市、菊池郡、合志市、菊池市のうち泗水町、阿蘇郡のうち西原村、下益城郡、上天草市のうち大矢野町、上益城郡（山都町のうち旧蘇陽町を除く）
〒860-0078
熊本市中央区京町1-13-11
電(096)325-2121(代)
電(096)326-1522(直)
電(096)326-1618(直)
Fax(096)351-5515

【玉名支部】
荒尾市、玉名郡、玉名市
（不動産競売事件は本庁が管轄）
（本庁執行官が兼務）
〒865-0051
玉名市繁根木54-8
電(0968)72-3037(代)
電(0968)72-3650(直)
Fax(0968)72-3650

【山鹿支部】
山鹿市、菊池市（泗水町を除く）
（不動産競売事件は本庁が管轄）
（本庁執行官が兼務）
〒861-0501
山鹿市山鹿280
電(0968)44-5141(代)
電(0968)44-5187(直)
Fax(0968)44-5187

【阿蘇支部】
阿蘇市、阿蘇郡（西原村を除く）、上益城郡山都町のうち旧蘇陽町
（不動産競売事件は本庁が管轄）
（本庁執行官が兼務）
〒869-2612
阿蘇市一の宮町宮地2476-1
電(0967)22-0063(代)
電(0967)22-4625(直)
Fax(0967)22-4625

【八代支部】
八代市、八代郡、水俣市、葦北郡
（本庁執行官が兼務）
〒866-0863
八代市西松江城町1-41
電(0965)32-2175(代)
電(0965)32-6900(直)
Fax(0965)32-8399

【人吉支部】
人吉市、球磨郡
(本庁執行官が兼務)
〒868-0056
人吉市寺町1
電(0966)23-4855(代)
電(0966)22-5691(直)
Fax(0966)22-5691

【天草支部】
天草市、上天草市(大矢野町を除く)、天草郡
(不動産競売事件は本庁が管轄)
(本庁執行官が兼務)
〒863-0037
天草市諏訪町16-24
電(0969)23-2004(代)
電(0969)22-4447(直)
Fax(0969)22-4447

鹿児島地方裁判所

【本庁】
鹿児島県のうち
鹿児島市、鹿児島郡、いちき串木野市、日置市、西之表市、熊毛郡
〒892-0816
鹿児島市山下町13-47
電(099)222-7121(代)
電(099)222-4786(直)
Fax(099)239-2955

【知覧支部】
南九州市、南さつま市、枕崎市、指宿市
(不動産競売事件は本庁が管轄)
(本庁執行官が兼務)
〒897-0302
南九州市知覧町郡6196-1
電(0993)83-2229(代)
電(0993)83-3685(直)

【名瀬支部】
奄美市、大島郡
(本庁執行官が兼務)
〒894-0033
奄美市名瀬矢之脇町1-1
電(0997)52-5141(代)
電(0997)53-9677(直)
Fax(0997)53-9677

【川内支部】
薩摩川内市、薩摩郡、出水市、阿久根市、出水郡
(本庁執行官が兼務)
〒895-0064
薩摩川内市花木町2-20
電(0996)22-2154(代)
電(0996)22-3861(直)
Fax(0996)22-3811

【加治木支部】
霧島市、姶良市、姶良郡、曽於市のうち財部町、伊佐市
(本庁執行官が兼務)
〒899-5214
姶良市加治木町仮屋町95
電(0995)62-2666(代)
電(0995)62-2207(直)
Fax(0995)62-2251

【鹿屋支部】
鹿屋市、垂水市、曽於市(財部町を除く)、志布志市、肝属部、曽於郡
(本庁執行官が兼務)
〒893-0011
鹿屋市打馬1-2-14
電(0994)43-2330(代)
電(0994)42-3502(直)
Fax(0994)41-4764

宮崎地方裁判所

【本庁】
宮崎県のうち
宮崎市、東諸県郡、西都市、児湯郡
〒880-8543
宮崎市旭2-3-13
電(0985)23-2261(代)
電(0985)23-5361(直)
Fax(0985)23-2675

【日南支部】
日南市、串間市
(本庁執行官が兼務)
(不動産競売事件は本庁が管轄)
〒889-2535
日南市飫肥3-6-1
電(0987)25-1188(代)

【都城支部】
　都城市、北諸県郡、小林市、えびの市、西諸県郡
　（本庁執行官が兼務）
　　　　　〒885-0075
　　　　　　都城市八幡町2-3
　　　　　　　電(0986)23-4131(代)
　　　　　　　電(0986)22-2177(直)
　　　　　　　Fax(0986)22-2215

【延岡支部】
　延岡市、東臼杵郡、日向市、西臼杵郡
　（本庁執行官が兼務）
　　　　　〒882-8585
　　　　　　延岡市東本小路121
　　　　　　　電(0982)32-3291(代)
　　　　　　　電(0982)33-2893(直)
　　　　　　　Fax(0982)33-2894

那覇地方裁判所

【本庁】
　沖縄県のうち
　那覇市、浦添市、糸満市、豊見城市、南城市、島尻郡
　のうち南風原町、八重瀬町、与那原町、粟国村、渡名
　喜村、久米島町、渡嘉敷村、座間味村、南大東村、北
　大東村、中頭郡のうち西原町
　　　　　〒900-022
　　　　　　那覇市樋川1-14-1
　　　　　　　電(098)855-3366(代)
　　　　　　　電(098)833-1422(直)
　　　　　　　Fax(098)831-7787

【沖縄支部】
　沖縄市、うるま市、宜野湾市、中頭郡のうち北谷町、
　嘉手納町、読谷村、中城村、北中城村
　　　　　〒904-2194
　　　　　　沖縄市知花6-7-7
　　　　　　　電(098)939-0011(代)
　　　　　　　電(098)938-9301(直)
　　　　　　　Fax(098)938-9348

【名護支部】
　名護市、国頭郡、島尻郡のうち伊是名村、伊平屋村
　（本庁執行官が兼務）

　　　　　〒905-0011
　　　　　　名護市字宮里451-3
　　　　　　　電(0980)52-2642(代)
　　　　　　　電(0980)53-5842(直)
　　　　　　　Fax(0980)53-5875

【平良支部】
　宮古郡、宮古島市
　（本庁執行官が兼務）
　　　　　〒906-0012
　　　　　　宮古島市平良字西里345
　　　　　　　電(0980)72-2012(代)
　　　　　　　電(0980)72-7675(直)
　　　　　　　Fax(0980)72-7675

【石垣支部】
　石垣市、八重山郡
　（本庁執行官が兼務）
　　　　　〒907-0004
　　　　　　石垣市字登野城55
　　　　　　　電(0980)82-3076(代)
　　　　　　　電(0980)82-6968(直)
　　　　　　　Fax(0980)82-6968

仙台地方裁判所

【本庁】
　宮城県のうち
　仙台市、塩竈市、名取市、岩沼市、多賀城市、富谷
　市、亘理郡、黒川郡、宮城郡
　　　　　〒980-8639
　　　　　　仙台市青葉区片平1-6-1
　　　　　　　電(022)222-6111(代)
　　　　　　　電(022)223-3845(直)
　　　　　　　Fax(022)223-3493

【大河原支部】
　白石市、角田市、柴田郡、伊具郡、刈田郡
　（不動産執行事件は本庁に集約）

　（本庁執行官が兼務）
　　　　　〒989-1231
　　　　　　柴田郡大河原町字中川原9
　　　　　　　電(0224)53-3080(直)
　　　　　　　Fax(0224)53-3080

【古川支部】
　大崎市、遠田郡、加美郡、栗原市
　（不動産執行事件は本庁に集約）
　　　　　〒989-6161
　　　　　　大崎市古川駅南2-9-46
　　　　　　　電(0229)22-1105(直)
　　　　　　　Fax(0229)22-1105

【石巻支部】
　石巻市、牡鹿郡、東松島市
　（不動産執行事件は本庁に集約）
　（本庁執行官が兼務）
　　　　　〒986-0832
　　　　　　石巻市泉町4-4-28
　　　　　　　電(0225)22-5919(直)
　　　　　　　Fax(0225)22-5919
【登米支部】
　登米市
　（不動産執行事件は本庁に集約）
　（古川支部執行官が兼務）

　　　　　〒987-0702
　　　　　　登米市登米町寺池桜小路105-3
　　　　　　　電(0220)52-2135(直)
　　　　　　　Fax(0220)52-2135
【気仙沼支部】
　気仙沼市、南三陸町
　（不動産執行事件は本庁に集約）
　（本庁執行官が兼務）
　　　　　〒988-0022
　　　　　　気仙沼市河原田1-2-30
　　　　　　　電(0226)22-3664(直)
　　　　　　　Fax(0226)22-3664

福島地方裁判所

【本庁】
　福島県のうち
　福島市、二本松市、伊達市、伊達郡、相馬郡のうち飯舘村
　　　　　〒960-8112
　　　　　　福島市花園町5-38
　　　　　　　電(024)534-1873(直)
　　　　　　　Fax(024)534-2226
【相馬支部】
　相馬市、南相馬市、相馬郡のうち新地町
　（郡山支部執行官が兼務）
　　　　　〒976-0042
　　　　　　相馬市中村字大手先48-1
　　　　　　　電(0244)36-1874(代)
　　　　　　　Fax(0244)36-1874
【郡山支部】
　郡山市、須賀川市、田村市、岩瀬郡、田村郡、安達郡、本宮市
　　　　　〒963-8876
　　　　　　郡山市麓山1-2-26
　　　　　　　電(024)923-5557(直)
　　　　　　　電(024)934-2841(直)
　　　　　　　Fax(024)932-8118

【白河支部】
　白河市、西白河郡、東白河郡、石川郡
　（不動産執行事件は郡山支部に集約）
　（郡山支部執行官が兼務）
　　　　　〒961-0074
　　　　　　白河市字郭内146
　　　　　　　電(0248)22-0455(直)
　　　　　　　Fax(0248)22-0455
【会津若松支部】
　会津若松市、喜多方市、河沼郡、大沼郡、耶麻郡、南会津郡
　　　　　〒965-0873
　　　　　　会津若松市追手町6-6
　　　　　　　電(0242)28-7185(直)
　　　　　　　Fax(0242)28-7185
【いわき支部】
　いわき市、双葉郡
　　　　　〒970-8026
　　　　　　いわき市平字八幡小路41
　　　　　　　電(0246)21-3871(直)
　　　　　　　Fax(0246)22-1370

山形地方裁判所

【本庁】
山形県のうち
山形市、上山市、天童市、寒河江市、村山市、東根市、尾花沢市、東村山郡、北村山郡、西村山郡
〒990-8531
山形市旅籠町2-4-22
電(023)623-9511(代)
電(023)631-7757(直)
Fax(023)631-7786

【新庄支部】
新庄市、最上郡
(不動産執行事件は本庁に集約)
(本庁執行官が兼務)
〒996-0022
新庄市住吉町4-27
電(0233)22-0265(代)
電(0233)22-2034(直)
Fax(0233)22-2053

【米沢支部】
米沢市、南陽市、長井市、東置賜郡、西置賜郡
(不動産執行事件は本庁に集約)
(本庁執行官が兼務)
〒992-0045
米沢市中央4-9-15
電(0238)22-2165(代)
電(0238)23-3497(直)
Fax(0238)23-3528

【鶴岡支部】
鶴岡市、東田川郡のうち三川町
〒997-0035
鶴岡市馬場町5-23
電(0235)23-6666(代)
電(0235)23-6689(直)
Fax(0235)23-6726

【酒田支部】
酒田市、飽海郡、東田川郡のうち庄内町
(鶴岡支部執行官が兼務)
〒998-0037
酒田市日吉町1-5-27
電(0234)23-1234(代)
電(0234)22-2166(直)
Fax(0234)22-2702

盛岡地方裁判所

【本庁】
岩手県のうち
盛岡市、滝沢市、八幡平市、岩手郡、紫波郡
〒020-8520
盛岡市内丸9-1
電(019)622-3165(代)
電(019)651-7666(直)
電(019)622-9002(直)
Fax(019)622-3184

【花巻支部】
花巻市、北上市、和賀郡
〒025-0075
花巻市花城町8-26
電(0198)23-5276(代)
電(0198)21-1502(直)
Fax(0198)21-1503

【二戸支部】
二戸市、久慈市、二戸郡、九戸郡、下閉伊郡のうち普代村
(不動産執行事件は本庁に集約)
(本庁執行官が兼務)
〒028-6101
二戸市福岡字城ノ内4-2
電(0195)23-2591(代)
電(0195)25-5734(直)
Fax(0195)25-5734

【遠野支部】
遠野市、釜石市、上閉伊郡
(花巻支部執行官が兼務)
〒028-0515
遠野市東舘町2-3
電(0198)62-2840(代)
電(0198)62-3184(直)
Fax(0198)62-3184

【宮古支部】
　宮古市、下閉伊郡のうち山田町、岩泉町、田野畑村
　（本庁執行官が兼務）
　　　　　　　〒027-0052
　　　　　　　　宮古市宮町1-3-30
　　　　　　　　　電(0193)62-2925(代)
　　　　　　　　　電(0193)71-2271(直)
　　　　　　　　　Fax(0193)71-2272

【一関支部】
　一関市、西磐井郡、大船渡市、陸前高田市、気仙郡
　　　　　　　〒021-0877
　　　　　　　　一関市城内3-6
　　　　　　　　　電(0191)23-4148(代)
　　　　　　　　　電(0191)21-8001(直)
　　　　　　　　　Fax(0191)21-8001

【水沢支部】
　奥州市、胆沢郡
　（不動産執行事件は本庁に集約）
　（一関支部執行官が兼務）
　　　　　　　〒023-0053
　　　　　　　　奥州市水沢区大手町4-19
　　　　　　　　　電(0197)24-7181(代)
　　　　　　　　　電(0197)51-1380(直)
　　　　　　　　　Fax(0197)51-1308

秋田地方裁判所

【本庁】
　秋田県のうち
　秋田市、男鹿市、潟上市、南秋田郡、
　　　　　　　〒010-0951
　　　　　　　　秋田市山王7-1-1
　　　　　　　　　電(018)824-3121(代)
　　　　　　　　　電(018)824-1514(直)
　　　　　　　　　Fax(018)864-8633

【能代支部】
　能代市、山本郡
　（大館支部執行官が兼務）
　　　　　　　〒016-0817
　　　　　　　　能代市上町1-15
　　　　　　　　　電(0185)52-3278(代)

【本荘支部】
　由利本荘市、にかほ市
　（不動産執行事件は本庁に集約）
　（本庁執行官が兼務）
　　　　　　　〒015-0872
　　　　　　　　由利本荘市瓦谷地21
　　　　　　　　　電(0184)22-3916(代)

【大館支部】
　大館市、北秋田郡、鹿角市、鹿角郡、北秋田市
　　　　　　　〒017-0891
　　　　　　　　大館市中城15
　　　　　　　　　電(0186)42-0071(代)
　　　　　　　　　電(0186)42-0081(直)
　　　　　　　　　Fax(0186)42-0081

【横手支部】
　横手市、湯沢市、雄勝郡
　　　　　　　〒013-0013
　　　　　　　　横手市城南町2-1
　　　　　　　　　電(0182)32-4130(代)

【大曲支部】
　大仙市、仙北市、仙北郡
　（本庁及び横手支部執行官が兼務）
　　　　　　　〒014-0063
　　　　　　　　大仙市大曲日の出町1-20-4
　　　　　　　　　電(0187)63-2033(代)

青森地方裁判所

【本庁】
青森県のうち
青森市のうち浪岡を除く、東津軽郡、むつ市、下北郡、上北郡のうち野辺地町、横浜町、六ヶ所村、東北町、七戸町
〒030-8522
青森市長島1-3-26
電(017)722-5351(代)
電(017)773-1781(直)
Fax(017)722-5358

【五所川原支部】
五所川原市、つがる市、北津軽部、西津軽郡
(不動産執行事件は本庁に集約)
(本庁執行官が兼務)
〒037-0044
五所川原字元町54
電(0173)34-4100(直)
Fax(0173)33-2031

【弘前支部】
青森市のうち浪岡、弘前市、黒石市、平川市、中津軽郡、南津軽郡
〒036-8356
弘前市大字下白銀町7
電(0172)37-7277(直)
Fax(0172)37-7278

【八戸支部】
八戸市、三戸郡のうち階上町、三戸町、田子町、南部町
〒039-1166
八戸市根城9-13-6
電(0178)22-4697(直)
Fax(0178)22-3109

【十和田支部】
十和田市、三沢市、上北郡のうち六戸町、おいらせ町、三戸郡のうち五戸町、新郷村
(不動産執行事件は八戸支部に集約)
(八戸支部執行官が兼務)
〒034-0082
十和田市西二番町14-8
電(0176)22-9114(直)
Fax(0176)22-9116

札幌地方裁判所

【本庁】
北海道のうち
札幌市、江別市、千歳市、恵庭市、北広島市、石狩市、石狩郡
〒060-0042
札幌市中央区大通西11
電(011)231-4200(代)
電(011)281-3535(直)
Fax(011)281-3558

【岩見沢支部】
岩見沢市、美唄市、三笠市、夕張郡、空知郡のうち南幌町、樺戸郡のうち月形町、夕張市
(不動産執行事件は本庁に集約)
(本庁執行官が兼務)
〒068-0004
岩見沢市四条東4
電(0126)22-6650(代)
電(0126)23-1318(直)
Fax(0126)23-1380

【滝川支部】
滝川市、芦別市、赤平市、砂川市、歌志内市、空知郡のうち奈井江町、上砂川町、樺戸郡のうち新十津川町、浦臼町
（不動産執行事件は本庁に集約）
（本庁執行官が兼務）
　　　　　〒073-0022
　　　　　　滝川市大町1-6-13
　　　　　　　電(0125)23-2311(代)
　　　　　　　電(0125)24-7502(直)
　　　　　　　Fax(0125)24-7502

【室蘭支部】
室蘭市、登別市、白老郡、伊達市、有珠郡、虻田郡のうち豊浦町、洞爺湖町
（不動産執行事件は本庁に集約）
　　　　　〒050-0081
　　　　　　室蘭市日の出町1-18-29
　　　　　　　電(0143)44-6733(代)
　　　　　　　電(0143)44-6795(直)
　　　　　　　Fax(0143)44-6796

【苫小牧支部】
苫小牧市、勇払郡のうち厚真町、安平町、むかわ町
（不動産執行事件は本庁に集約）
　　　　　〒053-0018
　　　　　　苫小牧市旭町2-7-12
　　　　　　　電(0144)32-3295(代)
　　　　　　　電(0144)35-5451(直)
　　　　　　　Fax(0144)35-5452

【浦河支部】
浦河郡、様似郡、幌泉郡、沙流郡、新冠郡、日高郡
（不動産執行事件は本庁に集約）
（苫小牧支部執行官が兼務）
　　　　　〒057-0012
　　　　　　浦河郡浦河町常盤町19
　　　　　　　電(0146)22-4165(代)
　　　　　　　電(0146)22-0965(直)
　　　　　　　Fax(0146)22-0965

【小樽支部】
小樽市、余市郡、積丹郡、古平郡
（不動産執行事件は本庁に集約）
（本庁執行官が兼務）
　　　　　〒047-0024
　　　　　　小樽市花園5-1-1
　　　　　　　電(0134)22-9157(代)
　　　　　　　電(0134)25-6801(直)
　　　　　　　Fax(0134)25-6801

【岩内支部】
岩内郡、古宇郡、磯谷郡、虻田郡のうち倶知安町、京極町、真狩村、ニセコ町、留寿都村、喜茂別町
（不動産執行事件は本庁に集約）
（室蘭支部執行官が兼務）
　　　　　〒045-0013
　　　　　　岩内郡岩内町字高台192-1
　　　　　　　電(0135)62-0138(代)
　　　　　　　電(0135)62-2167(直)
　　　　　　　Fax(0135)62-2167

函館地方裁判所

【本庁】
北海道のうち
函館市、北斗市、亀田郡、上磯郡、茅部郡、松前郡、山越郡、二海郡（八雲町熊石を除く）、瀬棚郡、久遠郡（せたな町大成区を除く）、寿都郡、島牧郡
　　　　　〒040-0031
　　　　　　函館市上新川町1-8
　　　　　　　電(0138)42-2158(直)
　　　　　　　Fax(0138)42-2181

【江差支部】
檜山郡、二海郡のうち八雲町熊石、爾志郡、久遠郡のうちせたな町大成区、奥尻郡
（不動産競売事件を除く）
（本庁執行官が兼務）
　　　　　〒043-0043
　　　　　　檜山郡江差町字本町237
　　　　　　　電(0139)52-0174(代)

旭川地方裁判所

【本庁】
北海道のうち
旭川市、上川郡（石狩国）、深川市、雨竜郡、富良野市、空知郡のうち上富良野町、中富良野町、南富良野町、勇払郡のうち占冠村
〒070-8640
旭川市花咲町4
電(0166)51-6251(代)
電(0166)51-6226(直)
Fax(0166)51-0164

【名寄支部】
名寄市、中川郡（天塩国）、士別市、上川郡（天塩国）、枝幸郡
（本庁執行官が兼務）
〒096-0014
名寄市西4南9-13
電(01654)3-3331(代)

【紋別支部】
紋別市、紋別郡のうち滝上町、興部町、西興部村、雄武町
（本庁執行官が兼務）
〒094-0006
紋別市潮見町1-5-48
電(0158)23-2856(代)

【留萌支部】
留萌市、留萌郡、増毛郡、苫前郡
（本庁執行官が兼務）
〒077-0037
留萌市沖見町2
電(0164)42-0465(代)

【稚内支部】
稚内市、宗谷郡、天塩郡、利尻郡、礼文郡
（本庁執行官が兼務）
〒097-0002
稚内市潮見1-3-10
電(0162)33-5289(代)

釧路地方裁判所

【本庁】
北海道のうち
釧路市、釧路郡、川上郡、阿寒郡、白糠郡、厚岸郡
〒085-0824
釧路市柏木町4-7
電(0154)41-4171(代)
電(0154)42-5966(直)
Fax(0154)41-1945

【帯広支部】
帯広市、河西郡、上川郡（十勝国）、河東郡、中川郡（十勝国）、十勝郡、足寄郡、広尾郡
〒080-0808
帯広市東8南9-1
電(0155)21-2220(直)
Fax(0155)23-5203

【網走支部】
網走市、斜里郡、網走郡のうち大空町、北見市のうち常呂町
（不動産執行事件は本庁に集約）
（北見支部執行官が兼務）
〒093-0031
網走市台町2-2-1
電(0152)43-4115(代)

【北見支部】
北見市（常呂町を除く）、常呂郡、紋別郡のうち遠軽町、湧別町、網走郡のうち美幌町、津別町
〒090-0065
北見市寿町4-7-36
電(0157)61-5433(直)
Fax(0157)61-5432

【根室支部】
根室市、野付郡、目梨郡、標津郡
（不動産執行事件は本庁に集約）
（本庁執行官が兼務）
〒087-0026
根室市敷島町2-3
電(0153)24-1617(代)

高松地方裁判所

【本庁】
香川県のうち
高松市、さぬき市、東かがわ市、丸亀市綾歌町、香川郡、木田郡、綾歌郡のうち綾川町、小豆郡
　　〒760-8586
　　　　高松市丸の内1-36
　　　　　電(087)851-1789(代)
　　　　　電(087)821-7252(直)
　　　　　Fax(087)851-4091

【丸亀支部】
丸亀市(綾歌町を除く)、坂出市、仲多度郡、綾歌郡のうち宇多津町、善通寺市
(不動産執行事件は本庁に集約)
(本庁執行官が兼務)
　　〒763-0034
　　　　丸亀市大手町3-4-1
　　　　　電(0877)23-5280(代)
　　　　　Fax(0877)23-2905

【観音寺支部】
観音寺市、三豊市
(不動産執行事件は本庁に集約)
(本庁執行官が兼務)
　　〒768-0060
　　　　観音寺市観音寺町甲2804-1
　　　　　電(0875)25-3467(代)
　　　　　Fax(0875)24-0631

徳島地方裁判所

【本庁】
徳島県のうち
徳島市、小松島市、鳴門市、阿波市、吉野川市、名東郡、勝浦郡、名西郡、板野郡
　　〒770-0852
　　　　徳島市徳島町1-5
　　　　　電(088)625-1552(直)
　　　　　Fax(088)625-1584

【阿南支部】
阿南市、那賀町、牟岐町、美波町、海陽町
(本庁執行官が兼務)
　　〒774-0030
　　　　阿南市富岡町西池田口1-1
　　　　　電(0884)22-0148(代)

【美馬支部】
美馬市、三好市、美馬郡、東みよし町
(本庁執行官が兼務)
　　〒779-3610
　　　　美馬市脇町大字脇町1229-3
　　　　　電(0883)52-1035(代)

高知地方裁判所

【本庁】
高知県のうち
高知市、土佐市、南国市、香美市、香南市、土佐郡、長岡郡、吾川郡のうちいの町、高岡郡のうち日高村
　　〒780-8558
　　　　高知市丸ノ内1-3-5
　　　　　電(088)823-0519(直)
　　　　　Fax(088)823-0565

【須崎支部】
須崎市、吾川郡のうち仁淀川町、高岡郡のうち津野町、檮原町、中土佐町、佐川町、越知町、四万十町
(不動産執行事件は本庁に集約)
(本庁執行官が兼務)
　　〒785-0010
　　　　須崎市鍛治町2-11
　　　　　電(0889)42-0046(代)
　　　　　Fax(0889)42-4494

【安芸支部】
安芸市、室戸市、安芸郡
(不動産執行事件は本庁に集約)
(本庁執行官が兼務)
　　〒784-0003
　　　　安芸市久世町9-25
　　　　　電(0887)35-2065(代)
　　　　　Fax(0887)35-4372

【中村支部】
四万十市、土佐清水市、宿毛市、幡多郡
(不動産執行事件は本庁に集約)
(本庁執行官が兼務)
　　〒787-0028
　　　　四万十市中村山手通54-1
　　　　　電(0880)35-3007(代)
　　　　　Fax(0880)35-3229

松山地方裁判所

【本庁】
愛媛県のうち
松山市、伊予市、伊予郡、東温市、上浮穴郡、喜多郡のうち旧小田町

〒790-8539
松山市一番町3-3-8
電(089)947-8838(直)
Fax(089)931-1842

【大洲支部】
大洲市、喜多郡（うち旧小田町を除く）、八幡浜市、西宇和郡、西予市三瓶町
（本庁執行官が兼務）

〒795-0012
大洲市大洲845
電(0893)24-2038(代)

【西条支部】
西条市、四国中央市、新居浜市、今治市宮窪町四阪島
（本庁執行官が兼務）

〒793-0023
西条市明屋敷165
電(0897)56-0685(代)

【今治支部】
今治市（今治市宮窪町四阪島を除く）、越智郡
（本庁執行官が兼務）

〒794-0015
今治市常盤町4-5-3
電(0898)23-0010(代)

【宇和島支部】
宇和島市、北宇和郡、南宇和郡、西予市（三瓶町を除く）
（本庁執行官が兼務）

〒798-0033
宇和島市鶴島町8-16
電(0895)22-0091(代)

編集後記

　執行官の存在を知らない方や、もし名前を聞いたことがあったとしても、「何をする人なの？」という方が多く、説明するのも一苦労です。執行官の知名度が少しでも高まれば、少しは仕事もやりやすいのではないかと思うこともあります。

　現在、民事執行法の改正作業が進められており、執行官に関連する内容としては、競売手続における暴力団排除、子の引渡しの強制執行に関する規律の明確化等があげられます。民事執行法も社会的な要請を踏まえて、随時変更されてきていますが、執行官としては今後の民事執行法改正点についての理解を深め、これらについても従来通り適切に対応していくことが求められています。

　本号では「ABLと執行実務をめぐる諸問題」を特集として取り上げました。過去の小誌にも関連する論稿が再三登場しており、執行官としても関心の高いテーマであると考えたからです。実際にABL関連の仮処分執行事件を担当した場合に戸惑うことなく適切に対応していくためにはどのような情報が必要であるか、今後の申立ての推移を予測し、執行官の態勢をどのようにしておけばよいのか、といった観点から、ABLのさまざまな場面で関与する、銀行員・弁護士・裁判官のご出席をいただき、忌憚のないご意見を頂戴いたしました。今回の座談会への出席を快くご承諾していただいた出席者の皆様におかれましては、お忙しい中、本当にありがとうございました。

　さて、特集以外の論稿のタイトルを見ますと、担保不動産競売評価に関する論稿ではソーラーシステムを対象とするものが、特殊な保全処分の論稿では、外国船籍のクルーズ客船を対象とするものがありますし、明渡執行の関連ではセイフティーネットに関するものもあります。脱炭素社会への世界的な潮流、観光立国としての日本、少子高齢化が進行する日本で起こる問題等、社会経済情勢の変化の影響を大きく受けていることを痛感します。

　しかしながら、いかに社会が変化していこうとも、執行官の業務は基本的に何ら変わるところはありません。担当する事件を法律に則り一つずつ迅速かつ適切に処理していくことに尽きると思います。

　今号では、論稿等の掲載はありませんでしたが、他の業務として担保不動産収益執行、子の引渡し等、幅広い見識が求められるものが少なくありません。小誌を手に取られた方が、執行官業務に少しでも興味をもっていただいたり、現に執行実務に携わっている方が執行実務の理解をさらに深めていく契機になったりするということになれば望外の喜びです。今後とも、執行実務についていっそう充実した情報発信に努めてまいりたいと思います。

　最後になりましたが、本誌への執筆を快くお引き受けいただいた執筆者の皆様、座談会出席者のアレンジメントや貴重なサジェスチョンをいただいた特定非営利活動法人日本動産鑑定の久保田理事長、刊行にご協力いただいた連盟本部および各編集部会の皆様、小誌を出版している民事法研究会の皆様には、この場をお借りして心より感謝申し上げます。

〔新民事執行実務編集委員〕

新民事執行実務 No.16

平成30年3月26日　第1刷発行　　　　　　　　定価　本体2,200円＋税

編　　集	日本執行官連盟
	〒152-8527　東京都目黒区目黒本町2-26-14
	東京地方裁判所　民事執行センター内
	TEL 03(3791)4547　FAX 03(5721)6082

発　　行	株式会社　民事法研究会
	〒150-0013　東京都渋谷区恵比寿3-7-16
	TEL 03(5798)7257(営業)　FAX 03(5798)7258
	TEL 03(5798)7277(編集)　FAX 03(5798)7278
	http://www.minjiho.com/　info@minjiho.com

落丁・乱丁はおとりかえします。　　　　　　　　　　ISBN978-4-86556-217-0 C2032 ¥2200E

最新実務に役立つ実践的手引書

特定商取引法、消費者契約法および各政省令のほか、旅行業法・JAS法等各法令の改正に対応！

消費者六法〔2018年版〕─判例・約款付─

編集代表　甲斐道太郎・松本恒雄・木村達也　（Ａ５判箱入り並製・1567頁・定価　本体5300円＋税）

相談から裁判外交渉、訴訟での手続対応と責任論、損害論等の論点の分析を書式を織り込み解説！

事例に学ぶ損害賠償事件入門
―事件対応の思考と実務―

損害賠償事件研究会　編　　　　　　　　　　　（Ａ５判・394頁・定価　本体3600円＋税）

就業規則やガイドライン、予防策から事後対応、損害賠償請求まで、SNSの基本的知識も含めて解説！

ＳＮＳをめぐるトラブルと労務管理
―事前予防と事後対策・書式付き―

髙井・岡芹法律事務所　編　　　　　　　　　　（Ａ５判・257頁・定価　本体2800円＋税）

最新の多様な問題に対して研究者が法理論を提示し、弁護士が実務現場での対応を解説！

先端消費者法問題研究
―研究と実務の交錯―

適格消費者団体 特定非営利活動法人 消費者市民ネットとうほく　編　（Ａ５判・270頁・定価　本体3400円＋税）

交渉から裁判手続、執行までの手続上の留意点や争点への戦略的アプローチを開示した実践的手引書！

実践　訴訟戦術［離婚事件編］
―弁護士はここで悩んでいる―

東京弁護士会春秋会　編　　　　　　　　　　　（Ａ５判・349頁・定価　本体3000円＋税）

従業員による不祥事が発生したときに企業がとるべき対応等を関連書式と一体にして解説！

従業員の不祥事対応実務マニュアル
―リスク管理の具体策と関連書式―

安倍嘉一　著　　　　　　　　　　　　　　　　（Ａ５判・328頁・定価　本体3400円＋税）

発行　民事法研究会

〒150-0013　東京都渋谷区恵比寿3-7-16
（営業）TEL 03-5798-7257　FAX 03-5798-7258
http://www.minjiho.com/　　info@minjiho.com

裁判事務手続講座シリーズ

独立行政法人通則法の一部を改正する法律の施行や郵便料金の改定に伴う最新の実務等にいち早く対応！

書式 意思表示の公示送達・公示催告・証拠保全の実務〔第七版〕
―申立てから手続終了までの書式と理論―

園部　厚　著　　　　　　　　　　　　　　　　　　　　（A 5 判・342頁・定価　本体3200円＋税）

最新の法令、実務の動向、社会情勢、判例を収録し、7年ぶりに大幅改訂！

書式　告訴・告発の実務〔第五版〕
―企業活動をめぐる犯罪対応の理論と書式―

経営刑事法研究会　編　　編集代表　井窪保彦　　　　　（A 5 判・453頁・定価　本体4100円＋税）

改正民法（債権法）について付記し、より解説を充実させてさらに利便性が向上！

書式　民事訴訟の実務〔全訂10版〕
―訴え提起から訴訟終了までの書式と理論―

大島　明　著　　　　　　　　　　　　　　　　　　　　（A 5 判・571頁・定価　本体5200円＋税）

消費者裁判手続特例法の立法、景表法等の改正や最新の法令・実務に対応！

書式 債権・その他財産権・動産等執行の実務〔全訂14版〕
―申立てから配当までの書式と理論―

園部　厚　著　　　　　　　　　　　　　　　　　　　　（A 5 判・985頁・定価　本体8800円＋税）

被災借地借家法の施行と、それに伴う最高裁判所規則の改正等を踏まえて改訂！

書式　借地非訟・民事非訟の実務〔全訂五版〕
―申立てから手続終了までの書式と理論―

園部　厚　著　　　　　　　　　　　　　　　　　　　　（A 5 判・581頁・定価　本体5200円＋税）

申立債権者が送達場所の調査をしないときの措置等、最新法令・文献・実務の動向を収録し改訂！

書式　不動産執行の実務〔全訂10版〕
―申立てから配当までの書式と理論―

園部　厚　著　　　　　　　　　　　　　　　　　　　　（A 5 判・692頁・定価　本体5900円＋税）

発行　民事法研究会

〒150-0013　東京都渋谷区恵比寿3-7-16
（営業）TEL03-5798-7257　FAX 03-5798-7258
http://www.minjiho.com/　　info@minjiho.com

▶相手方不動産の探索・調査から価値把握までの手法を詳解！

ケースブック
保全・執行のための不動産の調査
――仮差押え・差押えに活かす探索・調査・評価の実務――

不動産鑑定士　曽我一郎　著

A5判・453頁・定価　本体 4,200円＋税

本書の特色と狙い

▶勝訴判決を無価値にしないために、鑑定・評価の基礎知識から各種不動産の探索・調査の実務上の留意点までを活用しやすい142のケースにしてわかりやすく解説！

▶隠密・密行性を有する債務者不動産の探索・調査の実践的手法や法律実務家でもできる簡易で正確な不動産価値把握が可能な多様な方法等、仮差押え、差押えを奏功させるための具体的なノウハウをはじめて開示！

▶民事裁判の証拠資料収集マニュアルとして活用できるので、法律実務家はもとより、裁判所関係者、金融機関、サービサー等の担当者にとっても必備の書！

本書の主要内容

第1章　不動産鑑定・評価の基礎知識
　第1　法律実務と不動産の価格査定
　第2　不動産価値と鑑定評価の知識
第2章　訴訟の相手方不動産の探索・調査方法
　第1　財産調査と不動産探索
　第2　財産開示制度
　第3　不動産探索の具体的方法
　第4　不動産探索の具体的ケース
　第5　不動産調査の総論
第3章　土地調査の留意点
　第1　土地調査の総論
　第2　土地調査の具体的ケース
　第3　借地権等調査の具体的ケース
　第4　法定地上権
第4章　建物調査の留意点
　第1　建物調査の総論
　第2　建物調査の具体的ケース
　第3　未登記建物と建物認定要件
　第4　建物賃借権と対抗問題
第5章　マンション調査の留意点
　第1　区分所有建物の総論
　第2　区分所有建物調査の具体的ケース
第6章　特殊不動産調査の留意点
第7章　不動産鑑定・評価の簡易手法
　第1　不動産鑑定・評価の簡易的手法概説
　第2　民事執行法に基づく評価
　第3　土地の鑑定・評価の簡易手法
　第4　借地権等の鑑定・評価の簡易手法
　第5　建物の鑑定・評価の簡易手法
　第6　区分所有建物の鑑定・評価の簡易手法
　第7　特殊な物件の鑑定・評価の簡易手法
　第8　その他の留意事項

発行　民事法研究会

〒150-0013　東京都渋谷区恵比寿3-7-16
（営業）TEL. 03-5798-7257　FAX. 03-5798-7258
http://www.minjiho.com/　info@minjiho.com